济南绕城高速公路连接线大、小岭隧道施工技术

张　涛　主　编

吕新建　王法军　迟作强　副主编

人民交通出版社股份有限公司
China Communications Press Co.,Ltd.

内 容 提 要

本书以济南绕城高速公路连接线大、小岭隧道工程为背景，详细介绍了超大断面隧道工程技术，全书分为两部分：第一部分为设计篇，介绍了工程建设方案比选、勘察与设计、景观设计等内容；第二部分为施工篇，介绍了隧道施工、洞口浅埋段施工、洞身开挖施工、复合式衬砌施工、防排水施工、监控量测与超前地质预报等内容。

本书内容完整，资料详实，可作为隧道工程技术人员参考用书。

图书在版编目(CIP)数据

济南绕城高速公路连接线大、小岭隧道施工技术 / 张涛主编. — 北京 : 人民交通出版社股份有限公司, 2018.12

ISBN 978-7-114-15247-4

Ⅰ. ①济… Ⅱ. ①张… Ⅲ. ①高速公路—公路隧道—隧道施工—济南 Ⅳ. ①U459.2

中国版本图书馆 CIP 数据核字(2018)第 289021 号

Ji'nan Raocheng Gaosu Gonglu Lianjiexian Da、xiaoling Suidao Shigong Jishu

书　　名：济南绕城高速公路连接线大、小岭隧道施工技术
著 作 者：张　涛　吕新建　王法军　迟作强
责任编辑：韩亚楠　赵瑞琴
责任校对：赵媛媛
责任印制：张　凯
出版发行：人民交通出版社股份有限公司
地　　址：(100011)北京市朝阳区安定门外外馆斜街 3 号
网　　址：http://www.ccpress.com.cn
销售电话：(010)59757973
总 经 销：人民交通出版社股份有限公司发行部
经　　销：各地新华书店
印　　刷：北京虎彩文化传播有限公司
开　　本：787 × 1092　1/16
印　　张：11.5
字　　数：225 千
版　　次：2018 年 12 月　第 1 版
印　　次：2018 年 12 月　第 1 次印刷
书　　号：ISBN 978-7-114-15247-4
定　　价：46.00 元

编 委 会

前 言

Foreword

21世纪以来,我国经济平稳快速增长,强烈地刺激着我国交通运输行业,因此国家需要加大基础建设力度,快速推进交通建设进程。随着我国城市化建设的加快,城区交通的拥堵现象也日益加剧,拥挤不堪的交通网络不仅给人们的生活带来了很多不便,而且影响了经济建设的发展。为了扩大城区,改善城市环境质量,解决城市交通拥挤,大量的快速路网及绕城高速得以修建。而隧道在优化线性,建设城区环境破坏等方面的优势,使其成为了公路工程中最基本的一种地下空间利用形式。特别是近年来出现的高等级公路、城市快速路等,大批浅埋大断面隧道不断出现。据《2017年交通行业发展统计公报》,截至2017年底,全国公路隧道16229处、1528.51万米,增加1048处、124.54万米,其中特长隧道902处、401.32万米,长隧道3841处、659.93万米。目前,我国已是世界上隧道工程建设规模最大、数量最多、修建速度最快的国家。

目前,在大断面隧道的施工中更多的是采用台阶法、CD法、CRD法以及双侧壁法等。其主要利用支护体系,对超大断面进行分步施工,依据不同的地质条件,将超大断面转化成不同尺寸的小断面,以最稳定和安全的措施确保超大断面的施工。1997年我国建成的石佛市1号隧道,开挖跨度达13.3m,采用弧形导坑留核心土法进行开挖;2003年我国修建的韩家岭隧道,开挖宽度达22.482m,施工工法采用上下台阶法分步开挖完成。然而,复杂条件下的超大断面施工工法的选择,因根据实际的地质条件及施工条件加以确定。

济南绕城高速连接线上的大岭、小岭隧道为超大断面双向八车道隧道,项目建设者在隧道施工过程中大胆创新、因地制宜,率先提出了一种半步CD法的超大断面施工工法,并在施工中采用技术、新工艺等,确保复杂条件下的超大断面隧道的安全快速修建。大岭隧道工程位于济南市区东南部,该隧道进口位置位于小岭村南侧,穿越大岭西侧山体,隧道线位沿线经过大岭村西北侧山体的东侧坡脚处,自大岭村原址西侧自北向南至K7+500处为终点，继续向南与白土岗大桥连接。隧道分成左右两幅，左幅起讫里程ZK6+511.300~ZK7+473，长961.7m，右幅起讫里程YK6+535~YK7+500，长965m，属中隧道，最大洞顶埋深约102.7m，隧道洞底标高设计高程自北往南约为257.0m~289m。小岭隧道左、右线长度均为500m，进口位于济南市市中区搬倒井村南，出口位于小岭村北，设计为分离式结构，左右线相距21~33m，属公路短隧道。

本书的主要内容包括济南绕城高速连接线大、小岭超大断面隧道在地质条件极端复杂的进出洞专项施工技术及工艺、洞身半步CD工法的施工技术、超大断面隧道的光面爆破技术的实施应用等新工法、新技术。隧道施工管理方克服诸多困难，用科学严谨的态度，以理论联系实际，为超大断面隧道的修建积累了宝贵的施工技术和经验。本书编写的目的也是为了完整的记录下大岭、小岭隧道施工全过程中的施工工法、施工新技术、施工安全管理等各方面的实施措施，为同类工程提供有效的参考依据，进一步的丰富我国超大断面隧道的施工技术手段。

编　者

2018年12月

目　录
Contents

1 综　　述

1.1 大岭隧道工程及施工概况

二环东路南延工程大岭隧道工程位于济南市区东南部，该隧道进口位置位于小岭村南侧，穿越大岭西侧山体。

隧道线位沿线经过大岭村西北侧山体的东侧坡脚处，自大岭村原址西侧自北向南至 K7 + 500 处为终点，继续向南与白土岗大桥连接，线位地质图如图 1-1 所示。隧道分成左右两幅，左幅起讫里程 ZK6 + 511.300 ~ ZK7 + 473，长 961.7m，右幅起讫里程 YK6 + 535 ~ YK7 + 500，长 965m，属中隧道，最大洞顶埋深约 102.7m，隧道洞底设计高程自北往南为 257.0 ~ 289m。

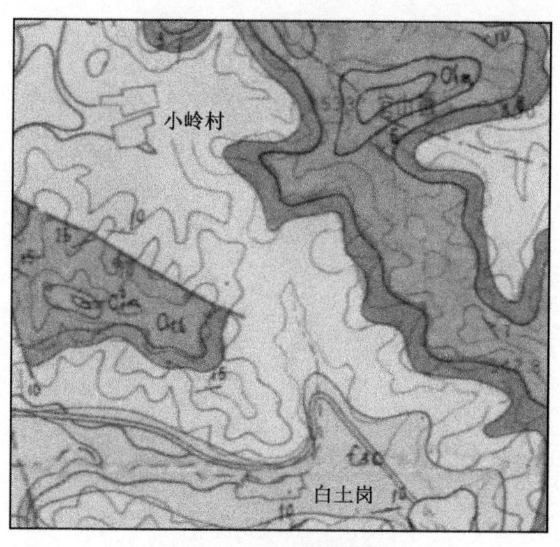

图 1-1　隧道线位地质图

1.2 小岭隧道工程及施工概况

小岭隧道左、右线长度均为 500m，进口位于济南市市中区搬倒井村南，出口位于小岭村北，设计为分离式结构，左右线相距 21 ~ 33m，属公路短隧道。

小岭隧址区出露和揭露地层为第四系坡积层（Q3）碎石土及奥陶系（O）灰岩，隧道以Ⅲ、Ⅳ级围岩为主，见表 1-1。

小岭隧道围岩分级情况　　表 1-1

围岩级别	Ⅲ		Ⅳ		Ⅴ	
	长度(m)	比例(%)	长度(m)	比例(%)	长度(m)	比例(%)
小岭隧道左线	120	27.21	251	56.92	70	15.87
小岭隧道右线	120	27.91	260	60.47	50	11.63

2 大、小岭隧道勘察与设计

2.1 隧道地质勘察成果

1)勘察钻探

勘察针对大岭隧道出口段浅埋区域(ZK7 +226 ~473,长度247m),此次勘探完成钻探孔位6处,合计进尺93.3m。左右线进口段各钻孔2处,深度至拱顶高程;左右线中间柱钻孔2处,钻孔深度至隧道洞底高程5m处;完成钻探点见表2-1。通过分析该段岩土体工程性状,为隧道开挖提供地质参考。

大岭隧道钻探点信息表 表2-1

钻孔号	桩号	拱顶高程	孔口高程	钻孔孔深	备注
		m			
DLZCK2	ZK7 +337	286.626	296.17	9.4	左线中线
DLZCK1	ZK7 +330	286.455	296.08	9.5	左线中线
DLYCK1	YK7 +448	288.746	295.78	7.1	右线中线
DLYCK2	YK7 +438	288.502	295.78	7.3	右线中线
DLCK2	ZK7 +280	275.3	304.1	35	隧道中柱
DLCK1	ZK7 +344	276.7	296.3	25	隧道中柱

该项目区地层主要为第四系残坡积物(Q3 +4el + dl)、寒武系凤山组(∈3f)泥质条带状灰岩夹竹叶状灰岩,岩层产状为340∠15(倾向∠倾角)。

钻探结果表明,V级围岩浅埋区域灰岩普遍在拱顶高程顶部分布有一层厚层结构灰岩,开挖深度内为薄层结构条带状灰岩与厚层、中厚层灰岩互层分布,钻探表明,浅埋段主要为薄层结构条带状灰岩,约占80%(图2-1)。

图2-1 DLCK2号孔30~35m岩芯

2)浅埋段荷载估算

隧道浅埋段等效荷载高度依据《公路隧道设计规范》(JTG D70—2004)式(6-2-3)、附录E确定。

$$h_p = 0.45 \times 2^{s-1}\omega \qquad \omega = 1 + i(B-5) \tag{2-1}$$

隧道宽度 $B = 17.608\text{m}$,围岩压力增减率 $i = 0.1$,围岩等级 $s = 5$,由此可得 $h_p = 16.28\text{m}$。浅埋隧道分界深度 $H_p = 2.5h_p = 40.7\text{m}$。

(1)隧道埋深小于等效荷载高度时:

隧道均布垂直压力:$q = \gamma H$

侧向压力:

$$e = \gamma\left(H + \frac{1}{2H_t}\right)\tan^2\left(45 - \frac{\varphi_c}{2}\right) \tag{2-2}$$

其中隧道高度 $H_t = 8.961\text{m}$,围岩计算摩擦角 φ_c 取值42°。

根据岩土参数分别计算6处钻孔(隧道埋深小于 $h_p = 16.28\text{m}$,共计5处)见表2-1。

(2)DLCK2(ZK7+280)钻孔隧道洞顶埋深 $H = 19.8\text{m}$,大于等效荷载高度,小于浅埋隧道分界深度。依据规范式(E.0.2-11)~式(E.0.2-13),有:

洞顶均布荷载:

$$q_{浅} = \gamma H\left(1 - \frac{H}{B}\lambda\tan\theta\right) \tag{2-3}$$

侧压力荷载:

$$e = \gamma\frac{H+h}{2}\lambda \tag{2-4}$$

为简化计算,破裂面与水平面夹角 β 取值45°;滑面摩擦角 $\theta = 0.6\varphi_c = 25.2°$;侧压力系数 $\lambda = 0.054$;洞顶均布荷载为495.04kN/m²;均布侧压力为33.84kN/m²。浅埋段隧道荷载见表2-2。

浅埋段隧道荷载 表2-2

钻孔点	桩号	土体重度	岩体重度	土体厚度	洞顶以上岩石厚度	垂直压力	侧向压力	备注
		kN/m³	kN/m³	m		kN/m²		
DLZCK2	ZK7+337	19.5	26	4	5.5	221.00	44.07	左线中线
DLZCK1	ZK7+330	19.5	26	3.8	5.8	224.90	44.84	
DLYCK1	YK7+448	19.5	26	2.7	4.4	167.05	33.37	右线中线
DLYCK2	YK7+438	19.5	26	1.8	5.5	178.10	35.57	
DLCK1	ZK7+344	19.5	26	3.6	7	252.20	50.26	隧道中柱
DLCK2	ZK7+280	19.5	26	0.8	19	495.04	33.84	

3)隧址工程地质条件

(1)水文条件

该隧址区属碳酸盐岩裂隙岩溶含水区,隧洞北侧起点及中部东侧各有一小型蓄水水库,为岩溶裂隙水汇集积蓄,其余未发现地表及地下岩溶水体。隧道进、出口及洞身段未见水系发育,经调查全线未见出水点及渗水点。由于场区地形较陡,有利于地表水和地下水排泄,整体地下水水文条件较简单,地表水及地下水对灰岩有轻微溶蚀作用外,未发现对隧址区其他不良影响。

隧道北侧进出口东侧有小岭水库,水库多为附近山体松散裂隙水汇集积蓄,水位受附近降水影响较大,勘察期间处于枯水期,2013 年 12 月 18 日测得水库水位高程为 265.45m,据当地村民描述丰水期水库水位高程可达约 270.00m;K6 + 800 东侧约 500m 处有大岭水库一座,为附近山体松散裂隙水汇集积蓄,水位受附近降水影响较大,距离隧道线位较远。

隧址区松散岩类孔隙水主要赋存于第四系残坡积块、碎石土中,补给来源为大气降水和地表水体入渗,但隧址区块、碎石土厚度小,分布面积小,且残坡积层多含相对隔水的粉质黏土夹碎、块石,透水性及富水性均较差,大气降水不易入渗,加之隧址区地形上部较陡,下部多横向冲沟发育,大气降水可迅速形成地表径流向低洼处排泄,因此该类地下水不易大量富集,水量贫乏,对隧道施工影响较小。

根据《公路工程地质勘察规范》(JTG D20—2011)附录 K,隧址区气候属湿润区,混凝土不直接临水,属Ⅱ类环境。

隧址区属碳酸盐岩裂隙岩溶含水区,但全线未发现地表水及地下岩溶水体。隧道进、出口及洞身段均未见水系发育,经调查全线未见出水点及渗水点。由于场区地形较陡,有利于地表水和地下水排泄,整体地下水水文条件较简单,地表水及地下水对灰岩有轻微溶蚀作用外,未发现对隧址区其他不良影响。原勘察水质分析试验成果表明,隧址区地下水对混凝土结构和混凝土中的钢筋具有微腐蚀性,可采用常规防护。

(2)地层岩性

经工程地质调绘及勘探揭露,隧址区地层由第四系残坡积土层及基岩组成,隧址区地层简述如下:

①第三、四系地层

含碎石土层(Q3 +4dl + el):黄褐色,松散 ~ 稍密,母岩成分为灰岩,粒径大于 20mm 的颗粒含量大于 50%,粒径一般 20 ~ 50mm,呈棱角状,磨圆度差,颗粒粒径大小不均,级配较好,多为冲洪积,由粉质黏土及岩石碎屑充填。该层广泛分布于隧址区斜坡地段,厚度 0.0 ~ 4.1m 不等,承载力基本容许值为 150kPa。

②寒武系地层

隧址区基岩属寒武系凤山组(∈3f)。隧址区基岩分布情况如下:

强风化灰岩(∈3f):褐黄色,青灰色,裂隙十分发育,取芯率很低,夹杂中风化短柱状、碎块状灰岩,裂隙见方解石脉,局部见小溶蚀,构造不易辨认。承载力基本容许值为380~500kPa。

中风化灰岩(∈3f):青灰色夹褐黄色,层状构造,层理明显,泥质层易断开,裂隙较发育,见裂隙泥充填,少量竖向裂隙,见方解石脉,取芯率87%,局部岩芯较为破碎,呈少量碎块状,局部溶蚀裂隙及溶蚀孔洞发育,见小型充填型溶洞,局部为泥灰岩。承载力基本容许值为500~2200kPa。

4)区域稳定性

根据区域地质资料、物探及钻探资料综合分析,隧址区总体区域稳定性较好。局部区域由于千佛山断裂产生的褶皱、扭曲与破碎带对隧址区岩层整体性有一定影响,如岩体较破碎,岩溶较发育,局部有小型充填型溶洞发育,伴生次级破碎带分布较多等。

隧址区历史上所遭受的最大的波及地震为1668年6月25日郯城8.5级地震,济南地区的影响烈度达到Ⅷ度。1922年4月17日长清地震对市区的影响烈度达到Ⅵ度。近百年来,在区域内所发生的地震次数少,震级低,有震无害。

根据国家地震局《中国地震动参数区划图》(GB 18306—2001)及相应附件《中国地震动峰值加速度区划图》(1:400万),隧址区地震动峰值加速度值为0.05g,动反应谱特征周期为0.45s,地震基本烈度为Ⅵ度。

隧道为岩质隧道,围岩体涉及地层为寒武系凤山组。完整泥质条带状灰岩饱和抗压强度为35~60MPa,为较硬岩,但埋深浅岩体泥质部分抗风化能力较弱,风化带网状裂隙较发育,近地表段节理裂隙发育,见较多溶蚀裂隙,泥质充填,层理较发育,层间结合较差,强~中风化带岩芯呈块状、短柱状;中风化带岩芯呈长柱状、短柱状,岩石强度稍高,出露于隧址区斜坡地带。大岭隧道浅埋段围岩分级见表2-3。

大岭隧道浅埋段围岩分级表 表2-3

围岩分布里程	长度(m)	围岩级别	围岩岩性	R_c(MPa)	K_v	BQ	[BQ]	主要工程地质特征、岩体结构特征和完整状态
ZK7+236~473	237	V2	灰岩	15	0.05	147.5	147.5	层间结合差,岩体破碎,岩芯多呈片状、碎块状及少量短柱状,节理、裂隙发育,构造裂隙发育,裂隙面见少量泥质充填,围岩自稳能力差
YK7+208~500	292	V2	灰岩	15	0.05	147.5	147.5	层间结合差,岩体破碎,岩芯多呈片状、碎块状及少量短柱状,节理、裂隙发育,构造裂隙发育,裂隙面见少量泥质充填,围岩自稳能力差

5)气候条件

济南地处中纬度地带,属北温带湿润大区鲁淮区,为温暖半湿润季风性气候区。春季干燥少雨,夏季炎热多雨,秋季天高气爽,冬季寒冷干燥。据济南气象台提供的近50年以来的资料,按气温、降水量、蒸发量、风向风速、雾、雪、湿度与气压要素和冻土情况简述如下:

(1)气温

济南市气温在7月最高,1月最低,年平均气温14.3℃,累年极高气温为42.5℃;累年极低气温为-19.7℃。

(2)降水量

济南市年平均降水量为669.30mm,年最小降水量为320.70mm,年最大降水量为1283.40mm(1973年),累计月最大降水量为504.5mm(1962年7月),一日最大降水量为298.4mm(1962年7月13日);一年之中降水主要集中在6~8月,多以暴雨形式降落,3个月的降水量占年降水量的65%。

(3)蒸发量

据统计资料,月平均蒸发量为218.40mm,月平均蒸发量1月份最小为61.10mm,6月份最大为340.30mm,年蒸发量为2263.00mm。

(4)风速与风向

济南地区主要以SSW(S表示南,W表示西)风向为主,累年极大风速为33.3m/s(1951年7月21日),风向W,最大月份平均风速为26.3m/s,最小月平均风速为1.0m/s。

(5)雾

历年平均雾天数为17.7天,年最多雾日40天,年最少雾日5天。

(6)湿度与气压

绝对湿度,月平均为8.54毫巴,各月的大小不均,7月份为18.93毫巴,冬季最小为3毫巴以下;相对湿度,月平均为57.33%,最大月平均为74.60%,最小月平均为44.50%。气压,平均为1010.5毫巴,1月份最高为1021.2毫巴,7月份最低为996.5毫巴。

(7)雪

年平均积雪天数为14.7天,年最多降雪日19天。

(8)冻土

据济南气象台1954—2000年资料,年间最早冻结日期为12月中旬,最晚为第二年的2月中旬,一般在1月上旬开始冻结;最早解冻日期为1月上旬,最晚为3月上旬,平均为2月上旬,最长连续冻结日期为81天(1966年12月8日—1967年3月6日),最短冻结日数为13天(1964年1月12—24日),平均连续冻结日期在30天左右。济南市标准冻结深度为0.5m。

6)隧址区水文地质特征

整个隧道区地下水主要赋存碳酸盐岩溶蚀裂隙、溶孔、溶洞中,水量不均匀,水位埋藏较深,均低于隧道设计底板,旱季及丰水季地下水对隧道施工及后期运营无影响。其来源为大气降水,经水样分析,水化学类型为 HCO_3 - Ca 型,对混凝土微腐蚀性。

隧道地处丘陵区,含水层为碳酸岩类溶蚀裂隙、溶孔和溶洞,地下水位普遍低于隧道底板,但雨季大气降水经地表渗入基岩裂隙、溶孔、溶洞、形成地下水临时径流通道。

7)隧道围岩分级

在岩石强度及完整性系数的基础上,考虑围岩特征、环境等因素对围岩进行分级。洞口段Ⅳ级为主,洞身段为Ⅲ~Ⅴ级,详见表2-4~表2-6。

8)不良地质

根据野外调查及区域地质资料,拟建场地内不具备发生滑坡、泥石流、采空区塌陷、地面沉降、地裂缝、活动断裂等地质灾害产生的地质环境条件,该场区存在的不良地质作用主要为岩溶、地质构造、岩体破碎带及危岩、崩塌与岩堆。

(1)场地内大部分基岩较完整,岩溶裂隙发育较少,根据钻探资料,勘区内的岩溶形态主要为溶沟、溶槽、溶蚀裂隙与溶洞,洞隙内一般充填有黏性土,其分布不规律,溶蚀程度不等,岩溶发育程度为轻微~中等发育。

(2)危岩、崩塌与岩堆。大岭村北为人工采石场,现正在运营,洞口四周分布有较多碎石堆,主要由当地农民采石弃石组成,稳定性差。

9)地震

勘察未发现构造断裂、地震液化、盐渍土、采空区等不良地质现象,沿线处于建筑抗震的较有利地段,属于稳定的建筑场地,适宜工程建设。

大岭隧道围岩分级统计表 表2-4

围岩级别	Ⅲ		Ⅳ		Ⅴ	
	长度(m)	比例(%)	长度(m)	比例(%)	长度(m)	比例(%)
大岭隧道左线	90	9.36	540	56.15	209	21.73
大岭隧道右线	155	16.06	435	45.08	310	32.12

大岭隧道右线围岩段落统计表 表2-5

围岩分布里程	长度(m)	围岩级别	围岩特性	主要工程地质特征及围岩结构特征和完整状态
YK6+535~YK6+603	68	Ⅴ1	碎石土、强风化灰岩	层间结合差,岩体很破碎,岩芯多呈块状、碎块状及少量短柱状,节理、裂隙很发育,构造裂隙发育,裂隙面见泥质充填,钻进过程中漏水严重,围岩自稳能力差

续上表

围岩分布里程	长度(m)	围岩级别	围 岩 特 性	主要工程地质特征 及围岩结构特征和完整状态
YK6 +603 ~ YK6 +682	79	Ⅳ3	中风化灰岩 (破碎)	结构面发育,层间结合较好,为镶嵌碎裂结构,岩芯多呈块状、短柱状及柱状,节理、裂隙及溶蚀裂隙较发育,钻进过程中易沿裂隙面漏水岩体较破碎,围岩自稳能力较差
YK6 +682 ~ YK6 +800	118	Ⅳ2	中风化灰岩	结构面发育,层间结合较好,大部分为镶嵌碎裂结构,局部为整体状结构,岩芯多呈块状、短柱状及柱状,节理、裂隙及溶蚀裂隙较发育,岩体较破碎,易沿裂隙面漏水,围岩自稳能力一般
YK6 +800 ~ YK6 +975	175	Ⅲ2	中风化灰岩	结构面发育,层间结合较好,大部分为镶嵌碎裂结构,局部为整体状结构,岩芯多呈块状、短柱状及柱状,节理、裂隙及溶蚀裂隙较发育,岩体较破碎,易沿裂隙面漏水,围岩自稳能力一般
YK6 +975 ~ YK7 +100	125	Ⅳ2	中风化灰岩	结构面发育,层间结合较好,为镶嵌碎裂结构,局部为整体状结构,岩芯多呈块状、短柱状及柱状,节理、裂隙及溶蚀裂隙较发育,围岩自稳能力一般
YK7 +100 ~ YK7 +208	108	Ⅳ3	中风化灰岩 (破碎)	结构面发育,层间结合较好,为镶嵌碎裂结构,岩芯多呈块状、短柱状及柱状,节理、裂隙及溶蚀裂隙较发育,钻进过程中易沿裂隙面漏水岩体较破碎,围岩自稳能力较差
YK7 +208 ~ YK7 +500	292	Ⅴ2	碎石土、 强风化灰岩	层间结合差,岩体很破碎,岩芯多呈块状、碎块状及少量短柱状,节理、裂隙很发育,构造裂隙发育,裂隙面见泥质充填,钻进过程中漏水严重,围岩自稳能力差

大岭隧道左线围岩段落统计表　　表 2-6

围岩分布里程	长度(m)	围岩级别	围 岩 特 性	主要工程地质特征 及围岩结构特征和完整状态
ZK6 +511.3 ~ ZK6 +586	74.7	Ⅴ1	碎石土、 强风化灰岩	层间结合差,岩体很破碎,岩芯多呈块状、碎块状及少量短柱状,节理、裂隙很发育,构造裂隙发育,裂隙面见泥质充填,钻进过程中漏水严重,围岩自稳能力差
ZK6 +586 ~ ZK6 +702	116	Ⅳ2	中风化灰岩	结构面发育,层间结合较好,大部分为镶嵌碎裂结构,局部为整体状结构,岩芯多呈块状、短柱状及柱状,岩体较破碎,易沿裂隙面漏水,围岩自稳能力一般
ZK6 +702 ~ ZK6 +778	76	Ⅳ3	中风化灰岩 (破碎)	结构面发育,层间结合较好,为镶嵌碎裂结构,岩芯多呈块状、短柱状及柱状,节理、裂隙及溶蚀裂隙较发育,钻进过程中易沿裂隙面漏水,岩体较破碎,围岩自稳能力较差
ZK6 +778 ~ ZK6 +852	74	Ⅳ2	中风化灰岩	结构面发育,层间结合较好,大部分为镶嵌碎裂结构,局部为整体状结构,岩芯多呈块状、短柱状及柱状,节理、裂隙及溶蚀裂隙较发育,岩体较破碎易沿裂隙面漏水,围岩自稳能力一般

续上表

围岩分布里程	长度（m）	围岩级别	围 岩 特 性	主要工程地质特征及围岩结构特征和完整状态
ZK6 +852 ~ ZK6 +961	109	Ⅲ2	中风化灰岩	结构面发育,层间结合较好,大部分为镶嵌碎裂结构,局部为整体状结构,岩芯多呈块状、短柱状及柱状,节理、裂隙及溶蚀裂隙较发育,岩体较破碎,易沿裂隙面漏水,围岩自稳能力一般
ZK6 +961 ~ ZK7 +113	152	Ⅳ2	中风化灰岩	结构面发育,层间结合较好,大部分为镶嵌碎裂结构,局部为整体状结构,岩芯多呈块状、短柱状及柱状,节理、裂隙及溶蚀裂隙较发育,岩体较破碎,钻进过程中易沿裂隙面漏水,围岩自稳能力一般
ZK7 +113 ~ ZK7 +236	123	Ⅳ3	中风化灰岩（破碎）	结构面发育,层间结合较好,大部分为镶嵌碎裂结构,局部为整体状结构,岩芯多呈块状、短柱状及柱状,节理、裂隙及溶蚀裂隙较发育,岩体较破碎,易沿裂隙面漏水,围岩自稳能力一般
ZK7 +236 ~ ZK7 +473	237	Ⅴ2	碎石土、强风化灰岩	层间结合差,岩体很破碎,岩芯多呈块状、碎块状及少量短柱状,节理、裂隙很发育,构造裂隙发育,裂隙面见泥质充填,钻进过程中漏水严重,围岩自稳能力差

10）隧址区工程地质条件评价

（1）隧道进口段工程地质条件评价

大岭隧道左线进洞口位于山坡脚,中心埋深约6.5m,地形坡度约13.6°,右线进口段洞口位于山脚冲沟内,中心开挖深度约6.3m,地形坡度3.6°~17.9°,进洞口处第四系土厚0.4~1.8m,植被以松柏为主,见较多荒草荆棘,较多基岩出露,岩层走向与洞轴线以很小角度斜交,进出口段出露底层为寒武系泥质条带状灰岩,分析钻孔资料及物探测线坡面解译结果图,该段进出洞口段未见影响洞室稳定的断裂构造,钻孔资料见局部溶蚀,未见其他不良地质现象,稳定相较好,适宜进洞。

（2）隧道出口段工程地质条件评价

大岭隧道出口段自然坡度较缓,地形坡度约为8°,该出口段地层岩性主要为冲洪积碎石土、强风化灰岩地层,隧道埋深浅,对开挖边坡宜采取防护。边坡形成后设计采用植物防护,局部不稳定的岩块应剔除,开挖边坡的坡度选择:土层宜采用1:1~1:1.25,强风化基岩宜坡脚采用1:0.75~1:1,中风化基岩坡脚宜采用1:0.5~1:0.75,局部岩层倾角较陡时按岩层层面放坡。

（3）隧道洞身段工程地质条件评价

大岭隧道洞身段斜坡自然坡度为10°~20°,后半段至洞口段经大岭村原址,地形较缓,上部岩体覆盖层薄,岩体完整度较低,洞身围岩岩性为寒武系凤山组(∈3f)灰岩,岩体节理裂隙较发育,局部区域由于受地壳构造产生的褶皱、扭曲与破碎带对隧址区岩层整体性有一定的影响,如岩体较发育,岩溶溶蚀较发育,局部有小型充填型溶洞发育,伴生次级破碎带分布等,洞身段未见断裂构造,未见其他不良地质现象,整体稳定性较好,较适宜隧道通过。

2.2 超大断面隧道设计概况

1)隧道整体设计

济南绕城高速公路连接线工程共设置老虎山隧道、小岭隧道、大岭隧道3座隧道,均为双向八车道,分离式结构,总长6554.7m,其中左线3201.7m,右线3353m;其中大岭、小岭隧道具体情况见表2-7。

济南绕城高速济南连接线工程隧道设置 表2-7

序 号	隧道名称	进口洞门形式	出口洞门形式	入口桩号	出口桩号	隧道长度(m)
1	小岭隧道	削竹式	端墙式	ZK4+850	ZK5+350	500
				YK4+860	YK5+360	500
2	大岭隧道	端墙式	削竹式	ZK6+511.3	ZK7+473	961.7
				YK6+535	YAK7+500	965

济南绕城高速公路连接线隧道工程标准断面轮廓设计如图2-2所示。

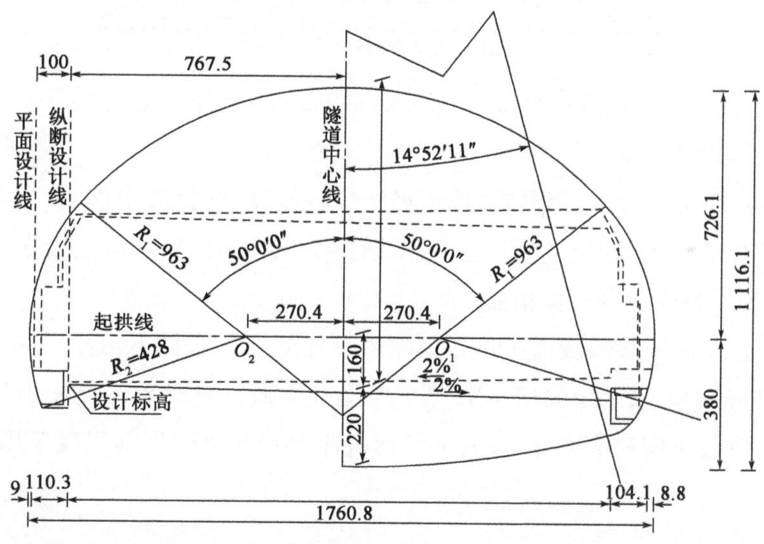

图2-2 济南绕城高速济南连接线隧道工程标准断面轮廓设计图(尺寸单位:cm)

2)隧道明洞衬砌

济南绕城高速公路连接线各隧道洞口均设计有不同长度明洞段,具体设计情况见表2-8。

济南绕城高速公路连接线各隧道明洞设计一览表 表2-8

序 号	隧道名称		进口明洞长度(m)	出口明洞长度(m)
1	小岭隧道	左线	31	28
		右线	40	30
2	大岭隧道	左线	30.7	92
		右线	30	35

济南绕城高速公路连接线隧道工程明洞衬砌断面详见图2-3。

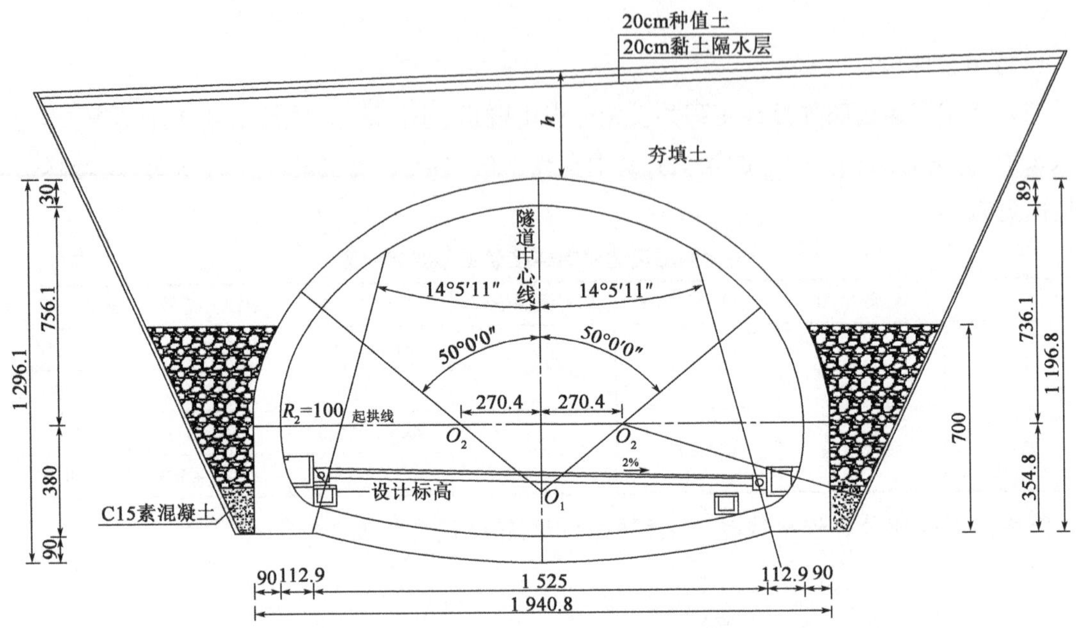

图2-3　济南绕城高速济南连接线隧道工程明洞衬砌断面图(尺寸单位:cm)

3)隧道暗挖段设计概况

济南绕城高速济南连接线工程隧道按新奥法原理设计,根据隧道埋深、围岩级别、地质条件设计了相应的衬砌断面形式。初期支护采用钢拱架、格栅钢架结合喷锚支护,辅以超前大管棚(洞口段)、超前小导管等预加固措施。

济南绕城高速济南连接线隧道工程各级围岩设计施工方法如下:Ⅲ级围岩地段采用台阶法,Ⅳ级围岩一般衬砌段采用中隔壁(CD)法,Ⅳ围岩加强衬砌段采用交叉中隔壁(CRD)法,Ⅴ级围岩一般衬砌段采用双侧壁导坑法,Ⅴ级围岩浅埋和Ⅴ级围岩加强段采用设临时仰拱的双侧壁导坑法。

3 大、小岭隧道进出洞专项施工

3.1 洞口施工概述

隧道洞口段施工对于隧道施工的重要性显而易见,按照新奥法理论,初期支护及预加固措施是隧道结构的一部分,而二次衬砌仅起安全储备和饰面作用,因此重视预加固措施和初期支护对隧道施工是工作之本。各项措施不是孤立存在的,根据围岩情况、施工环境、工期要求等进行安全性、经济性比较,因地制宜采取综合手段才是确保施工顺利进行的关键所在。

根据施工经验,山区隧道地质条件大多复杂多变,特别是洞口段围岩一般较为破碎,地质条件差,开挖边仰坡又破坏了山体原有平衡,因此洞口往往是地质条件极为复杂的地段。采取有效的施工方法实现顺利进洞,对于确保隧道施工和运营安全具有至关重要的作用。隧道洞口段的设计大多考虑了预加固措施,本章详细阐述洞口段围岩预加固的措施以及隧道洞口段施工开挖的方法,指出坚持施工原则,采取有效的施工方法,对确保隧道施工和运营安全至关重要。随着国家基础设施建设的加快,公路、铁路建设中出现了较多的山区隧道。

1)隧道洞门的作用及主要形式

国内外工程技术人员都非常重视隧道洞口段的施工,许多国家的隧道设计、施工规范中,都对洞口段的设计与施工设有专门条款。近年来国外大多提倡隧道进洞顺延山坡坡度,尽量不扰动洞口段岩体的稳定性,采取无洞门的"趋自然状态"形式。国内设计和施工时着重强调"早进晚出"及"保持边仰坡稳定",要求及时施做洞门,通常采用在预加固结构保护下进行施工。

隧道洞门的作用为保持洞口仰坡和路堑边坡的稳定;汇集和排除地面水流;便于进行建筑艺术处理。洞门的主要形式有:

(1)环框式洞门。将衬砌略伸出洞外,增大其厚度,形成洞口环框,适用于洞口石质坚硬、地形陡峻而无排水要求的场合。

(2)端墙式洞门。适用于地形开阔、地层基本稳定的洞口;其作用在于支护洞口仰坡,并将仰坡水流汇集排出。

(3)翼墙式洞门。在端墙的侧面加设翼墙而成,用以支撑端墙和保护路堑边坡的稳定,适用于地质条件较差的洞口;翼墙顶面和仰坡的延长面一致,其上设置水沟,将仰坡和洞顶汇集的地表水排入路堑边沟内。

(4)柱式洞门。当地形较陡,地质条件较差,且设置翼墙式洞门又受地形条件限制时,可在端墙中设置柱墩,以增加端墙的稳定性,这种洞门称为柱式洞门。它比较美观,适用于城郊、风景区或长大隧道的洞口。

(5)台阶式洞门。在傍山地区,为了降低仰坡的开挖高度,减少土石方开挖量,可将端墙顶部作成与地表坡度相适应的台阶状,称为台阶式洞门。

2)洞口段围岩预加固措施

洞口段围岩的自支护能力比较弱,有的甚至没有自支护能力。因此,在洞口段施工中最重要的是提高围岩的自支护能力,保证开挖及后续作业的进行。提高围岩自支护能力的基本方法是控制围岩的坍塌、松弛。洞口施工大多是在预加固的支护系统下进行的,尤其是在浅埋、破碎、滑坡、崩塌、软弱、地下水丰富并具有软弱夹层等极易发生滑移、坍塌的地段,更需要采取综合预加固措施。根据隧道设计原则"早进洞、晚出洞"和环境保护等要求,隧道洞口较多处于浅埋段。下面以浅埋隧道洞口为例来说明洞口段围岩常用的预加固措施。

浅埋隧道为埋深不足毛洞洞跨2倍的隧道或区段。国内外大量工程实例证明,覆盖层浅的隧道,其围岩难以自成拱,同时多数伴有地形偏压、表层软弱堆积物、风化带等对隧道开挖有很大影响的特殊问题,如地表易沉陷问题。如果对隧道变形控制不当,围岩就会很快松弛,产生张裂破坏,将造成直达地表面的塌陷。所以,浅埋隧道洞口段开挖时应重点控制围岩的变形,采用强度较高和刚度较大的初期支护,避免破坏围岩结构。

浅埋隧道洞口段的预加固措施主要有地表锚杆加固、抗滑桩、挡土墙、锚索(桩)、减载、填土反压、地表注浆、超前锚杆、大小管棚、预注浆、套拱、水平旋喷桩、锥形短桩加固隧底等方式。在洞口段采用预加固措施时应注意以下几点:

(1)在围岩特别差的地段,本着"宁强勿弱"的原则,在确定施工方案前应优先对大管棚、水平高压旋喷法、小管棚等方法进行比选,避免采用一般加固措施带来的隐患;

(2)采用预加固措施后,施工中发现有边墙开裂、仰拱隆起现象,说明拱部加固后,边墙、仰拱受力增大,因此,施工中在进行拱部预加固的同时应加强边墙、仰拱支护强度,如增加锚杆的数量和长度、增设格栅钢架及先行施做仰拱等措施。

3)隧道洞口段施工

对于隧道施工来说,选择合理的施工方法对于隧道洞口防坍塌和施工安全具有重要的意义。在制订隧道洞口段方案时,应充分考虑地质和施工条件、埋深和断面尺寸、围岩类别、坡面情况、地表建筑物结构、地下水及气候条件、施工进度与围岩承载拱形式的关系、材料供应、队伍施工水平、方案经济性、工期要求、突发事件应对措施等因素,目前常用的施工方法有台阶法和分步开挖法。

(1)台阶法

台阶法多适用于Ⅱ、Ⅲ类软弱而节理发育的围岩中,根据上、下台阶保持距离的不同,又可分为长台阶法、短台阶法、微台阶法三种，在洞口段施工中常用长台阶法。长台阶法上下台阶距离保持在50m以上。开挖断面变小有利于隧道的稳定，在上台阶进入较好的围岩后，加快下台阶的施工速度，变台阶法为全断面法。在公路隧道这种大断面隧道施工中，上下台阶可配置同类的较大型机械平行作业，下台阶可分左右两断面分别开挖，减少上下台阶施工中的相互干扰。当隧道较短时，可将上台阶挖通后，再挖下台阶。

(2)分步开挖法

分步开挖法中常用环形开挖留核心土法及单(双)侧壁导坑法。环形开挖留核心土法适用于一般土质或易坍塌的软弱围岩地段。上部留核心土有两个作用：一是支挡开挖面，保证开挖面稳定；二是可作为上部初期支护的工作平台。核心土及下部开挖在拱部初期支护下进行，施工较安全。

单(双)侧壁导坑法：适用于围岩稳定性较差，对地表下沉量要求严格，断面大时采用。在城市修建公路隧道应用较多。

4)隧道洞口段施工注意事项

(1)重视各项准备工作。进洞前施工单位制定完整的进洞方案(如场地布置、预加固措施、施工方法等)，方案经审核批准后开工，施工中不得随意变更方案。重点隧道配备专职地质技术人员，及时掌握地质变化情况，并提出施工建议。

(2)贯彻"早进晚出"原则，尽量减少对边仰坡的扰动，提倡"趋自然状态进洞"，尽早完成洞口周围排水系统。边仰坡处理与路基施工、场地布置、便道施工、桥涵工程统一安排。

(3)先固后挖，严格执行"先治水，管超前，严注浆，短开挖，弱爆破，强支护，早封闭，勤量测，抢做门"的27字方针。

(4)衬砌尽量先墙后拱，不提倡先拱后墙，有仰拱的必须先做仰拱，尽早成环。

(5)洞口段采用台阶法施工时，尽量缩短台阶长度以确保隧道稳定性。

(6)对于偏压、浅埋的多线隧道，优先采用双侧壁导坑法，在地表预加固措施到位的前提下，可考虑采用台阶法。

5)监控量测

隧道洞口段施工时，一般要进行地表监测和洞内监测。地表监测主要是利用水准仪观测地表有无下沉，观察隧道地表有无裂缝等；洞内监测项目通常有拱顶下沉、周边位移以及地质和支护状况观察等。

3.2　两台阶洞口施工开挖

两台阶法施工流程如图3-1所示。

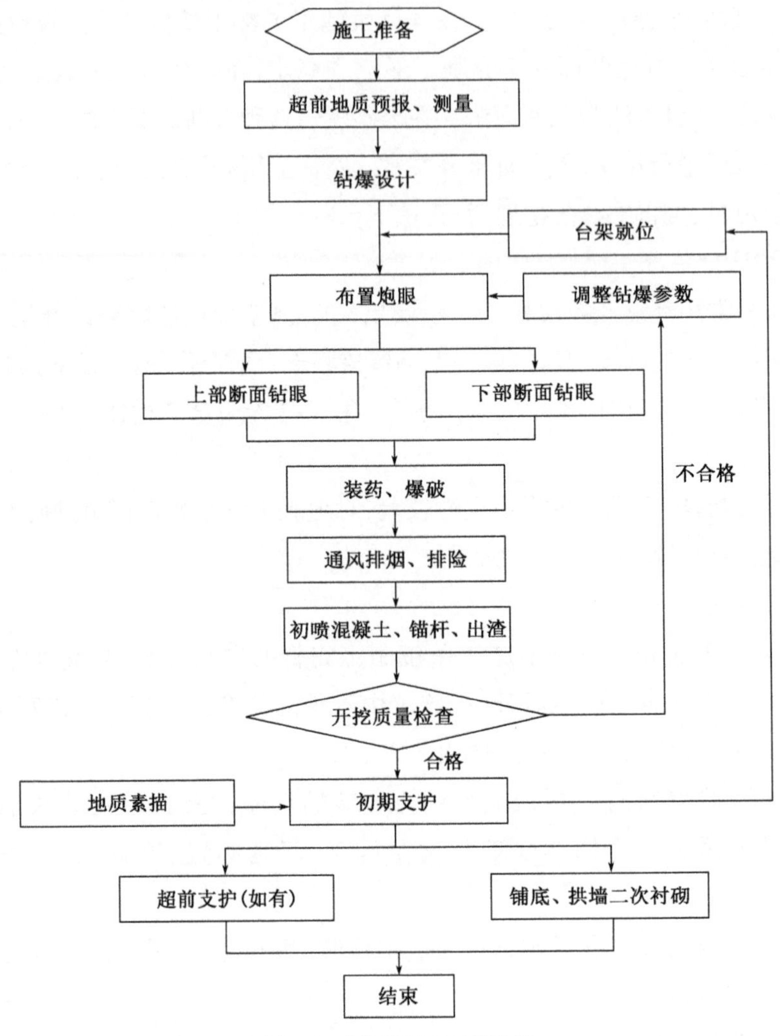

图 3-1　台阶法施工工艺流程

(1)施工步骤

交叉中隔壁(两台阶)法施工横断面示意如图 3-2 所示。

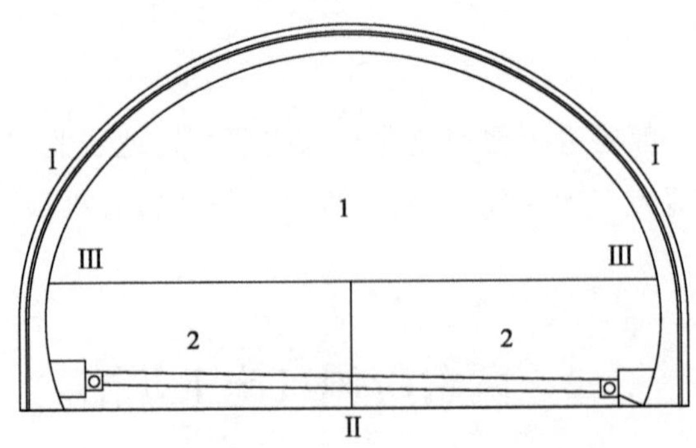

图 3-2　交叉中隔壁(两台阶)法施工工序横断面示意图

台阶法施工主要步骤：

①台阶开挖1部；

②施工初期支护Ⅰ上部；

③开挖下台阶2部；

④施工初期支护Ⅰ下部；

⑤隧道铺底混凝土Ⅱ部；

⑥拱墙混凝土Ⅲ部。

(2)施工方法

①上台阶开挖高度约为6.6m,上台阶超前长度至少30m。下台阶分左右幅开挖,左右幅交替开挖(开挖面纵向距离至少30m)并进行初期支护,以保证上台阶车辆通行。

②隧道洞身开挖采用光面爆破,风动凿岩机钻孔,人工装药;爆破采用非电毫秒雷管起爆,乳化炸药爆破。开挖使用自制移动式台架作为施工平台进行施工作业。

③隧道出渣采用无轨运输方式,装载机装渣,挖掘机清底,自卸汽车出渣。

④格栅钢架在洞外加工场胎模加工成型,经预拼装检验合格后洞内安设。采用湿喷工艺进行洞内喷射混凝土施工,混凝土由强制式拌和机拌制,混凝土运输车运至作业面;锚杆采用风动凿岩机成孔,注浆泵压注水泥浆或水泥砂浆。

⑤隧道铺底混凝土(路面基层)分左右幅施工,以便车辆通行。

(3)钻爆设计

①孔径d及药卷规格

对于孔径40mm,常用普通乳化炸药(直径32mm)。

②孔深L

考虑到Ⅲ级岩层的稳固性问题和支护榀架距离,应控制一次爆破进尺。该设计定一次爆破进尺$L=2.4$m,若炮眼利用率为85%,则钻孔深度$L=2.8$m,掏槽眼深度$L_{掏槽}=3$m。

③炮孔布置

一般辅助孔取0.5~1.0m,周边孔取0.4~0.8m,周边孔距离隧道轮廓线取0.1~0.2m;底孔间距一般为0.4~0.7m,孔口壁隧道底板高出0.1~0.2m,孔底低于底板0.1~0.2m。

该设计周边眼孔径与普通眼相同,$d=40$mm。周边炮眼的孔间距E一般为(8~18)d,取$E=50$cm。辅助孔取0.8m,底板孔取0.7m。

④掏槽类型

该阶段爆破掏槽采用复式楔形掏槽,装药系数为0~0.8。

Ⅲ级围岩段上下台阶法开挖爆破设计如图3-3和图3-4所示,其爆破参数和经济指标见表3-1和表3-2。

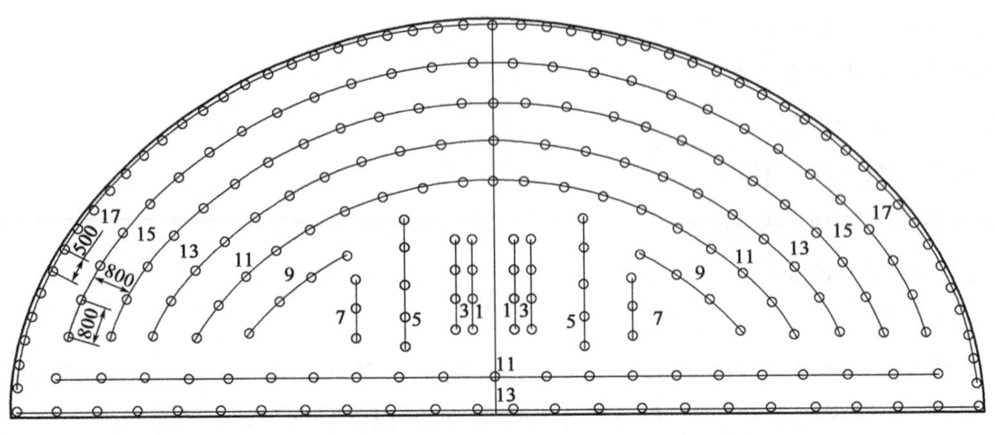

图 3-3　Ⅲ级围岩上台阶炮孔布置及起爆段别图

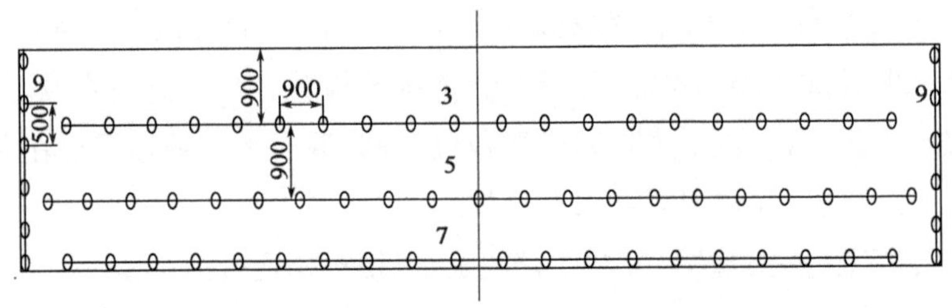

图 3-4　Ⅲ级围岩下台阶炮孔布置及起爆段别图(尺寸单位:mm)

Ⅲ级围岩台阶法开挖爆破参数　　表 3-1

开挖部位	炮孔名称	雷管段次	炮孔数(个)	孔深(m)	装药长度(m)	堵塞长度(m)	装药系数	单孔装药量(kg)	同段齐爆药量(kg)	装药方式
上台阶	掏槽孔 1	1	8	1.5	1.05	0.45	0.7	1.05	8.4	反向
	掏槽孔 2	3	8	3	2.1	0.9	0.7	2.1	16.8	反向
	辅助孔		137	2.8	1.68	1.12	0.6	1.68	230.16	反向
	周边孔	15	53	2.8	1.7	1.1	0.3	0.84	45.1.52	药串
	底板孔	13	24	2.8	1.68	1.12	0.6	1.68	40.32	反向
下台阶	辅助孔		41	2.8	1.68	1.12	0.6	1.68	68.88	反向
	底板孔	13	20	2.8	1.68	1.12	0.6	1.68	33.6	反向
	周边孔	15	12	2.8	1.7	1.1	0.3	0.84	10.08	药串
合计			303						452.76	

Ⅲ级围岩爆破技术经济指标　　表3-2

序号	项目	单位	数量
1	开挖断面积	m^2	170.1
2	预计每循环进尺	m	2.4
3	每循环爆破石方	m^3	408.24
4	炮眼总数	个	303
5	钻孔总数	m	303
6	雷管用量	发	350
7	炸药用量	kg	452.76
8	单位体积原岩耗炸药量	kg/m^3	1.1
9	单位体积原岩耗雷管量	发/m^3	0.85
10	单位进尺耗炸药量	kg/m	188.65
11	单位进尺耗雷管量	发/m	175
12	炮眼利用率	%	85

(4)爆破振动控制

两台阶法爆破开挖时,为降低爆破对周围岩体及对周围环境的影响,应采用控制爆破技术。

隧道上半断面开挖中主要考虑爆破振动对周围环境的影响;在隧道下半断面的开挖中主要考虑确保中岩柱的稳定和完整,以及控制对先行洞初期支护的影响。

控制爆破振动主要采用控制装药量和分段微差爆破技术,根据《爆破安全规范》规定,爆破振动强度由爆破速度衡量,爆破时在测点处产生的振动速度值与装药量、爆源与测点之间的距离及振动波传播路径的地质条件有关,一般按下式进行计算,得出的速度值应小于安全控制值。

$$V=K(Q^{1/3}/R)^{\alpha} \tag{3-1}$$

式中:V——振动速度,cm/s;

Q——最大一段装药量,kg;

R——测点与爆源之间的距离,m;

K、α——与地形、地质条件有关的系数,可根据经验选取,条件允许时应用实测数据进行回归分析后得出。

两台阶法控制爆破开挖技术要点如下:

①采用预裂爆破技术降低爆破振动对围岩的影响。

②采用微振动爆破进行施工,通过改变掏槽方式,控制掏槽眼一次起爆药量来降低振动强度。

③采用光爆技术提高爆破开挖质量,使上半断面的周边轮廓基本规整,减少爆破对上半断

面的靠近中岩柱底脚部位围岩的扰动。

④采用微差爆破技术,考虑到爆破震动波形叠加作用的影响。

⑤后行洞对先行洞各部位爆破震动速度根据试爆及检测数据确定。

⑥施工中应加强爆破振动监测,及时将监测结果反馈到施工中,对爆破参数及时进行调整。

4　小岭隧道洞身施工半步CD施工专项方案

4.1　半步CD法简介

半步CD法改良自CD法,CD工法也称中隔墙法,主要适用于地层较差和不稳定岩体,且地面沉降要求严格的地下工程施工。

CD法将隧道断面从中间分成4~6个部分,使上下台阶左右各分成2~3个部分,每一部分开挖并支护后形成独立的闭合单元。

CD法施工时化大跨为小跨,步步封闭,有效抑制了结构的变形。但由于分块太多,工序繁多、复杂,进度较慢。且临时支撑的接长和拆除困难、成本较高。尤其是采用爆破时,必须控制药量,避免损坏中隔墙。

相较于CD法,半步CD法省去了临时竖撑接长及支护的环节,缩短拆撑的时间,有利于全断面整体快速成环(图4-1)。

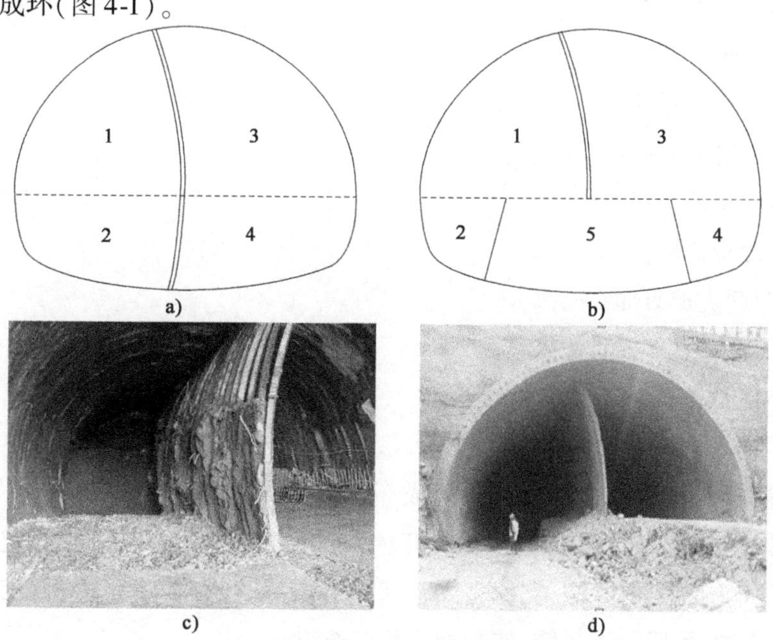

图4-1　CD法与半步CD法断面对比图

4.2 半步 CD 法施工开挖

4.2.1 施工方法

半步 CD 法施工横断面示意图见图 4-2。

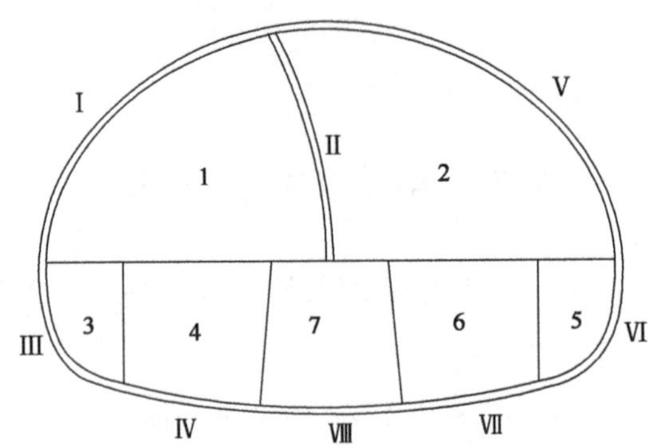

图 4-2　半步 CD 法施工横断面示意图

施工步骤如下：

(1)开挖上台阶 1 部；

(2)施工初期支护Ⅰ部及侧壁临时支护Ⅱ部；

(3)挖下台阶 3 部；

(4)工初期支护Ⅲ部；

(5)开挖下台阶 4 部；

(6)施工初期支护Ⅳ部；

(7)开挖上台阶 2 部；

(8)施工初期支护Ⅴ部；

(9)开挖下台阶 5 部；

(10)施工初期支护Ⅵ部；

(11)开挖下台阶 6 部；

(12)施工初期支护Ⅶ部；

(13)开挖下台阶 7 部；

(14)施工初期支护Ⅷ部，初期支护封闭成环。

半步 CD 法施工时，下断面每侧分 3 部开挖，各分部间距视施工情况而定，控制在 20～25m。以左半断面为例，1 部开挖、支护完成后开挖 3、4 部，待右半断面 2、5、6 部开挖、支护完毕后，拆除临时支护，最后开挖 7 部，使初期支护闭合成环。

4.2.2 主要施工工艺

1)超前小导管施工

(1)设计参数

半步 CD 法开挖段落设计采用单排小导管,选用 ϕ50 ×5mm 钢管,长 4m,外插角 5°~7°,搭接长度不小于 1.3m(Ⅳ级加强)/1.5m(Ⅳ级一般)。超前小导管横断面布置如图 4-3 所示,立面布置图如图 4-4 所示,钢管大样如图 4-5 所示。

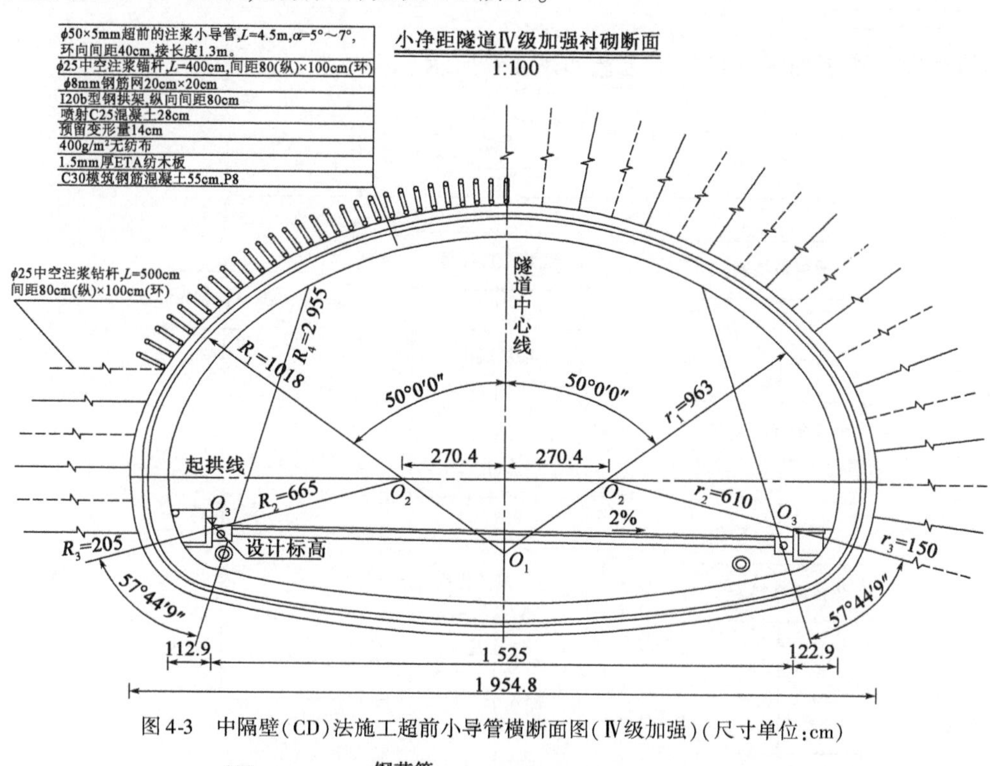

图 4-3 中隔壁(CD)法施工超前小导管横断面图(Ⅳ级加强)(尺寸单位:cm)

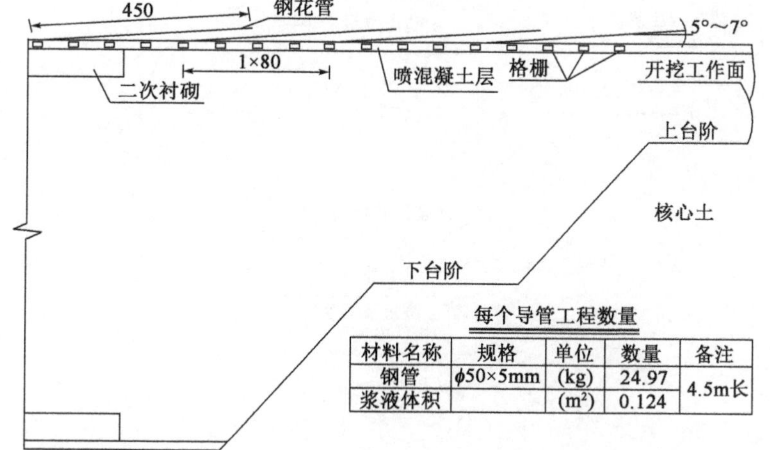

材料名称	规格	单位	数量	备注
钢管	ϕ50×5mm	(kg)	24.97	4.5m长
浆液体积		(m²)	0.124	

图 4-4 中隔壁(CD)法施工超前小导管立面布置图(Ⅳ级加强)

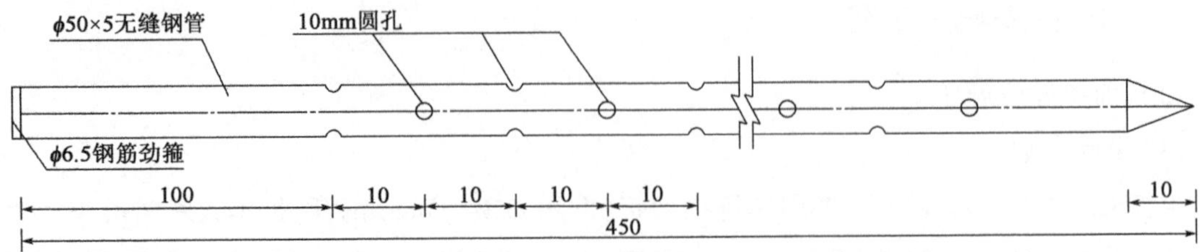

图 4-5　超前小导管大样图(Ⅳ级加强)(尺寸单位:cm)

(2)施工工艺

超前小导管注浆加固支护施工工艺如图 4-6 所示。

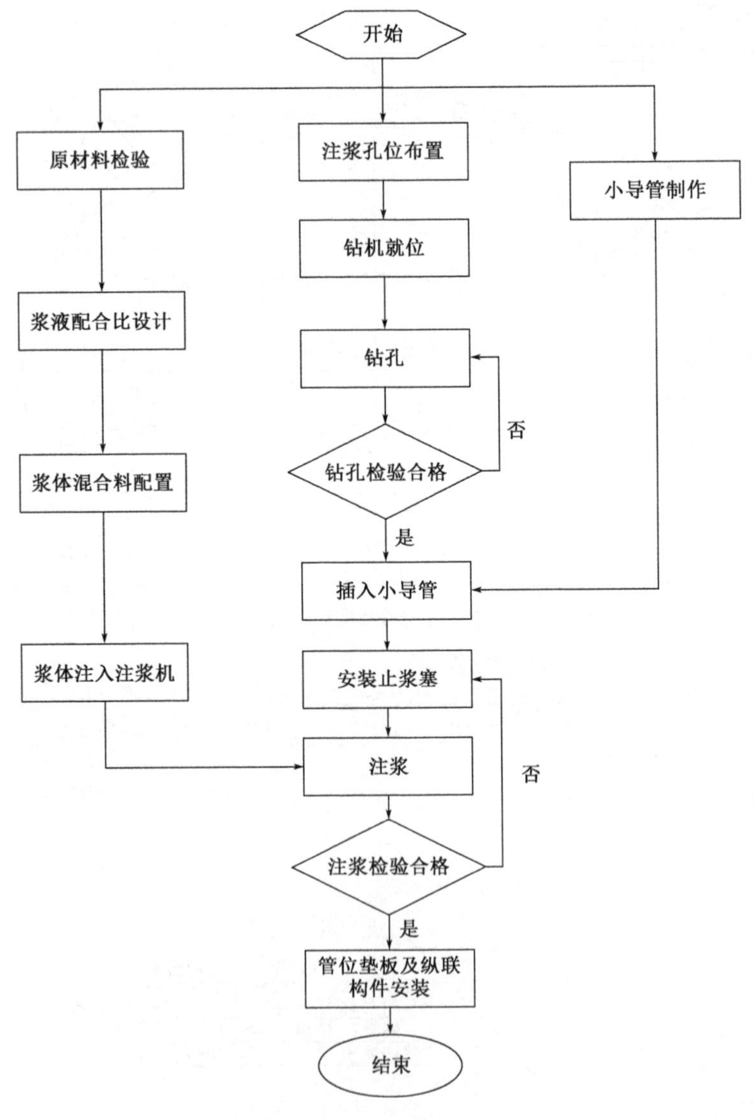

图 4-6　超前小导管施工工艺流程

①制作小导管

小导管采用无缝热轧钢管制成，前端做成尖锥形，尾部焊接 ϕ6.5mm 钢筋加劲箍，管壁每隔 10cm 梅花形钻孔，孔径 10mm，尾部留不小于 100cm 作为止浆段。

②钻孔安装

a. 喷射混凝土封闭岩面，凿岩机钻孔，成孔后吹管清孔。

b. 将小导管插入孔内，戴好螺纹保护帽，用风镐打入到设计深度。

c. 小导管外露长度一般为 30cm，以便连接孔口阀门和管路。

d. 超前小导管尾段与钢架焊结联合为整体。

③注浆

采用注浆泵压注水泥浆，注浆前先喷射混凝土 5 ~ 10cm 厚封闭掌子面，形成止浆盘。

注浆前先冲洗管内沉积物，由下至上顺序进行。单孔注浆压力达到设计要求值，持续注浆 10min 且进浆速度为开始进浆速度的 1/4 或进浆量达到设计进浆量的 80% 及以上时，可结束注浆。

2）CD 法系统锚杆支护

济南绕城高速济南连接线隧道工程洞身支护设计采用锚喷支护形式，针对不同围岩级别采用不同的支护形式，济南绕城高速济南连接线隧道工程洞身初期支护参数详见表 4-1。

隧道工程洞身支护形式统计表 表 4-1

支护类型	C25 喷射混凝土（湿喷）		系统锚杆			钢架	
	厚度（cm）	ϕ8 钢筋网 间距（cm）	型式	长度（m）	间距（m）纵×环	型式	间距（m）
Ⅴ级浅埋	30	（20×20）双层	ϕ25 中空锚杆	5	100×60	H20×20 型钢	0.6
Ⅴ级加强	30	（20×20）双层	ϕ25 中空锚杆	5	100×60	H20×20 型钢	0.6
Ⅴ级一般	30	（20×20）双层	ϕ25 中空锚杆	5.1.5	100×75	H20×20 型钢	0.75
Ⅳ级加强	28	（20×20）	ϕ25 中空锚杆	4	100×80	I20b 型钢	0.8
Ⅳ级一般	28	（20×20）	ϕ25 中空锚杆	4	100×100	I20b 型钢	1
Ⅲ级	20	拱部（20×20）	ϕ22 水泥砂浆	3.5	120×120	H14×16 格栅	1.2

半步 CD 法施工系统锚杆布置如图 4-7 所示（以Ⅳ级加强衬砌为例）。

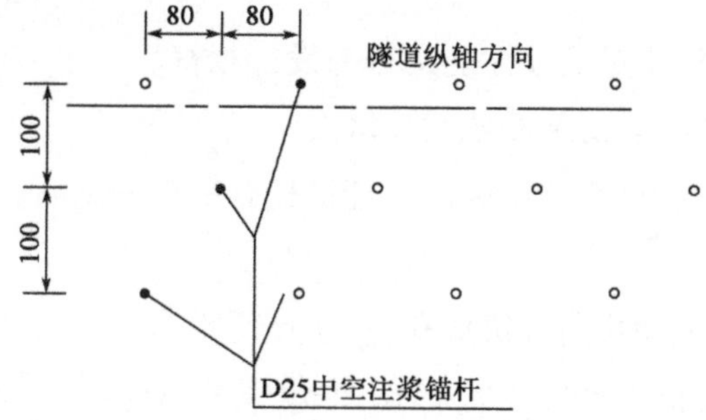

CD 法施工系统锚杆布置图（Ⅳ级加强衬砌）（尺寸单位：cm）

(1)施工工艺

中空注浆锚杆施工工艺流程如图 4-8 所示。

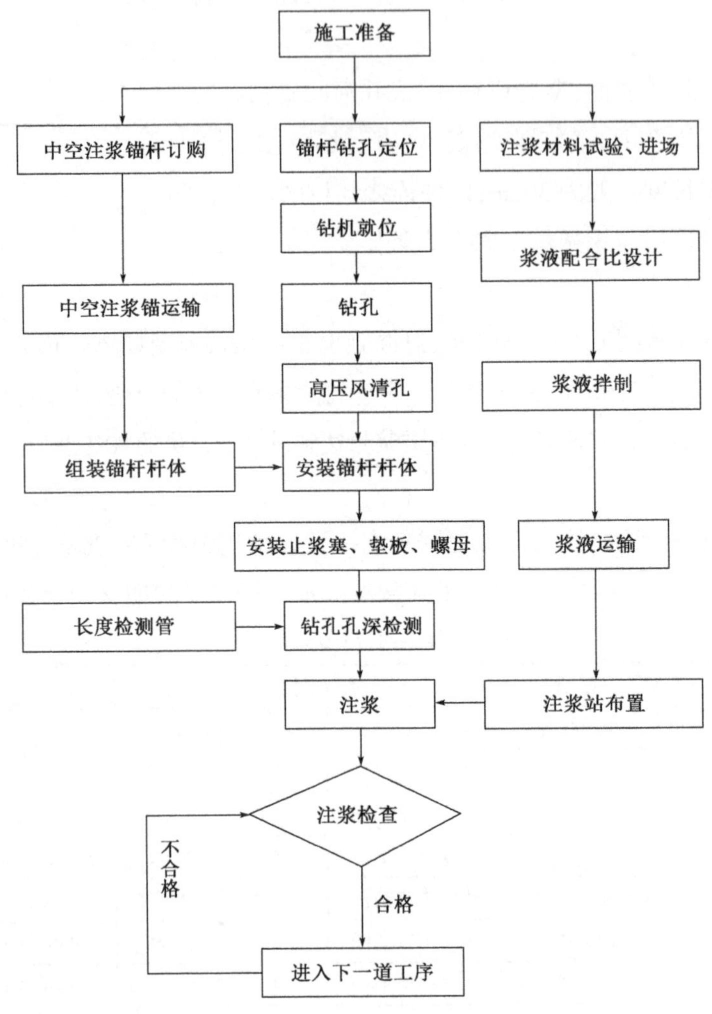

图 4-8　中空注浆锚杆施工工艺流程

(2)锚杆施工前的准备

①检查锚杆类型,规格,质量及其性能是否与设计相符。

②据锚杆类型,规格及围岩情况准备钻孔机具。

③锚杆施工在初喷混凝土后进行,保证锚杆垫板有平整的基面。

(3)锚杆钻孔、清孔

隧道锚杆采用 YT-28 风动式凿岩机成孔,按设计间距布孔;钻孔方向尽可能垂直结构面或初喷混凝土表面;锚杆孔径比设计杆径大 15㎜,深度误差不得大于 ±50mm。

钻孔完毕后用高压风清孔,清孔完成后,检查开孔孔径、孔深、孔道倾斜度。

(4)材料要求

①早强砂浆锚杆的原材料、砂浆配合比应满足下列要求:

早强砂浆锚杆杆体宜用HRB335、HRB400级带肋钢筋,锚杆体材质的断裂伸长率不得小于16%、屈服抗拉力≥126kN、极限抗拉力≥170kN;锚杆杆体使用前应平直、除锈、除油;砂浆宜采用中细砂,粒径不应大于2.5mm,使用前应过筛;早强水泥砂浆锚杆采用硫铝酸盐早强水泥。

水泥砂浆强度不低于M20,砂胶比宜为1:1~1:2(质量比),水胶比宜为0.38~0.45。

②砂浆锚杆安装。

先将水注入牛角泵内,并倒入少量砂浆,初压水和稀浆湿润管路,然后再将已调好的砂浆倒入泵内。

将注浆管插至锚杆眼底,将泵盖压紧密封,一切就绪后,慢慢打开阀门开始注浆。在气压推动下,将砂浆不断压入眼底,注浆管跟着缓缓退出眼孔,并始终保持注浆管口埋在砂浆内,以免浆中出现空洞,将注浆管全部抽出后,立即把锚杆插入眼孔,然后用木楔堵塞眼口,防止砂浆流失。

锚杆孔中必须注满砂浆,发现不满须拔出锚杆重新注浆。注浆管不准对人放置,以防止高压喷出物射击伤人。

③灌浆作业应注意以下几点:

灌浆开始或中途停止超过30min时,应用水或稀水泥浆润滑注浆罐及其管路。

灌浆注浆管应插至距孔底50~100mm,随砂浆的注入缓慢匀速拔出,杆体插入后若孔口无砂浆溢出,应进行补注。灌浆压力不得大于0.4MPa。

砂浆应拌合均匀,随拌随用,一次拌合的砂浆应在初凝前用完。

锚注完成后,应及时清洗,整理注浆用具,除掉砂浆凝聚物,为下次使用创造好条件。

④锚杆体插入孔内长度不应小于设计长度的95%。锚杆安装后不得随意敲击。

⑤安装垫板和紧固螺帽应在砂浆体的强度达到10MPa后进行。

(5)中空注浆锚杆安装及注浆

①锚杆杆体安装

采用人工安装,杆体组装完成后,安装止浆塞、垫板、球形螺母,利用中空锚杆扳手拧紧。安装锚杆垫板时确保垫板与锚杆垂直,并与初喷混凝土面密贴紧压。

②注浆

利用专用高压注浆泵注浆通过锚杆杆体预留通道接孔口注浆。隧道拱部利用排气管排气;隧道墙部自然排气,确保锚杆孔内注浆饱满。

(6)锚杆施工质量检验标准

①实测项目

隧道锚杆支护实测项目详见《公路工程质量检验评定标准》(JTG F80/1—2004)表10-8-2。

②外观鉴定

钻孔方向应尽量与围岩和岩层主要结构面垂直，锚杆垫板与岩面紧贴。

4.2.3 临时支撑拆除

1)拆撑施工顺序

半步CD法施工时，考虑到隧道施工的组织形式，本着安全第一的原则，结合现场施工情况，临时支撑拆除顺序为：搭脚手架及安全网→凿除喷射混凝土→临时钢支撑拆除→处理初支表面杂物→拆除位置补喷混凝土找平。

每次拆撑长度不大于9m，临时支撑拆除后，应加强隧道的监控量测。

2)拆撑施工方法

(1)设置变形观测点

洞口段拆除临时钢架前，先监控量测，取得拆除前的初始数据。在整个拆除过程，对隧道拱顶下沉不间断观测，加密观测频率，及时反馈监测数据，以保证施工安全。

(2)凿除喷混凝土及钢筋网

凿除竖向钢支撑、临时仰拱间喷混凝土时应逐榀、自上而下施工，凿除过程中应设专人指挥，避免伤及钢支撑，作业过程中应保证连接钢筋的有效连接，防止钢架失稳。

(3)拆除钢支撑

拆撑数量较多时，分3步，每次拆除1/3；数量较少时，分2步，隔榀拆除。

①临时仰拱拆除

临时仰拱可视施工进展情况，在围岩稳定的条件下提前拆除，操作方法如下：用绳索固定临时仰拱钢架两端，切断与该钢架相连的连接钢筋，去掉连接螺栓，放松两端绳索，把临时仰拱钢支撑慢慢放到地面，施工过程中可用挖掘机、装载机辅助作业。

②竖向钢支撑拆除

隧道在拆除临时支撑过程中受力体系多次转换，为防止初期支护因应力突变发生失稳，在拆除前，选取首段5m进行拆除试验。

a.首先采取隔3拆1的方法(图4-9所示带斜纹的钢架)，在两侧壁钢架顶部切开2～3cm，观测隧道变形量和变形速率。

b.隧道变形量和变形速率在正常范围内时，采取隔1拆1的方法(图4-9所示带方格的钢架)，切开两侧壁钢架顶部，观测隧道变形量和变形速率。严禁连续切开钢架，以防止两侧壁支撑突然失稳，倒塌伤人。

c.拆除竖向钢支撑时先用用绳索固定钢架两端，切断与该钢架相连的所有连接筋，去掉临时钢支撑连接螺栓，放松绳索，缓慢放倒钢架，将钢架搁置地面后去除固定绳索，拆除后的钢架应集中放置。

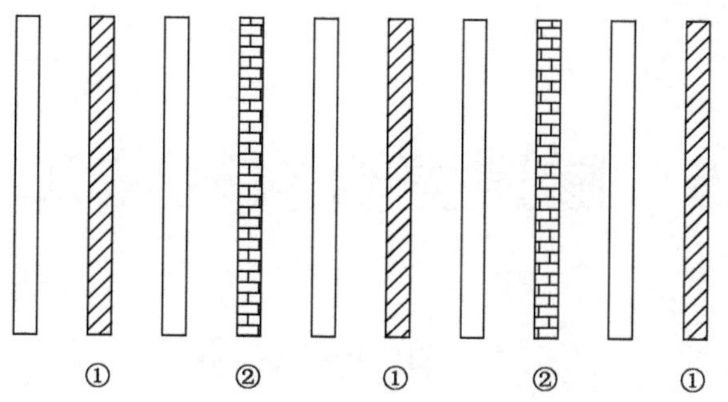

图4-9 中支撑钢架拆除顺序示意图

d.分析监控量测结果,确定隧道初期支护的稳定性,确认变形稳定后,拆除已切开的侧壁钢架。

(4)拆除钢架注意事项

①做好拆除过程中监控量测工作,随时监测初期支护的稳定性。

②严格按照上述拆除步骤进行,切不可数榀钢架同时拆除,防止隧道因体系转换应力过大,造成初期支护失稳。

③拆除时,必须采用人工拆除方式,严禁采用挖掘机、装载机直接破坏方式拆除钢架,以防止因机械碰撞造成隧道初期支护体系变形失稳,严禁一次性大范围拆除临时支护。

④做好在拆除过程中的安全防护工作,拆除过程中,严禁施工人员、机具设备通过,防止坠物伤人。

⑤钢架拆除时,尽量利用绳索等安全设施,严禁钢架以自由落体形式直接落到地面,以免钢架弹起伤人。

⑥钢架拆除过程中,量测人员发现拱顶下沉异常时,应暂停钢架拆除,并适当采取加固措施。特别异常时,立即发出警报,通知洞内人员立即撤离。

⑦拆除钢架时,及时清除残留在初期支护上的短钢筋头、型钢头,为后续铺设防水板施工创造条件。

⑧拆除钢架后,对钢架上残留的钢筋进行清除,以防止在拆除的钢架再运输或再利用过程中,短钢筋碰伤、划伤施工人员。

5 隧道复合衬砌施工

5.1 初期支护

大、小岭隧道洞身支护设计采用锚喷支护形式，针对不同围岩级别采用不同的支护形式，详见表5-1。

大、小岭隧道洞身支护形式统计表 表5-1

支护类型	C25 喷射混凝土(湿喷)		系统锚杆			钢架	
	厚度(cm)	ϕ8 钢筋网 间距(cm)	型式	长度(m)	间距(m) 纵×环	型式	间距(m)
Ⅴ级浅埋	30	(20×20)双层	ϕ25 中空锚杆	5	100×60	H20×20 型钢	0.6
Ⅴ级加强	30	(20×20)双层	ϕ25 中空锚杆	5	100×60	H20×20 型钢	0.6
Ⅴ级一般	30	(20×20)双层	ϕ25 中空锚杆	4.5	100×75	H20×20 型钢	0.75
Ⅳ级加强	28	(20×20)	ϕ25 中空锚杆	4	100×80	I20b 型钢	0.8
Ⅳ级一般	28	(20×20)	ϕ25 中空锚杆	4	100×100	I20b 型钢	1
Ⅲ级	20	拱部(20×20)	ϕ22 水泥砂浆	3.5	120×120	H14×16 格栅	1.2

大、小岭隧道初期支护示意图如图5-1所示(以Ⅴ级加强衬砌断面为例)。

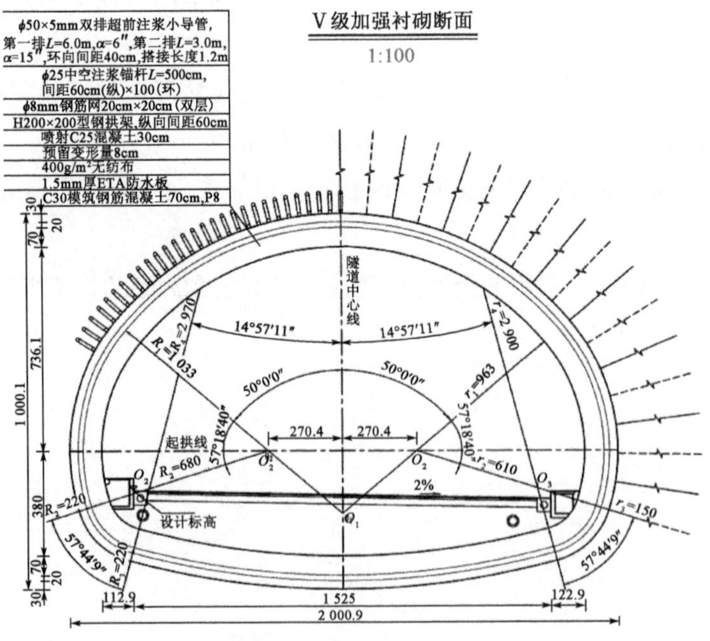

图5-1 大、小岭隧道Ⅴ级加强衬砌断面初期支护示意图(尺寸单位:cm)

5.1.1 系统锚杆

大、小岭隧道系统锚杆布置如图5-2所示（以Ⅳ级一般衬砌断面为例）。

(1)施工工艺

早强水泥砂浆锚杆施工工艺流程如图5-3所示，中空注浆锚杆施工工艺流程如图5-4所示。

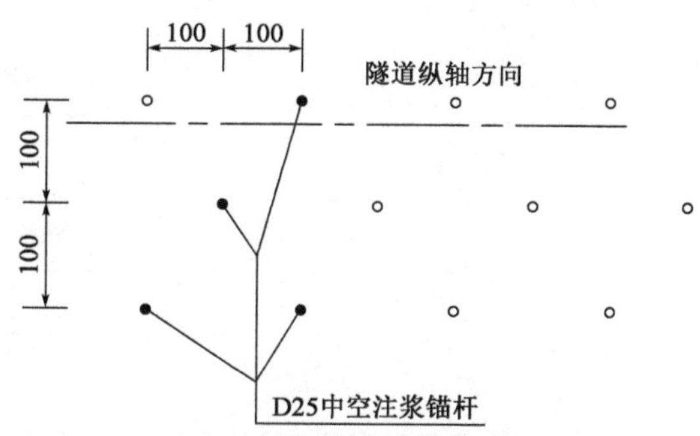

图5-2 大、小岭隧道Ⅳ级一般衬砌断面系统锚杆布置图（尺寸单位：cm）

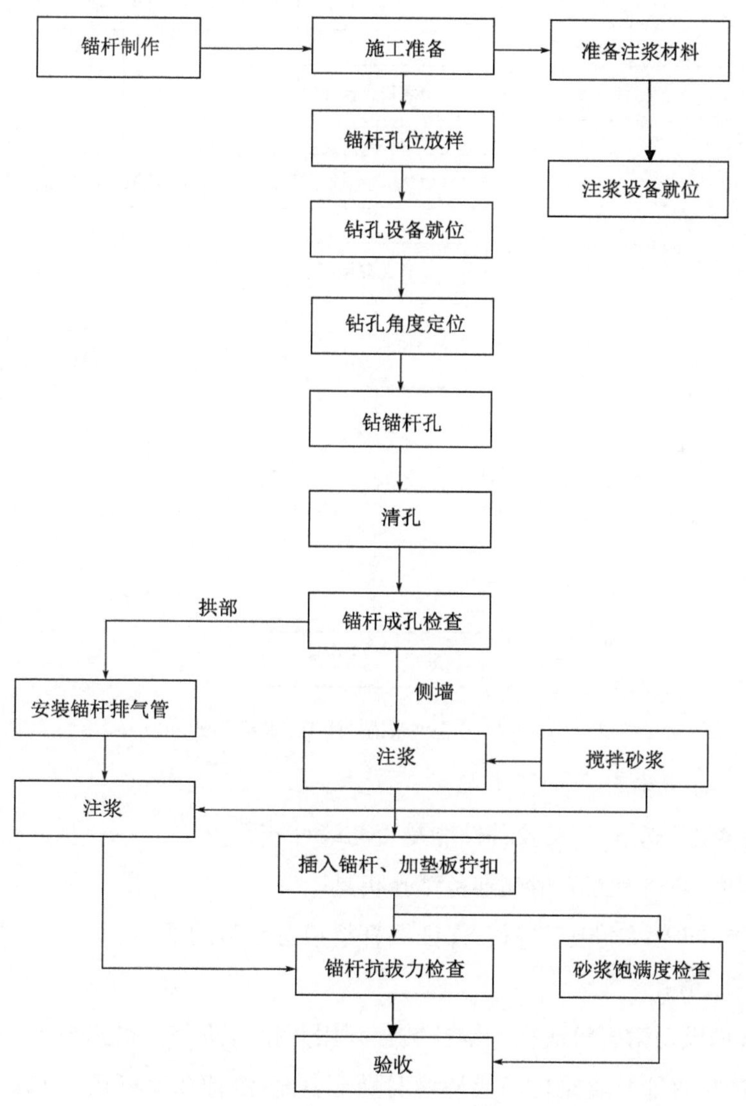

图5-3 砂浆锚杆施工工艺流程图

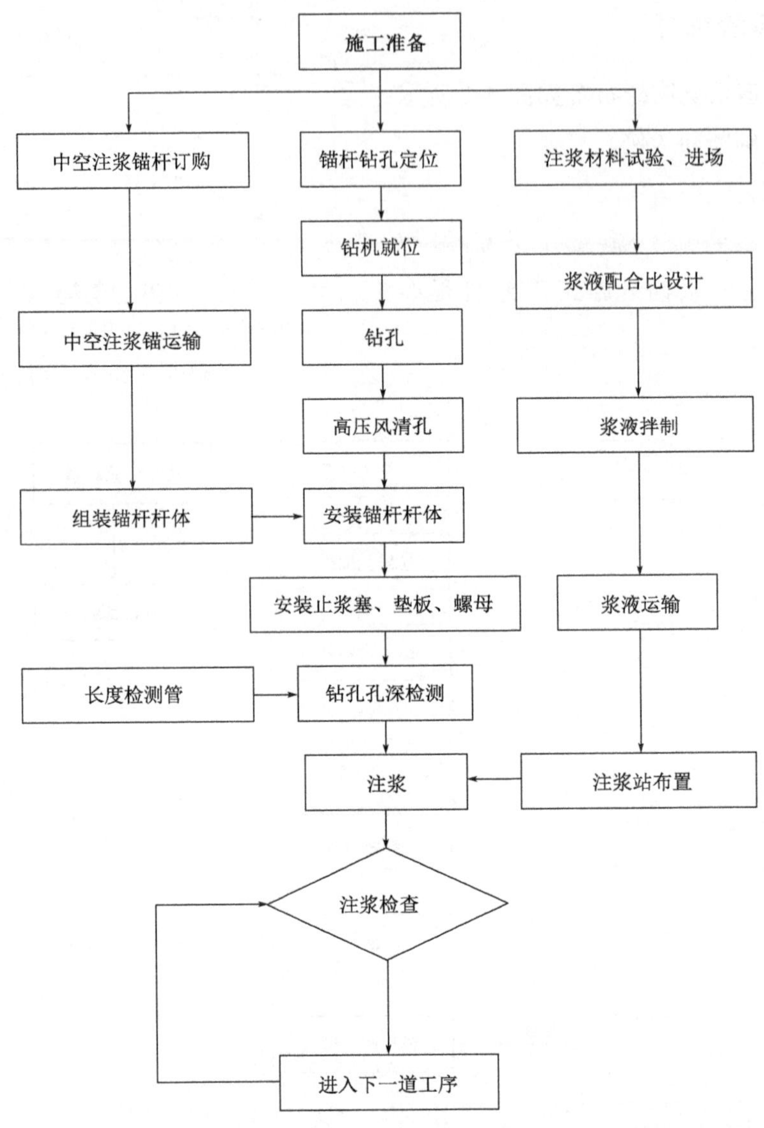

图 5-4　中空注浆锚杆施工工艺流程图

(2)锚杆施工前的准备

①检查锚杆类型,规格,质量及其性能是否与设计相符。

②据锚杆类型,规格及围岩情况准备钻孔机具。

③锚杆施工在初喷混凝土后进行,保证锚杆垫板有平整的基面。

(3)锚杆钻孔、清孔

隧道锚杆采用风动凿岩机成孔。锚杆钻孔利用开挖台阶搭设简易台架施钻,按照设计间距布孔;钻孔方向尽可能垂直结构面或初喷混凝土表面;锚杆孔比杆径大15㎜,深度误差不得大于±50mm。

清孔利用高压风清孔。清孔完成后,检查开孔孔径、孔深、孔道倾斜度。

(4)早强砂浆锚杆注浆及安装

①水泥砂浆锚杆的原材料、砂浆配合比应满足下列要求:杆体宜用 HRB335、HRB400 级带肋钢筋,锚杆体材质的断裂伸长率不得小于 16%,屈服抗拉力≥126kN,极限抗拉力≥170kN;锚杆杆体使用前应平直、除锈、除油;砂浆宜采用中细砂,粒径不应大于 2.5mm,使用前应过筛;早强水泥砂浆锚杆采用硫铝酸盐早强水泥。

②锚注完成后,应及时清洗,整理注浆用具,除掉砂浆凝聚物,为下次使用创造好条件。

③锚杆体插入孔内长度不应小于设计长度的 95%。锚杆安装后不得随意敲击。

④安装垫板和紧固螺帽应在砂浆体的强度达到 10MPa 后进行。

(5)中空注浆锚杆安装及注浆

①锚杆杆体安装:采用人工安装,杆体组装完成后,安装止浆塞、垫板、球形螺母,利用中空锚杆扳手拧紧。安装锚杆垫板时确保垫板与锚杆垂直,并与初喷混凝土面密贴紧压。

②注浆:利用专用高压注浆泵,通过锚杆杆体预留通道接孔口注浆。隧道拱部利用排气管排气;隧道墙部自然排气,确保锚杆孔内注浆饱满。

(6)锚杆施工质量检验标准

①实测项目

隧道锚杆支护实测项目见《公路工程质量检验评定标准》(JTG F80/1—2004),见表 5-2。

锚杆支护实测项目　表 5-2

项次	检查项目	规定值或允许偏差	检查方法和频率
1	锚杆数量(根)	不少于设计	按分项工程统计
2	锚杆拔力(kN)	28 天拔力平均值≥设计值, 最小拔力:0.9 设计值	按锚杆数 1% 且不小于 3 根做拔力试验
3	孔位(mm)	±50	尺量:检查锚杆数的 10%
4	钻孔深度(mm)	±50	尺量:检查锚杆数的 10%
5	孔径(mm)	砂浆锚杆:>杆体直径+15; 其他锚杆:符合设计要求	尺量:检查锚杆数的 10%
6	锚杆垫板	与岩面紧贴	检查锚杆数的 10%

②外观鉴定

钻孔方向应尽量与围岩和岩层主要结构面垂直,锚杆垫板与岩面紧贴。

5.1.2 钢筋网

大、小岭隧道初期支护喷层内钢筋网布置如图 5-5 所示。

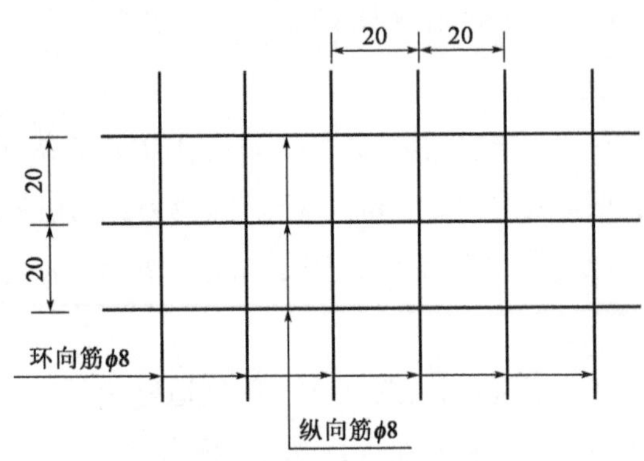

图5-5　大、小岭隧道初期支护喷层内钢筋网布置图(尺寸单位:cm)

(1)钢筋网片加工

钢筋网片采用HPB300ϕ8mm钢筋焊制,在钢筋加工场内集中加工。先用钢筋调直机把钢筋调直,再截成钢筋条,钢筋网片尺寸根据拱架间距和网片之间搭接长度综合考虑确定。

钢筋焊接前要先将钢筋表面的油渍、漆污、水泥浆和用锤敲击能剥落的浮皮、铁锈等均清除干净;加工完毕后的钢筋网片应平整,钢筋表面无削弱钢筋截面的伤痕。

(2)成品的存放

制作成型的钢筋网片必须轻抬轻放,避免摔倒产生变形。钢筋网片成品应远离加工场地,堆放在指定的成品堆放场地上。存放和运输过程中要避免潮湿的环境,防止锈蚀、污染和变形。

(3)挂网

按图纸标定的位置挂设加工好的钢筋网片,钢筋片随初喷面的起伏铺设,绑扎固定于先期施工的系统锚杆之上,再把钢筋片焊接成网,网片搭接长度为1~2个网格。

设计为双层钢筋网时,第二层钢筋网应在第一层钢筋网被喷射混凝土全部覆盖后进行铺挂。

(4)施工控制要点

钢筋网格尺寸应符合设计要求。

铺设钢筋网按照以下要求执行:

①钢筋网在初喷混凝土以后铺挂,且保护层厚度不得小于2cm。

②钢筋网应随初喷面的起伏铺设,与受喷面的间隙一般不大于3cm,与锚杆或其他固定装置连接牢固。

③开始喷射时,应减小喷头至受喷面的距离,并调整喷射角度,钢筋网保护层厚度满足设计及规范要求。

④喷射中如有脱落的石块或混凝土块被钢筋网卡住时,应及时清除后再喷射混凝土。

(5)钢筋网施工质量检验标准

①实测项目

隧道初期支护钢筋网实测项目见《公路工程质量检验评定标准》(JTG F80/1—2004),见表5-3。

钢筋网支护实测项目

表 5-3

项　　次	检 查 项 目	规定值或允许偏差	检查方法和频率
1	网格尺寸(mm)	±10	尺量:每 $50m^2$ 检查 2 个网眼
2	钢筋保护层厚(mm)	≥10	凿孔检查:每 20m 检查 5 点
3	与受喷岩面的间隙(mm)	≤30	尺量:每 20m 检查 10 点
4	网的长、宽(mm)	±10	尺量

②外观鉴定

钢筋网与锚杆或其他固定装置连接牢固,喷射混凝土时不得晃动。

5.1.3 钢拱架

大、小岭隧道初期支护型钢拱架示意图如图 5-6 所示(以Ⅴ级加强衬砌断面为例)。

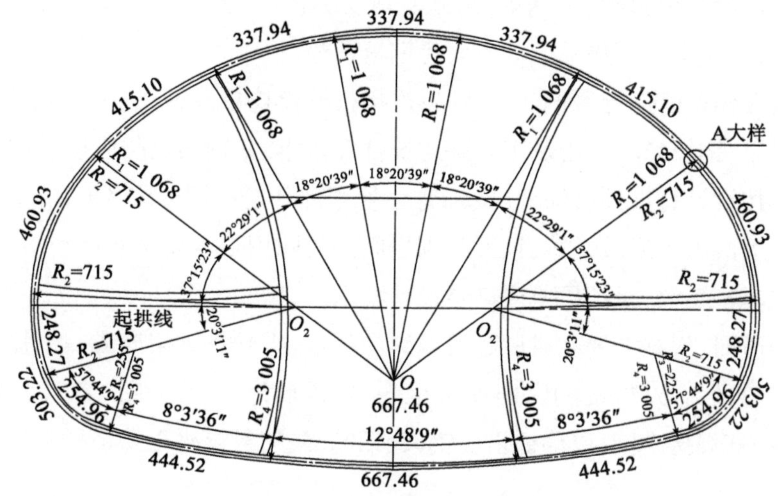

图 5-6 大、小岭隧道Ⅴ级加强衬砌初期支护型钢拱架示意图(尺寸单位:cm)

(1)型钢钢架加工

①施工准备。钢架加工场地用混凝土硬化,精确抹平,并按功能设置原材料存放区、加工区、预拼检验区、成品存放区。加工场设龙门吊,用于原材料装卸及成品、半成品吊装。冷弯机安装与调试,进行试生产,确保加工尺寸准确,弧形圆顺。

②型钢冷弯。钢架弯制结合隧道开挖方法,采用型钢冷弯机按照隧道断面曲率分节进行弯制,加工钢架周边拼装允许偏差 ±3cm,平面翘曲应小于 1cm。弯曲完成后将工字钢吊至半成品加工区,切割单元多余部分,采用等离子弧切割机进行切割。

③连接板加工。各分节连接板采用等离子弧切割机进行切割,连接板钻孔采用数控立式钻床进行钻孔,钻孔前先进行钻孔参数设置,包括孔径、孔深、孔间距等参数,然后安装钻头,再将工件夹牢,最后启动钻床进行钻孔。

④连接板焊接。各分节连接板采用连接板与型钢焊成一体,要求双面焊,焊缝饱满,保证

焊接质量；各分节间为螺栓形式连接。

⑤钢架预拼。在预拼场地将加工好的各节段钢架进行预拼，要求尺寸准确，弧形圆顺，要求沿隧道周边轮廓误差不大于3cm；型钢钢架平放时，平面翘曲小于2cm。

(2)钢架安装

①安装前对岩面初喷混凝土，初喷混凝土后及时架设。在第一次喷射混凝土后按设计位置安设，对局部欠挖部分应予凿除，以保证钢架施工位置、结构、尺寸正确。

②安装前应清除底脚下的虚碴及杂物，钢架底脚应置于牢固的基础上。钢架安装允许偏差：钢架间距及其横向位置和高程的允许偏差为±5cm，垂直度为±2°。

③为保证钢架置于稳固的地基上，施工中在钢架基脚部位预留0.15～0.2m原地基，采用人工开挖，严禁超挖；架立钢架时挖槽就位，软弱地段在钢架基脚处设槽钢以增加基底承载力。拱脚、边墙脚连接槽钢(或钢板、角钢等)应按正确方式置于原状石上，并与钢架焊接牢固，当拱脚标高不准时，只能用片石垫平槽钢或设置钢板调整。

④钢架拼装在作业面进行，各节钢架间以连接板螺栓连接并密贴；沿钢架外缘每隔2m用混凝土预制块楔紧；钢架应尽量密贴围岩并与锚杆焊接牢固，钢架之间应按设计纵向连接。

⑤钢架拱脚按设计打设锁脚锚杆(或锚管)，下半部开挖后钢架应及时落底。

⑥钢架应与喷混凝土形成一体，钢架与围岩间的间隙用喷混凝土充填密实；各种形式的钢架应全部被喷混凝土覆盖，保护层厚度满足设计要求。

⑦开挖下台阶时，根据需要在拱脚下可设纵向托梁，把几排钢架连成一个整体。

⑧沿钢架设直径为ϕ25mm的纵向连接钢筋，并按设计环向间距设置。钢架应与钢筋网连接，且必须与锚杆焊接牢固，以保证格栅钢架、钢筋网、喷射混凝土和锚杆与围岩形成联合受力结构。

⑨钢架架立后尽快喷混凝土作业，并将钢架全部覆盖，使钢架与喷混凝土共同受力。

(3)钢拱架施工质量检验标准

①实测项目。钢支撑支护实测项目见《公路工程质量检验评定标准》(JTG F80—2004)，见表5-4。

钢支撑支护实测项目 表5-4

项次	检查项目		规定值或允许偏差	检查方法和频率
1	安装间距(mm)		50	尺量：每榀检查
2	保护层厚度(mm)		≥20	凿孔检查：每榀自拱顶每3m检查一点
3	倾斜度(°)		±2	测量仪器检查每榀倾斜度
4	安装偏差(mm)	横向	±50	尺量：每榀检查
		竖向	不低于设计高程	
5	拼装偏差(mm)		±3	尺量：每榀检查

②外观鉴定。无污秽、无锈蚀和假焊，安装时基底无虚渣及杂物，接头连接牢靠，不符合要求时减1～5分。

5.1.4 格栅钢架

大、小岭隧道Ⅲ级衬砌初期支护型格栅钢架示意图如图5-7所示。

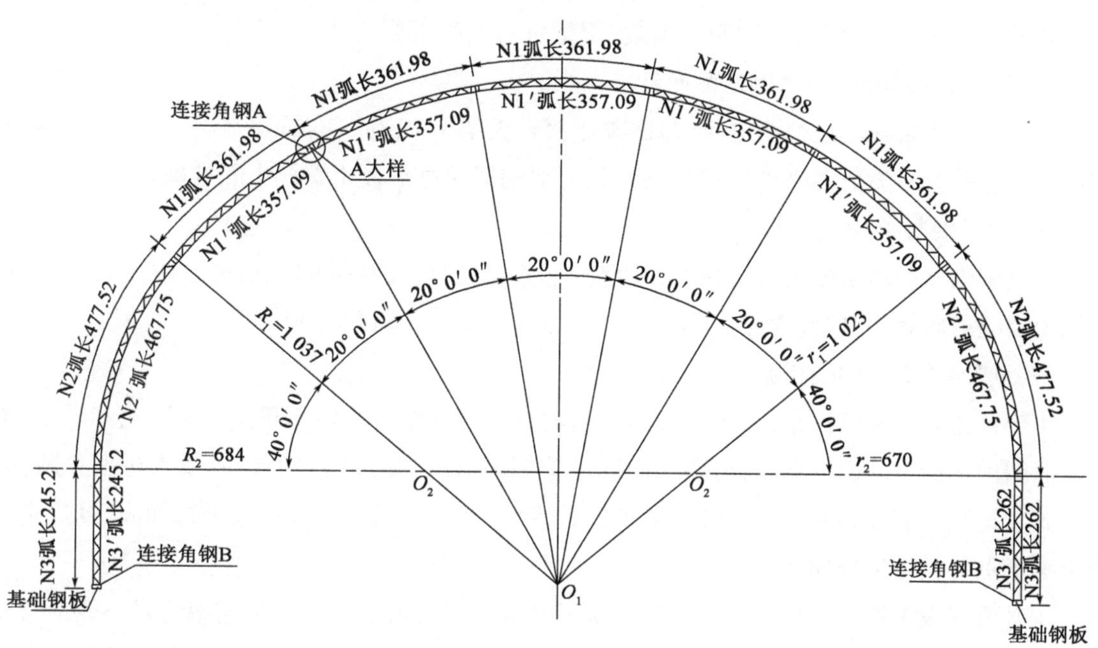

图5-7 大、小岭隧道Ⅲ级衬砌初期支护型格栅钢架示意图(尺寸单位:cm)

(1)格栅钢架加工

大、小岭隧道Ⅲ级围岩格栅钢架设计分为6段(N1～N6)，格栅钢架在现场设计的工装台上加工。工作台由δ=20mm的钢板制成，其上根据不同断面的钢架主筋轮廓放样成钢筋弯曲模型。钢架的焊接在胎模内焊接，控制变形。

按设计加工好各单元格栅钢架后，组织试拼，检查钢架尺寸及轮廓是否合格。格栅钢架各单元必须明确标出类型和单元号，并分单元堆放于地面干燥的防雨篷内。

(2)格栅钢架运输

根据隧道掌子面每循环安装格栅钢架榀数，人工在钢架加工场选型、配号，装载机或汽车运输钢架至洞内，再由人工抬运钢架至掌子面设计位置安装就位。

(3)格栅钢架安装

根据测设的位置，各节钢架在掌子面以螺栓连接，连接板应密贴；为保证各节钢架在全环封闭之前置于稳固的地基上，安装前应清除各节钢架底脚下的虚碴及杂物。

(4)格栅钢架中线水平测量

钢架初步就位后，加固前，现场架设测量仪器检查钢架各节点处设计高程和支距，达到要求后才能进行钢架加固。

(5)格栅钢架联结与加固

在格栅钢架基脚处设槽钢以增加基底承载力，为保证格栅钢架位置安设准确，隧道开挖时在格栅钢架的各连接处预留连接板凹槽。初喷混凝土时，在凹槽处打入木楔，为架设格栅钢架留出连接板（和槽钢）位置。格栅钢架按设计位置安设，在安设过程中当钢架和初喷层之间有较大间隙应每隔2m用混凝土预制块楔紧，钢架背后用喷混凝土填充密实。采用$\phi22$，环向间距1m的纵向连接钢筋，八字形内侧布置。

钢架落底接长在单边交错进行，每次单边接长钢架1～2排。在软弱地层可同时落底接长和仰拱相连并及时喷射混凝土。接长钢架和上部钢架通过垫板用螺栓牢固准确连接。

(6)喷射混凝土

格栅钢架立后尽快喷混凝土作业，喷混凝土分层进行，先从拱脚或墙角处由下向上喷射，防止上层喷射料虚掩拱脚（墙角）不密实，造成强度不够，拱脚（墙角）失稳。

(7)防止钢架下沉的措施

拱部开挖安装型钢拱架后，由于隧道围岩的自稳性较差以及各部开挖安全距离的限制，钢架短时间内不能全断面闭合，有可能会出现拱顶钢架下沉，导致围岩失稳或侵入衬砌界限，因此在施工过程中需加强对钢架安装以后的监控量测，必要时采取有效措施进行加固，以防止拱顶钢架下沉。具体措施如下：

①必要时设置锁脚锚杆。由于采用分部开挖方法，拱部钢架安装后，钢架暂时不能全断面封闭成环，同时土质隧道拱部钢架无法座落在坚实的基岩上，因此，拱部钢架必须采取锁脚措施，将钢架两底脚牢固锁定，以防止钢架下沉或两底脚回收，必要时采用两根$L=4.5\text{m}$的$\phi50$锁脚锚管锁定，锚管采用钢花管，压注水泥浆液进行锚固，如地质较差时，采用加长锁脚锚管长度和再增设一根锁脚锚管以加强钢架的稳定。

②加设钢架基础连接纵梁，扩大开挖底脚，防止钢架悬空。为防止钢架下沉，视地质情况，必要时在拱部钢架底脚增设连接纵梁，纵梁采用32槽钢，与钢架底脚采用焊接连接，以增加钢架底脚的承力面积。

③及时喷射混凝土进行覆盖。钢架安装完成后，及时进行喷射微纤维混凝土，喷射时分层、分段进行，钢架应全部被喷射混凝土覆盖，保护层厚度不得小于40mm。

④防止施工过程中的碰撞和损坏。机械开挖时，为防止挖掘机等大型机械对已支护好钢架进行碰撞和冲击，造成钢架损坏，因此，开挖时，要派专人对开挖作业进行指挥，严格限制机械作业界限，以防止碰撞钢架。

(8)施工操作要点

①隧道各部开挖完成初喷混凝土后，分单元及时安装钢架，采用与定位锚杆、径向锚杆以及双侧锁脚锚管等方法固定，钢架采用$\phi22$钢筋八字形内侧连接，钢架之间铺挂钢筋网，然后

复喷混凝土到设计厚度。

②钢架应按设计位置安设，钢架之间必须用钢筋纵向连接，并要保证焊接质量。钢架安设过程中当钢架与围岩之间有较大的空隙时，沿钢架外缘每隔 2m 应用混凝土预制块楔紧。

③钢拱架的拱脚采用纵向托梁和锁脚锚管等措施加强支承。

④钢架应尽可能多地与锚杆露头及钢筋网焊接，以增强其联合支护的效应。

⑤喷射混凝土时，要将钢架与岩面之间的间隙喷射饱和达到密实。

⑥型钢钢架应采用冷弯成型，钢架加工的焊接不得有假焊，焊缝表面不得有裂纹、焊瘤等缺陷。

⑦钢架应在初喷混凝土后及时架设，各节钢架间以螺栓连接，连接板必须密贴。

⑧钢架安装前应清除底脚下的虚渣及杂物，钢架底脚应置于牢固的基础上。

⑨每榀钢架各节都应在法线方向上，在架设左侧钢架时，每榀里程、间距、拱顶高程、连接板处高程（同里程、同间距、同高程）都必须记录清楚，在右侧施工时，按左侧里程、高程、间距架设钢架。

⑩分部开挖施工时，每榀钢架安装时均在其底部设一块“托板”，并在每侧底部施打 2 根 ϕ50mm、$L=4.5$m 的锁脚锚管，锁脚锚管在拱脚和墙脚打设，以防止钢架下沉。下半部开挖后钢架及时落底接长。

⑪法线方向的控制：在前一榀钢架连接板处打上法向方向线和高低位置线，按法线方向和高低位置线分别用钢卷尺和水平仪测量定位。每隔 5 榀用经纬仪测定一次法线方向，以消除随机或累计误差。为了控制钢架位置，尤其要控制好各接板处的间距和高程位置，成型后钢架应无扭转、凸出、凹进现象。

⑫中线位置的控制：在每榀钢架安装时，采用全站仪激光打点定出中线位置，然后沿法线方向用钢卷尺进行定位。也可根据支距计算出的坐标，采用全站仪直接定位，但置镜处与放设点位处的距离不宜过远，以免引起单边误差过大。

⑬喷射混凝土前，在需架立临时钢支撑的连接位置，用塑料纸包裹，防止混凝土包裹钢架连接位置，影响连接。

⑭永久钢支撑和临时钢支撑前、后、左、右、上、下位置必须正确，否则会影响连接，影响钢架架设质量、影响进度。

⑮钢架拼装可在开挖面内进行，各节钢架间垫设橡胶垫板，用螺栓连接并拧紧，连接板密贴。

（9）施工质量检验标准

①实测项目。钢架实测项目见《公路工程质量检验评定标准》（JTG F80—2004），表 5-5。

钢支撑支护实测项目 表5-5

项　次	检查项目		规定值或允许偏差	检查方法和频率
1	安装间距(mm)		50	尺量:每榀检查
2	保护层厚度(mm)		≥20	凿孔检查:每榀自拱顶每3m检查一点
3	倾斜度(°)		±2	测量仪器检查每榀倾斜度
4	安装偏差(mm)	横向	±50	尺量:每榀检查
		竖向	不低于设计高程	
5	拼装偏差(mm)		±3	尺量:每榀检查

②外观鉴定。无污秽、无锈蚀和假焊,安装时基底无虚渣及杂物,接头连接牢靠。

5.1.5 喷射混凝土

(1)喷射混凝土材料要求

喷混凝土材料进场必须进行检验,除符合国家现行的有关标准外,并应符合表5-6要求。

喷混凝土原材料技术要求 表5-6

材料名称	技术要求
水泥	(1)应优先采用硅酸盐水泥或普通硅酸盐水泥,强度等级不宜低于42.5MPa。 (2)遇含有较高可溶性硫酸盐地层或地下水地段,应按侵蚀类型和侵蚀程度采用相应的抗硫酸盐水泥;水泥的安定性、凝结时间均应合格。集料与水泥中的碱离子可能发生反应时,应选用低碱水泥;喷混凝土需要有较高早期强度时,可选用硫铝酸盐水泥或其他早强水泥。 (3)有特殊要求时,应使用相应的特种水泥
砂、石	(1)粗集料应采用坚硬耐久的碎石或卵石(豆石),或两者混合物。严禁选用具有潜在碱活性集料,当使用碱性速凝剂时,不得使用含有活性二氧化硅的石料。喷混凝土中的石子最大粒径不宜大于15mm,喷射钢纤维混凝土中的石子最大粒径不宜大于10mm,集料级配宜采用连续级配。按质量计含泥量不应大于1%,泥块含量不应大于0.25%。 (2)细集料应采用坚硬耐久的中砂或粗砂,细度模数应大于2.5。砂中小于0.075mm的颗粒不应大于20%。含泥量不应大于3%,泥块含量不应大于0.5%
水	水质应符合工程用水的有关标准,水中不应含有影响水泥正常凝结与硬化的有害杂质,不应使用污水、海水、pH值小于4.5的酸性水、硫酸盐含量按SO_4^{2}计超过水重1%的水
外加剂	(1)应对混凝土的后期强度无明显损失;对混凝土和钢材无腐蚀作用;不污染环境,对人体无害。采用低碱或无碱外加剂。 (2)在使用外加剂前,应做与水泥的相容性试验及水泥净浆凝结效果试验,严格控制掺量;水泥净浆初凝时间不应大于5min,终凝时间不应大于10min

(2)施工工艺

隧道初期支护喷射混凝土采用湿喷工艺。喷射混凝土在洞外拌和站集中拌和,由混凝土搅拌运输车运至洞内,采用湿喷机喷射作业。在隧道开挖完成后,先初喷4~6cm速凝混凝土封闭岩面,然后打设锚杆、架立钢架、挂钢筋网,对初喷岩面进行清理后复喷至设计厚度。

(3)喷射混凝土施工

①喷射混凝土配比设计

喷混凝土的性能(强度、密实度、黏结力)、回弹率、粉尘浓度应符合国家现行标准《锚杆喷混凝土支护技术规范》的规定。

喷混凝土因施工方法及环境条件的不同,其性能的要求也不同。配合比应满足设计强度和喷射工艺的要求,并通过试喷确定。

②喷射前准备

a. 设置控制喷射混凝土厚度的标志,一般采用埋设钢筋头做标志,亦可在喷射时插入长度比设计厚度大 5cm 的铁丝,每 1 ~ 2m 设一根,作为施工控制用。

b. 喷混凝土施工前,应对受喷岩面进行处理。一般岩面可用高压水冲洗受喷面上的浮尘、岩屑,当岩面遇水容易潮解、泥化时,宜采用高压风吹净岩面。

c. 受喷面的小股水或裂隙渗漏水宜采用岩面注浆或导管引排后再喷混凝土。

d. 大面积潮湿的岩面宜采用黏结性强的混凝土,可通过添加外加剂、掺合料改善混凝土性能。

e. 大股涌水宜采用注浆堵水后再喷射混凝土。

③混凝土搅拌与运输

湿喷混凝土搅拌采取全自动计量强制式搅拌机,施工配料应严格按配合比进行操作,速凝剂在喷射机喂料时加入。

运输采用混凝土运输罐车,随运随拌。喷射混凝土时,多台运输车应交替运料,以满足湿喷混凝土的供应。在运输过程中,要防止混凝土离析、水泥浆流失、坍落度变化以及产生初凝等现象。

④喷射作业

喷射操作程序应为:打开速凝剂辅助风→缓慢打开主风阀→启动速凝剂计量泵、主电机、振动器→向料斗加混凝土。

喷射混凝土作业应采用分段、分片、分层依次进行,喷射顺序应自下而上,分段长度不宜大于 6m。喷射时先将低洼处大致喷平,再自下而上顺序分层、往复喷射。

喷射混凝土分段施工时,上次喷混凝土应预留斜面,斜面宽度为 200 ~ 300mm,斜面上需用压力水冲洗润湿后再行喷射混凝土。

分片喷射要自下而上进行并先喷射钢架与壁面间混凝土,再喷射两钢架之间混凝土。边墙喷混凝土应从墙脚开始向上喷射,使回弹料不致裹入最后喷层。

分层喷射时,一次喷混凝土的厚度不小于 40mm,后一层喷射应在前一层混凝土终凝后进行,若终凝 1h 后再喷射,应先用风水清洗喷射表面。

初喷混凝土在开挖后及时进行,复喷应根据开挖工作面的地质情况分层、分时段进行喷射作业,以确保喷射混凝土的支护能力和喷层的设计厚度;喷射混凝土终凝后3h内不得进行爆破作业。复喷混凝土的一次喷射厚度:拱部为50~100mm,边墙为70~150mm。

喷射速度要适当,以利于混凝土的压实。风压过大,喷射速度增大,回弹增加;风压过小,喷射速度过小,压实力小,影响喷混凝土强度。因此在开机后要注意观察风压,起始风压达到0.5MPa后,才能开始操作,并据喷嘴出料情况调整风压。一般工作风压1.0MPa左右。

喷射时使喷嘴与受喷面间保持适当距离,喷射角度尽可能接近90°,以使获得最大压实和最小回弹。喷嘴与受喷面间距宜为1.5~2.0m;喷嘴应连续、缓慢作横向环行移动,一圈压半圈,喷射手所画的环形圈,横向40~60cm,高15~20cm;若受喷面被钢架、钢筋网覆盖时,可将喷嘴稍加偏斜,但不宜小于70°。如果喷嘴与受喷面的角度大小,会形成混凝土物料在受喷面上的滚动,产生出凹凸不平的波形喷面,增加回弹量,影响喷混凝土的质量。

根据具体情况,变换喷嘴的喷射角度和与受喷面的距离,将钢架、钢筋网背后喷填密实,见图5-8、图5-9所示。必要时钢架背后采用注浆充填,严禁填充异物。

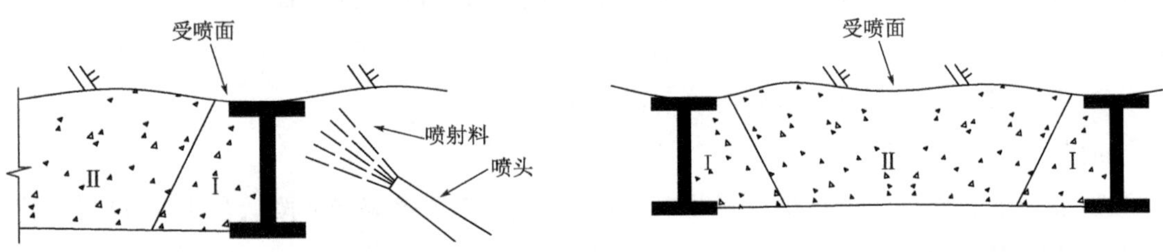

图5-8　钢架背后的喷射角度

图5-9　钢架之间的混凝土喷射顺序

在喷射边墙下部(台阶法施工上半断面拱脚)及仰拱时,需将上半断面喷射时的回弹物清理干净,防止将回弹物卷入下部喷层中形成“蜂窝”,而降低支护能力。

⑤养护

喷射混凝土终凝2h后,应进行养护。采用喷雾养护。养护时间不小于14天。当气温低于+5℃时,不得洒水养护。

(4)施工控制要点

①喷射混凝土原材料先检验合格后才能使用,速凝剂应妥善保管,防止受潮变质。严格控制拌合物的水灰比,经常检查速凝剂注入环的工作状况。

②喷射混凝土的坍落度宜控制在8~13cm,坍落度过大混凝土会流淌,过小容易出现堵管现象。喷射过程中应及时检查混凝土的回弹率和实际配合比。喷射混凝土的回弹率:侧壁不应大于15%,拱部不应大于25%。

③喷射混凝土拌合物的停放时间不得大于30min。

④喷射混凝土作业必须在隧道开挖后及时进行施作。喷射混凝土严禁选用具有潜在碱活性集料。喷混凝土厚度应预埋厚度控制标志,严格控制喷射混凝土的厚度。

⑤喷射前应仔细检查喷射面,如有松动石块应及时处理。喷射机应布置在安全地带,并尽量靠近喷射部位,便于掌机人员与喷射手联系,随时调整工作风压。

⑥喷射完成后应检查喷射混凝土与岩面黏结情况,可用锤敲击检查。同时测量其平整度和断面,并将此断面与开挖断面对比,确认喷射混凝土厚度是否满足设计和规范要求。当有空鼓、脱壳时,应及时凿除,冲洗干净进行重喷,或采用压浆法充填。

⑦在喷射侧壁下部时,需将上半断面喷射时的回弹物清理干净,防止将回弹物卷入下部喷层中形成"蜂窝"而降低支护强度。

⑧经常检查喷射机出料弯头、输料管和管路接头,发现问题及时处理。管路堵塞时,必须先关闭主机,然后才能进行处理。

⑨喷射完成后应先关主机,再依次关闭计量泵、振动棒和风阀,然后用清水将机内、输送管路内残留物清除干净。

⑩喷射混凝土冬期施工时,洞口喷射混凝土的作业场合应有防冻保暖措施;作业区的气温和混合料进入喷射机的温度均不应低于5°C;在结冰的层面上不得进行喷射混凝土作业;混凝土强度未达到6MPa前,不得受冻。

⑪喷混凝土的厚度应符合下列规定:平均厚度大于设计厚度。检查点数的80%及以上大于设计厚度。最小厚度不小于设计厚度的2/3。

(5)隧道喷射混凝土施工质量检验标准

①实测项目

见《公路工程质量检验评定标准》(JTG F80—2004),见表5-7。

(钢纤维)喷射混凝土支护实测项目 表5-7

项次	检查项目	规定值或允许偏差	检查方法和频率	权值
1	喷射混凝土强度(MPa)	在合格标准内	按附录E检查	3
2	喷层厚度(mm)	平均厚度≥设计厚度;检查点的60%不小于设计厚度;最小厚度≥0.5设计厚度,且不小于50	凿孔法或雷达检测仪:每10m检查一个断面,每个断面从拱顶中线起每3m检查1点	2
3	空洞检测	无空洞、无杂物	凿孔或雷达检测仪:每10m检查一个断面,每个断面从拱顶中线起每3m检查1点	2

注:发现一处空洞本分项工程为不合格。

②外观鉴定

无漏喷、离鼓、裂缝、钢筋网外露现象,不符合要求返工处理。

5.2 二次衬砌

隧道衬砌要遵循"仰拱超前、墙拱整体衬砌"的原则,仰拱尽量紧跟开挖面施工。根据围岩量测数据,适时组织二次衬砌施工;二次衬砌采用10.5m长液压钢模整体衬砌台车,行车、行人和救援通道二次衬砌采用大块弧形钢模衬砌台架,采取拱墙一次型整体灌注成型。

混凝土在洞外采用拌和站集中拌和,混凝土搅拌运输车运至洞内,混凝土输送泵泵送入模,对称浇筑;以插入式振动棒振捣为主,附着式振捣为辅方式振捣。

仰拱及填充混凝土采用栈桥平台全幅一次性浇筑;铺底混凝土半幅施工,以保证洞内车辆通行。大、小岭隧道二次衬砌设计参数详见表5-8。

大、小岭隧道二次衬砌设计参数　　表5-8

支护类型	C30模筑二次衬砌			备注
	拱部及边墙厚度	仰拱	仰拱回填或铺底	
普通明洞	90cm钢筋混凝土	90cm钢筋混凝土	C15素混凝土	
单压明洞	100cm钢筋混凝土	100cm钢筋混凝土	C15素混凝土	
Ⅴ级浅埋	70cm钢筋混凝土	70cm钢筋混凝土	C15素混凝土	
Ⅴ级加强	70cm钢筋混凝土	70cm钢筋混凝土	C15素混凝土	
Ⅴ级一般	65cm钢筋混凝土	65cm钢筋混凝土	C15素混凝土	
Ⅳ级加强	55cm钢筋混凝土	55cm钢筋混凝土	C15素混凝土	
Ⅳ级一般	55cm钢筋混凝土	55cm钢筋混凝土	C15素混凝土	
Ⅲ级	50cm钢筋混凝土	50cm钢筋混凝土	C15素混凝土	

5.2.1 施工工艺

二次衬砌施工工艺见图5-10。

5.2.2 施作时机

(1)二次衬砌施作一般应在围岩和初期支护变形趋于稳定后进行,变形趋于稳定应符合:

①隧道周边变形速率明显下降并趋于缓和。

②水平收敛(拱脚附近7d平均值)小于0.15mm/d或拱部下沉速度小于0.1mm/d。

③施作二次衬砌前的累计位移值已达极限位移值的80%~90%以上。

④初期支护表面无再发展的明显裂缝。当不能满足上述条件,围岩变化无收敛趋势时,必须加强措施,使初期支护基本稳定后才可施作二次衬砌,或者根据要求采用加强衬砌,及时施工。

(2)在隧道洞口段、浅埋段、围岩松散破碎段,应尽早施作二次衬砌。

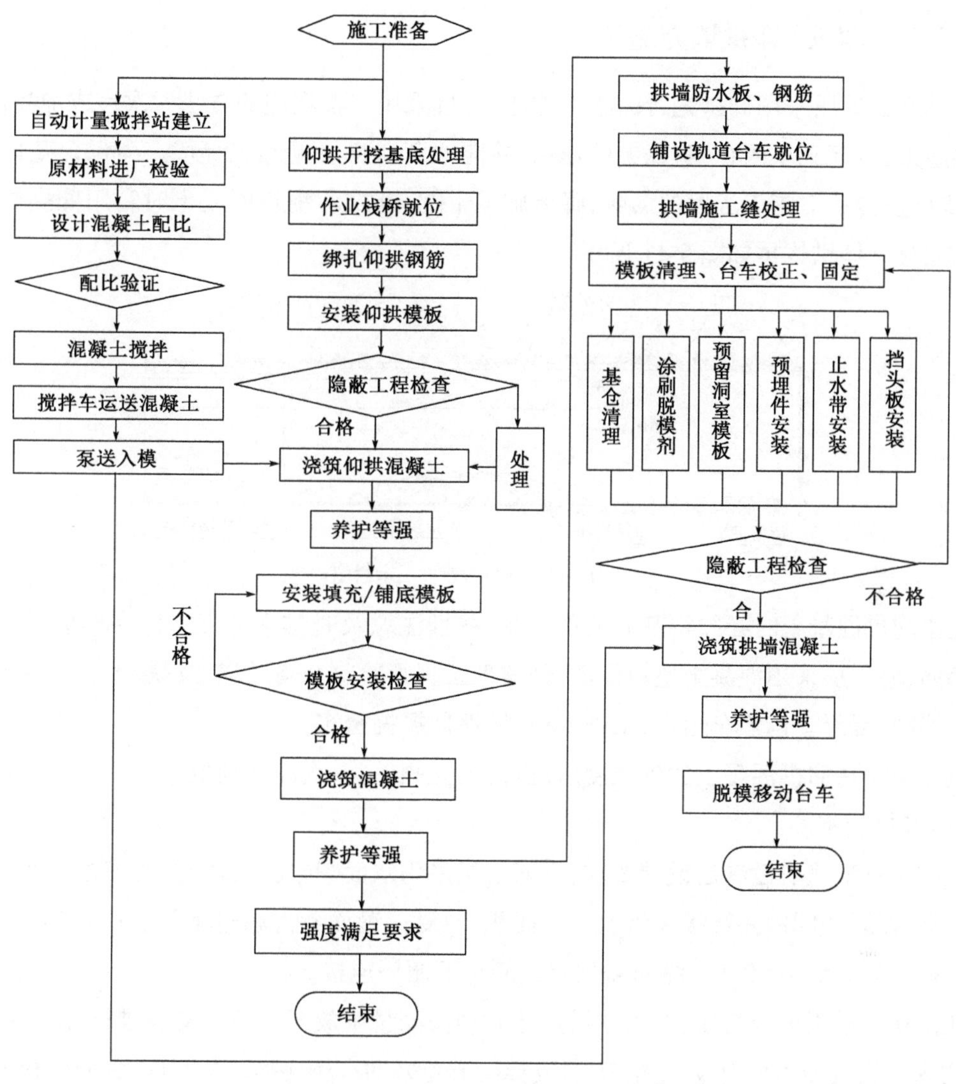

图 5-10 二次衬砌施工工艺流程图

(3)进行二次衬砌的作业区段的初期支护、防水层、环纵向排水系统等均已验收合格;防水层表面粉尘已清除干净。

(4)隧道中线、高程、断面尺寸必须符合设计要求。

(5)仰拱上的填充层或铺底调平层已施工完毕;地下水已合理引排;施工缝已按设计处理合格;基础部位的杂物及积水必须清理干净。

(6)模板台车、拌和站、运输车、输送泵、捣固机械等处于可正常运转状态,设备能力可满足二次衬砌混凝土施工的需要。

(7)二次衬砌作业区段的照明、供电、供水、排水系统能满足衬砌正常施工要求,隧道内通风条件良好。

5.2.3 仰拱、仰拱填充施工

有仰拱的地段采用仰拱先行的施工方法,并且采用全幅浇注的方法一次完成浇注仰拱,严禁半幅施工,以起到早闭合,防塌方的作用,并能够营造良好的施工环境。为保证整体工期要求,减少仰拱铺底对施工进度的影响,降低施工干扰,开挖和浇筑混凝土时利用仰拱栈桥保证车辆的通行。仰拱栈桥如图5-11所示。

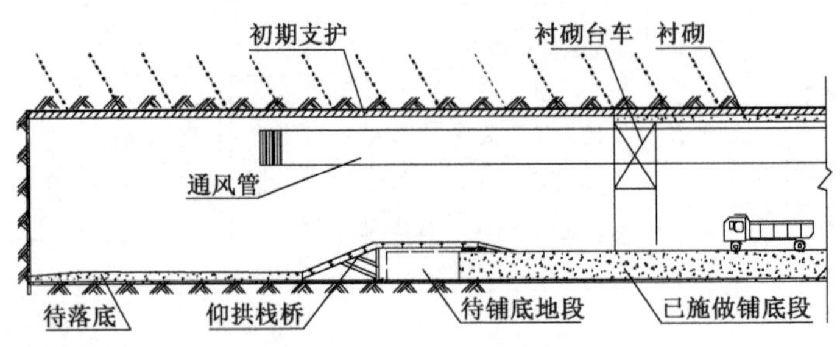

图5-11 仰拱栈桥立面示意图

施作仰拱混凝土时必须将基底清理干净,并且注意及时排水。支立仰拱模板,排干积水,绑扎钢筋,保护层采用混凝土垫块保证,经监理工程师验收合格后浇注混凝土。混凝土在拌和站集中拌制,混凝土运输车运入,泵送入模,振捣器振捣密实。

填充必须在仰拱混凝土达到强度后进行,支立侧模,一次浇注到位。

(1)仰拱施工

仰拱衬砌钢筋安设满足设计要求,钢筋搭接采用双面焊接,焊接接头的搭接长度为钢筋直径的5倍,在影响区内搭接接头钢筋的截面积,对受拉钢筋不宜超过钢筋总面积的25%,对受压钢筋相应的数值为50%。纵向需预留钢筋与下循环连接。

仰拱立模采用木板支模,要求立模尺寸必须按测量组放线及技术交底进行,误差应控制在5mm之内。模板加固牢固,防止跑模,各支撑应避免来回车辆碰撞。各竖向、纵向模板缝应成一条直线,局部错台错缝应控制在3mm以内,模板表面应平整,局部不平整应控制在2mm以内。

仰拱采用C30混凝土,混凝土施工应严格按混凝土施工规范进行,计量要准确。混凝土由拌和站生产,混凝土运输车运输至工作面,人工灌注(灌注前将虚石、浮土清理干净,积水全部排除),边浇灌边捣固密实,插入式捣固器振捣,捣固棒要竖直,快入慢出,捣固点均匀分面布,间距不超过捣固棒振捣范围,并远离模板不小于10cm捣固以混凝土不冒气泡、不下沉、表面开始泛浆为准,防止捣固不密实或泛砂。

(2)填充混凝土

仰拱衬砌混凝土在初凝全即可进行仰拱填充混凝土的施工,仰拱填充采用C15混凝土。

测量放线:测量组根据交底每5m在模板上放一个水平点,严格控制回填层的顶面高程。

浇灌混凝土:填充前应将填充底面清理干净,并用水湿润,但不得有积水;同时检查中心水沟的安装固定情况。

混凝土施工应严格按混凝土施工规范进行。要求严格按水平点施工,控制回填层的顶面高度。

脱模时应注意不要损伤混凝土,脱模后应对后续混凝土施工接触面进行凿毛,将混凝土表面浮浆凿除,凿毛以混凝土碎石半嵌半露为准,凿毛后用高压水将表面松渣冲洗干净。

养护在混凝土施作完成后 12h,对混凝土用草帘子加以覆盖并保湿养护,养护时间 14d。

5.2.4 钢筋制作安装

(1)施工工艺流程

二次衬砌钢筋制作安装施工流程见图 5-12。

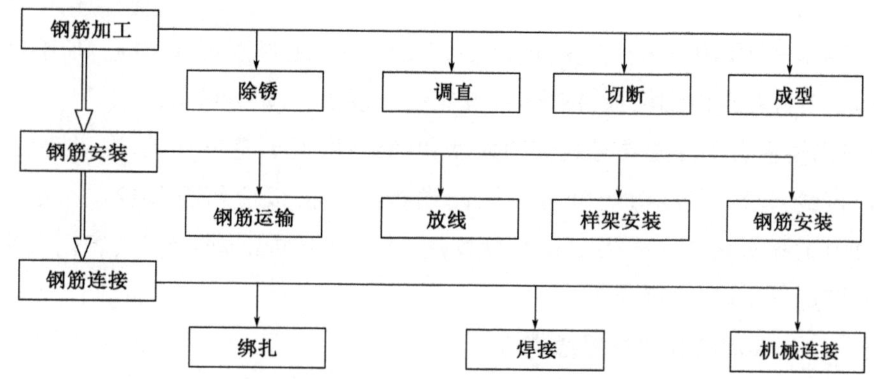

图 5-12 衬砌钢筋制作安装施工流程

(2)钢筋加工

钢筋表面的油渍、漆污、水泥浆和用锤敲击能剥落的浮皮、铁锈等均应清除干净;钢筋应平直,无局部折曲;加工后的钢筋,表面不应有削弱钢筋截面的伤痕。

(3)钢筋接头

钢筋接头形式选择:构造钢筋接头采用绑扎形式连接,环向筋与纵向筋节点采用绑扎形式;主筋采用机械连接形式连接;钢筋接长采用搭接焊形式,并在加工场内焊接接长,施工现场尽量减少钢筋焊接工作量。

(4)钢筋安装

钢筋的牌号、规格、数量、位置和混凝土保护层的厚度均应符合设计文件的要求。

为保证混凝土保护层厚度,应在钢筋与模板之间采用垫块支垫。垫块应符合下列规定:垫块互相错开,分散布置,不得横贯保护层的全部截面;垫块数量不得少于 4 个/m^2,绑扎垫块和钢筋的铁丝头不得伸入保护层内。保护层垫块的尺寸应保证钢筋混凝土保护层厚度的准确性,其形状(宜为工字形或锥形)应有利于钢筋的定位。垫块的耐久性和抗压强度应不低于构件本体混凝土,且细石混凝土水胶比不大于 0.4。

在钢筋的交叉点处,应用直径 0.7 ~ 2.0mm 的铁丝,按逐点改变绕丝方向(8 字形)的方式交错扎结,或按双对角线(十字形)方式扎结。

(5)衬砌钢筋施工要点

每批钢筋焊接前,应先选定焊接工艺和参数,按实际条件进行试焊,并检验接头外观质量及规定的力学性能。仅在试焊质量合格和焊接工艺(参数)确定后,方可成批焊接。

同一连接区段内钢筋接头数量满足规范要求。同一区段长度为:焊接接头或机械连接接头为35d(d为纵向受力钢筋的较大直径)且不小于500mm,绑扎接头为1.3倍搭接长度且不小于500mm。凡接头中点位于该连接区段长度内的接头均属于同一连接区段。

5.2.5 混凝土浇筑

(1)主洞衬砌

主洞隧道衬砌采用10.5m长全液压模板台车施工,每组衬砌长度10m,利用43型钢轨行走,电机驱动。模板台车由钢模板、钢支架、液压动力系统、行走系统等组成。

全断面衬砌模板台车支架具有足够的强度和稳定性,便于整体移动、准确就位;衬砌模板应表面光滑、接缝严密,有足够的刚度。衬砌模板台车模板应留振捣窗,振捣窗间距纵向2.5m,横向2.0m,振捣窗0.5m×0.5m,振捣窗周边边加强,防止周边变形,窗门应平整、严密、不漏浆;顶模设置封顶器、注浆管。

(2)车行横洞、人行横洞和救援通道

采用用移动式模架和拼装模板施工,采用全断面浇筑,拱、墙模板拱架的间距,应根据衬砌地段的围岩情况、隧道宽度、衬砌厚度及模板长度确定。

架设拱、墙支架和模板安装时,应位置准确,连接牢固,严防移位。移动式模架或拼装模板重复使用时,应注意检查,如有变形应及时修整。

拱架、支架应与隧道中线垂直方向架设。拱架的螺栓、拉杆、斜撑等应安装齐全。

拱架(包括模板)高程应预留沉落量。施工中应随开挖高度H测量、调整。二次衬砌混凝土施工如图5-13所示。

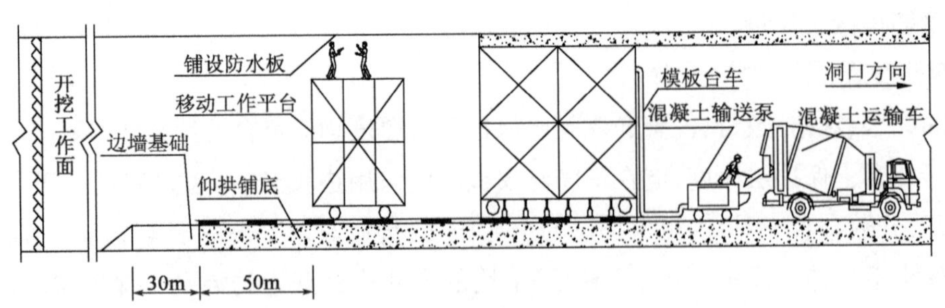

图5-13 二次衬砌混凝土施工示意图

(3)施工要点

首先对开挖断面和防排水系统进行自检,检验合格后报现场监理工程师检验,经检验合格后移动台车就位。

混凝土采用水平分层、对称浇筑,控制灌注混凝土的速度和单侧灌注高度,单侧一次连续浇筑高度不超过1m。

输送软管管口至浇筑面垂直距离混凝土的自落高度控制在1.5m以内,以防止混凝土离析。

混凝土浇筑必须连续,相邻两层浇筑时间间隔控制在规范允许范围之内,因施工需要留设施工缝,必须征得设计同意,并得到监理工程师认可。

捣固选用的振捣器,其频率、振幅、振动速度等参数视混凝土的塌落度及集料颗径而定;振捣器不得碰撞模板、钢筋和预埋件。灌注施工采用全断面一次灌注成型,当混凝土灌至墙拱交界处时,间歇约1h,以便于边墙混凝土沉实。拱圈封顶时,随拱圈灌注及时捣实。

衬砌拆模时混凝土强度不得低于5MPa,并根据湿度情况12h内进行养护,养护时间满足混凝土强度要求。

5.2.6 回填压浆

为防止初期支护与二次衬砌之间出现空洞或不密实,隧道二次衬砌施工完成并达到100%强度后,全隧道衬砌背后进行充填压浆。

二次衬砌拱顶回填注浆常用的方法采用注浆导管法。注浆导管法是在模板台车拱顶处设锥形堵头或预留注浆孔,注浆孔间距满足设计要求。

在二衬混凝土终凝后,实施补充注浆并应满足下列要求:

(1)注浆管用ϕ32钢管制成,长度等于衬砌厚度加200mm(外露),外露端应有连接管路的装置。注浆管应在衬砌浇筑时预埋或采用钻孔埋设法,钻孔时钻杆应有限深装置,防止钻破防水层。

(2)回填注浆压力宜控制在0.2MPa以内。

(3)回填注浆应采用微膨胀性的水泥砂浆,有特殊要求的地段可采用强度高、流动性好的自流平水泥浆。自流平水泥基砂浆3min后的流动度为不小于260mm,30min后的流动度为不小于240mm。

(4)待孔口封堵材料达到一定强度后,才能开始注浆。

(5)注浆顺序宜沿线路上坡方向进行,注浆过程中要时刻观察注浆压力和流量的变化。当注浆压力达到0.2MPa或相邻孔出现串浆时,即可结束本孔注浆。

5.2.7 施工质量检验标准

(1)二衬混凝土

①实测项目

混凝土衬砌实测项目见《公路工程质量检验评定标准》(JTG F80—2004),见表5-9。

混凝土衬砌实测项目 表5-9

项　次	检 查 项 目	规定值或允许偏差	检查方法和频率
1	混凝土强度(MPa)	在合格标准内	激光断面仪或地质雷达:每40m检查一个断面
2	衬砌厚度(mm)	不小于设计值	2m直尺:每40m每侧检查5处
3	墙面平整度(mm)	±5	激光断面仪或地质雷达:每40m检查一个断面

②外观鉴定

a.混凝土表面密实,每延米的隧道面积中,蜂窝麻面和气泡面积不超过0.5%。蜂窝麻面深度超过10mm时应处理。

b.结构轮廓线条顺直美观,混凝土颜色均匀一致。

c.施工缝平顺无错台。

d.混凝土施工养护不得产生裂缝。

(2)二衬钢筋

①实测项目

二衬衬砌钢筋实测项目见《公路工程质量检验评定标准》(JTG F80—2004),见表5-10。

衬砌钢筋实测项目 表5-10

<table>
<tr><th>项　次</th><th colspan="3">检 查 项 目</th><th>规定值或允许偏差</th><th>检查方法和频率</th></tr>
<tr><td>1</td><td colspan="3">主筋间距(mm)</td><td>±10</td><td>尺量:每20m检查5点</td></tr>
<tr><td>2</td><td colspan="3">两层钢筋间距(mm)</td><td>±5</td><td>尺量:每20m检查5点</td></tr>
<tr><td>3</td><td colspan="3">箍筋间距(mm)</td><td>±20</td><td>尺量:每20m检查5处</td></tr>
<tr><td rowspan="4">4</td><td rowspan="4">绑扎搭接长度</td><td rowspan="2">受拉</td><td>Ⅰ级钢</td><td>30d</td><td rowspan="4">尺量:每20m检查3个接头</td></tr>
<tr><td>Ⅱ级钢</td><td>35d</td></tr>
<tr><td rowspan="2">受压</td><td>Ⅰ级钢</td><td>20d</td></tr>
<tr><td>Ⅱ级钢</td><td>25d</td></tr>
<tr><td>5</td><td>钢筋加工</td><td colspan="2">钢筋长度(mm)</td><td>-10,+5</td><td>尺量:每20m检查2根</td></tr>
</table>

②衬外观鉴定

无污秽、无锈蚀。

5.3 施工质量控制

5.3.1 初期支护施工质量控制

(1)系统锚杆

①实测项目

隧道锚杆支护项目见《公路工程质量检验评定标准》(JTG F80/1—2004),见表5-11。

锚杆支护实测项目　　表5-11

项　次	检查项目	规定值或允许偏差	检查方法和频率
1	锚杆数量(根)	不少于设计	按分项工程统计
2	锚杆拔力(kN)	28d拔力平均值≥设计值, 最小拔力:0.9设计值	按锚杆数1%,且不小于3根做拔力试验
3	孔位(mm)	±50	尺量:检查锚杆数的10%
4	钻孔深度(mm)	±50	尺量:检查锚杆数的10%
5	孔径(mm)	砂浆锚杆:>杆体直径+15; 其他锚杆:符合设计要求	尺量:检查锚杆数的10%
6	锚杆垫板	与岩面紧贴	检查锚杆数的10%

②外观鉴定

钻孔方向应尽量与围岩和岩层主要结构面垂直,锚杆垫板与岩面紧贴。

(2)钢筋网

①实测项目

隧道初期支护钢筋网实测项目见《公路工程质量检验评定标准》(JTG F80/1—2004),见表5-12。

钢筋网支护实测项目　　表5-12

项　次	检查项目	规定值或允许偏差	检查方法和频率
1	网格尺寸(mm)	±10	尺量:每50m^{2}检查2个网眼
2	钢筋保护层厚(mm)	≥10	凿孔检查:每20m检查5点
3	与受喷岩面的间隙(mm)	≤30	尺量:每20m检查10点
4	网的长、宽(mm)	±10	尺量

②外观鉴定

钢筋网与锚杆或其他固定装置连接牢固,喷射混凝土时不得晃动。

(3)钢拱架

①实测项目

钢支撑支护实测项目见《公路工程质量检验评定标准》(JTG F80—2004),见表5-13。

钢支撑支护实测项目　　表5-13

<table>
<tr><th>项　次</th><th colspan="2">检查项目</th><th>规定值或允许偏差</th><th>检查方法和频率</th></tr>
<tr><td>1</td><td colspan="2">安装间距(mm)</td><td>50</td><td>尺量:每榀检查</td></tr>
<tr><td>2</td><td colspan="2">保护层厚度(mm)</td><td>≥20</td><td>凿孔检查:每榀自拱顶每3m检查一点</td></tr>
<tr><td>3</td><td colspan="2">倾斜度(°)</td><td>±2</td><td>测量仪器检查每榀倾斜度</td></tr>
<tr><td rowspan="2">4</td><td rowspan="2">安装偏差
(mm)</td><td>横向</td><td>±50</td><td rowspan="2">尺量:每榀检查</td></tr>
<tr><td>竖向</td><td>不低于设计高程</td></tr>
<tr><td>5</td><td colspan="2">拼装偏差(mm)</td><td>±3</td><td>尺量:每榀检查</td></tr>
</table>

②外观鉴定

无污秽、无锈蚀和假焊，安装时基底无虚渣及杂物，接头连接牢靠，不符合要求时减1~5分。

(4)格栅钢架

①实测项目

钢架实测项目见《公路工程质量检验评定标准》(JTG F80—2004)，见表5-14。

钢支撑支护实测项目 表5-14

<table>
<tr><th>项次</th><th colspan="2">检查项目</th><th>规定值或允许偏差</th><th>检查方法和频率</th></tr>
<tr><td>1</td><td colspan="2">安装间距(mm)</td><td>50</td><td>尺量：每榀检查</td></tr>
<tr><td>2</td><td colspan="2">保护层厚度(mm)</td><td>≥20</td><td>凿孔检查：每榀自拱顶每3m检查一点</td></tr>
<tr><td>3</td><td colspan="2">倾斜度(°)</td><td>±2</td><td>测量仪器检查每榀倾斜度</td></tr>
<tr><td rowspan="2">4</td><td rowspan="2">安装偏差(mm)</td><td>横向</td><td>±50</td><td rowspan="2">尺量：每榀检查</td></tr>
<tr><td>竖向</td><td>不低于设计高程</td></tr>
<tr><td>5</td><td colspan="2">拼装偏差(mm)</td><td>±3</td><td>尺量：每榀检查</td></tr>
</table>

②外观鉴定

无污秽、无锈蚀和假焊，安装时基底无虚渣及杂物，接头连接牢靠。

(5)喷射混凝土

①实测项目

实测项目见《公路工程质量检验评定标准》(JTG F80—2004)，见表5-15。

(钢纤维)喷射混凝土支护实测项目 表5-15

项次	检查项目	规定值或允许偏差	检查方法和频率	权值
1	喷射混凝土强度(MPa)	在合格标准内	按附录E检查	3
2	喷层厚度(mm)	平均厚度≥设计厚度；检查点的60%不小于设计厚度；最小厚度≥0.5设计厚度，且不小于50	凿孔法或雷达检测仪：每10m检查一个断面，每个断面从拱顶中线起每3m检查1点	2
3	空洞检测	无空洞、无杂物	凿孔或雷达检测仪：每10m检查一个断面，每个断面从拱顶中线起每3m检查1点	2

注：发现一处空洞本分项工程为不合格。

②外观鉴定

无漏喷、离鼓、裂缝、钢筋网外露现象，不符合要求返工处理。

5.3.2 二次衬砌施工质量控制

(1)二衬混凝土

①实测项目

混凝土衬砌实测项目见《公路工程质量检验评定标准》(JTG F80—2004)，见表5-16。

混凝土衬砌实测项目 表 5-16

项 次	检 查 项 目	规定值或允许偏差	检查方法和频率
1	混凝土强度(MPa)	在合格标准内	激光断面仪或地质雷达:每 40m 检查一个断面
2	衬砌厚度(mm)	不小于设计值	2m 直尺:每 40m 每侧检查 5 处
3	墙面平整度(mm)	±5	激光断面仪或地质雷达:每 40m 检查一个断面

②外观鉴定

a. 混凝土表面密实,每延米的隧道面积中,蜂窝麻面和气泡面积不超过 0.5%。蜂窝麻面深度超过 10mm 时应处理。

b. 结构轮廓线条顺直美观,混凝土颜色均匀一致。

c. 施工缝平顺无错台。

d. 混凝土施工养护不得产生裂缝。

(2)二衬钢筋

①实测项目

二衬衬砌钢筋实测项目见《公路工程质量检验评定标准》(JTG F80—2004),见表 5-17。

衬砌钢筋实测项目 表 5-17

<table>
<tr><th>项 次</th><th colspan="3">检 查 项 目</th><th>规定值或允许偏差</th><th>检查方法和频率</th></tr>
<tr><td>1</td><td colspan="3">主筋间距(mm)</td><td>±10</td><td>尺量:每 20m 检查 5 点</td></tr>
<tr><td>2</td><td colspan="3">两层钢筋间距(mm)</td><td>±5</td><td>尺量:每 20m 检查 5 点</td></tr>
<tr><td>3</td><td colspan="3">箍筋间距(mm)</td><td>±20</td><td>尺量:每 20m 检查 5 处</td></tr>
<tr><td rowspan="4">4</td><td rowspan="4">绑扎搭接长度</td><td rowspan="2">受拉</td><td>Ⅰ级钢</td><td>30d</td><td rowspan="4">尺量:每 20m 检查 3 个接头</td></tr>
<tr><td>Ⅱ级钢</td><td>35d</td></tr>
<tr><td rowspan="2">受压</td><td>Ⅰ级钢</td><td>20d</td></tr>
<tr><td>Ⅱ级钢</td><td>25d</td></tr>
<tr><td>5</td><td>钢筋加工</td><td colspan="2">钢筋长度(mm)</td><td>-10,+5</td><td>尺量:每 20m 检查 2 根</td></tr>
</table>

②衬外观鉴定

无污秽、无锈蚀。

6 超大断面隧道光面爆破技术

6.1 Ⅲ级围岩光面爆破质量控制

济南绕城高速济南连接线总承包项目部施工范围内有3座隧道，隧道线路施工范围都存在着不少Ⅲ级围岩段，对于Ⅲ级围岩采用光面爆破是减少超欠挖、保持围岩稳定性的重要手段，也可以节约成本，带来很好的经济效益。

自2015年10月开工以来，各个隧道在光面爆破施工中一直存在不少问题，爆破后围岩凹凸不平，超欠挖严重，残孔率低，给初期支护的施工造成了很大的影响，为此济南绕城高速济南连接线总承包项目部成立了Ⅲ级围岩光面爆破QC小组，希望找出原因，从本质上解决这些问题，完成提高光面爆破效果、控制超欠挖的目标。

大岭隧道属于济南绕城高速济南连接线隧道，进口位于小岭村南，出口位于大岭村南三岔路口西侧，隧道左线起讫里程ZK6+511.3~ZK7+473，长961.7m，右线起讫里程YK6+535~YK7+500，长965m。左右线相距约15~50m，设计为双向八车道超大断面公路隧道。

隧道线路区域内Ⅲ级围岩设计及拟变更共计约500m，围岩节理较发育，断裂较多，稳定性较差，易受扰动失稳，因此控制好爆破开挖是本工程的重点内容。

(1)大岭隧道Ⅲ级围岩施工60m后，存在爆破效果差、超欠挖严重的现象；为控制超欠挖，本项目部成立了Ⅲ级围岩光面爆破QC小组，根据该工程实际地质情况，系统研究了光面爆破控制参数。

(2)控制好光面爆破可以避免应力集中，使围岩不产生或很少产生炮震裂缝，保持围岩完整性，提高光面爆破后围岩自身的承载能力。

(3)控制好光面爆破是减少隧道超欠挖，确保开挖轮廓面平顺的主要技术手段，超欠挖给以后防排水工程的施工带来困难，增加渗漏隐患。

(4)控制好光面爆破是提高隧道施工经济效益的重要保证，超挖加大了出渣和支护混凝土的工程量，增加建设费用；欠挖则要清除，从而造成人工、工期和材料的超额消耗，致使工程成本增加。

(5)在裂隙发育的地层中，避免裂隙扩大和产生新的裂缝，提高围岩的稳定性，能基本清除落石伤人事故，为快速施工提供有利条件。

(6)大岭隧道属大跨度超大断面公路隧道，单向掘进、技术含量高、工期紧、多工作面施工,施工工序多,相互制约,施工管理难度大。

6.1.1 质量控制目标

1)设定目标

(1)通过开展光面爆破QC小组活动,找出存在的问题,分析问题原因,采取相应的措施,达到光面爆破残孔率硬岩在85%以上,软岩在65%以上。

(2)控制超欠挖,线性超挖拱部控制在平均10cm以内,边墙两侧控制在平均15cm以内。

(3)掌握光爆技术,总结出一套完善的、系统的隧道光面爆破施工工艺,掌握过硬的操作技术水平,为以后同类工程提供理论和实践经验。

(4)节约成本,以最低的代价完成光爆新技术。

2)目标可行性

(1)该QC小组成员均具有大学或大学以上学历,平均年龄在34岁,接受QC教育均在100h以上,成员中既有隧道施工经验丰富的管理骨干和技术骨干,也有测量技术过硬的隧道测量人员,这是实现目标的重要保障。

(2)对于控制好光面爆破,避免欠挖,减少超挖,确保围岩稳定和施工安全,建设单位、监理、设计等各级部门都十分重视,经常现场交流探讨隧道施工技术和经验。

(3)项目部积极组织隧道施工技术培训和交流学习,不断提高施工人员理论水平,为实现预期目标提供了有力的外部环境。

6.1.2 现状调查

通过对里程桩号YK7+070.5实测数据采集整理,获得超欠挖参数,测点布置及开挖平均轮廓线如图6-1所示。对光面爆破效果分析得出最大超挖81cm,超挖面积7.75m^2,平均线性超挖28cm,炮眼痕迹保存率41%。开挖轮廓壁面凸凹不平,掌子面平整度较差,如图6-2所示。

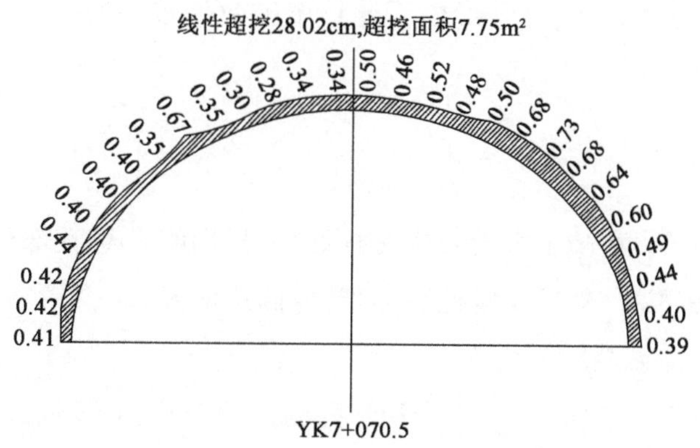

图6-1 大岭隧道桩号YK7+070.5实际爆破轮廓线与设计轮廓线

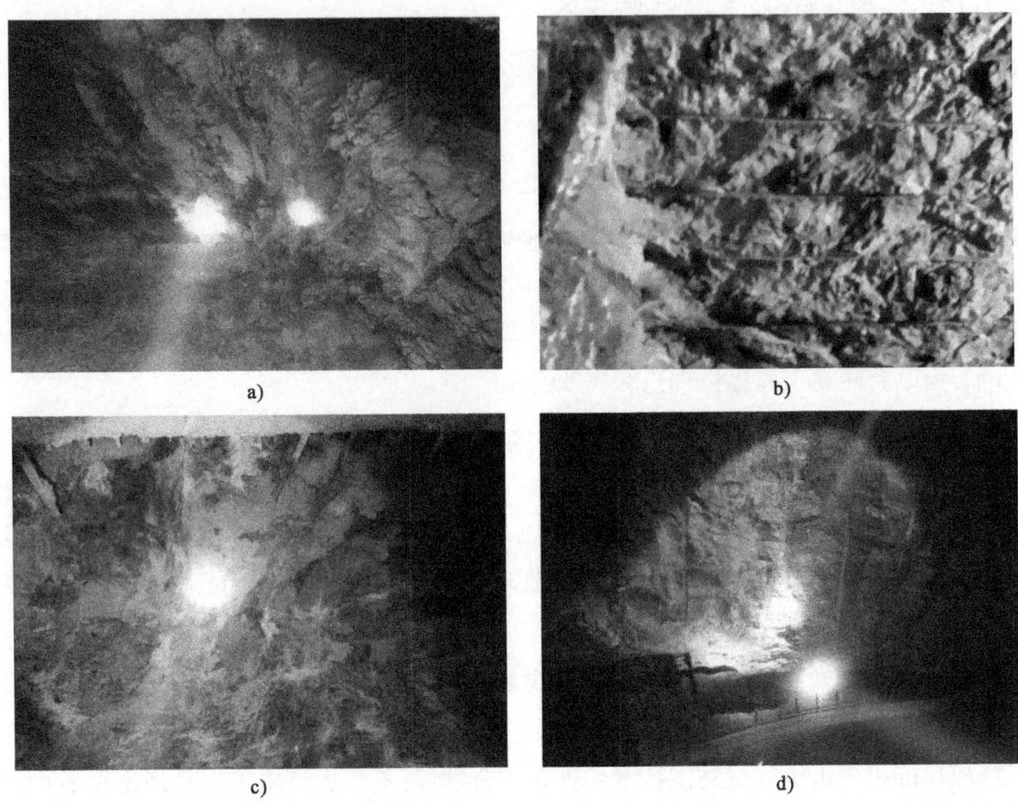

图 6-2　大岭隧道桩号 YK7 +070.5 现场实际爆破效果图

6.1.3　原因分析及确定主要原因

1) 原因分析

针对光面爆破效果调查结果,2016 年 8 月 21 日 QC 小组全体成员在项目部二楼会议室召开了爆破效果较差因果分析会。会上大家从人员、机械、材料、工艺、地质五大因素入手,进行分析探讨,积极发表意见和看法,总结形成了导致爆破效果较差的多个原因,并初步确定了 5 个主要原因,如图 6-3 所示。

2) 主要原因分析

(1) 炮孔偏位

由于班组质量意识低,在施工中没有认真按钻爆设计执行,导致部分周边眼间距不均匀,位置没有按开挖轮廓面布置,外插角度控制不当,外插角偏大。

(2) 风枪施钻角度不易控制

人工操作 YT28 风动凿岩机,由于机身和钻杆的摆动影响,对于周边眼的角度控制难度较大,造成周边眼沿开挖轮廓面分布不均匀,眼底位置不统一,直接影响光爆效果。

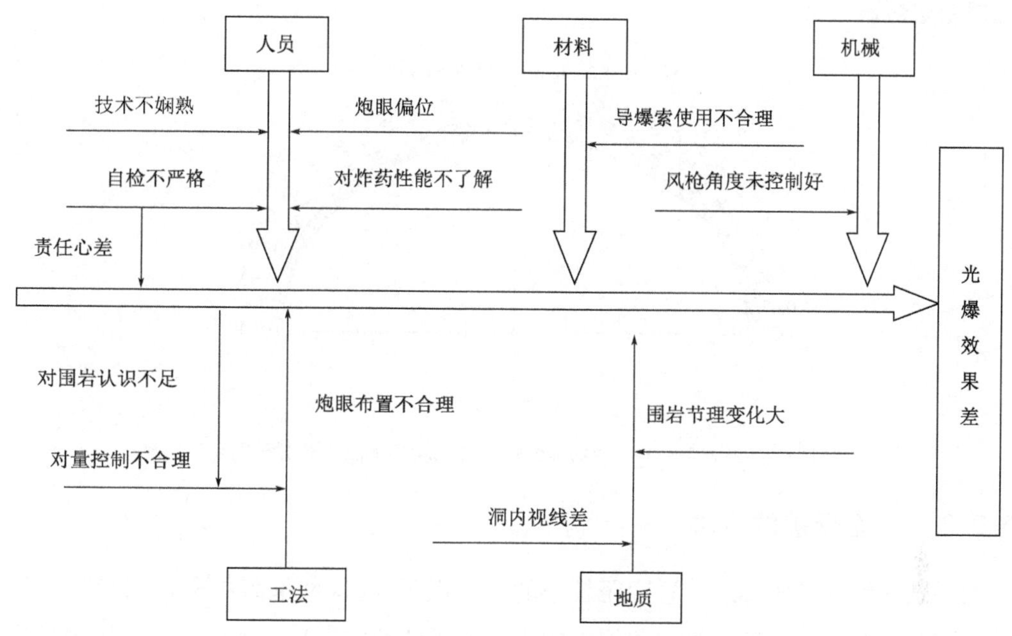

图6-3　光面爆破因果分析

6.2　PDCA循环——制定对策和效果检查

6.2.1　光面爆破改进措施

根据上述的主要原因分析,制定了光面爆破改进措施,详见表6-1。

光面爆破改进措施　　表6-1

序号	主要原因	对策	目标	措施	责任人
1	炮眼偏位	加强质量控制,规范施工,提高工人安全质量意识	提高炮眼痕迹存留率,减少超挖	对现场工班反复进行钻爆作业技术交底和质量安全意识	崔亚军
2	风枪施钻角度不易控制	认真实行定人、定位、定机、定质、定量的"五定"岗位职责	提高炮眼方位角合格率	安排有责任心、技术熟练的钻工负责周边眼钻孔	梁广山

为检测采取措施后的光面爆破效果,2016年9月10日QC小组全体成员共同对周边眼爆破参数调整后的围岩开挖轮廓面进行了系统检查,检查结果如图6-4所示。

从上述爆破开挖断面实测结果看,虽然炮眼偏位、风枪角度较之前得到了很好的控制,但是光面爆破效果不是很理想,平均超挖在21.8cm,超挖面积6.03m^2;与项目部要求超挖在15cm左右仍然存在较大的差距,有待于进一步从光面爆破理论出发,了解爆破机理,根据光面爆破机理制定爆破参数。

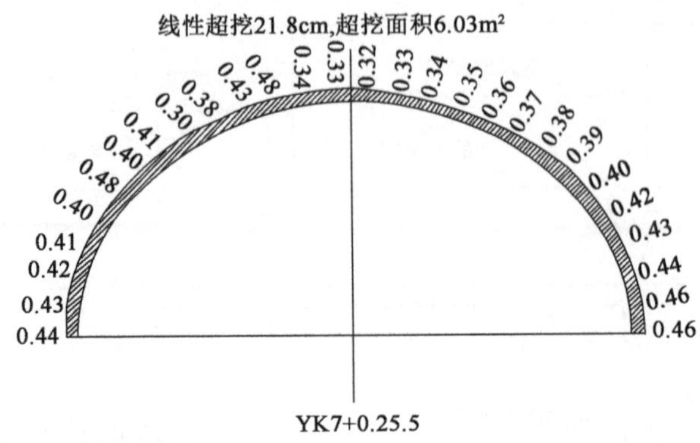

图 6-4　大岭隧道桩号 YK7 +025.5 实际爆破轮廓线与设计轮廓线

6.2.2　光面爆破的机理

光面爆破是沿开挖轮廓线布置间距较小的平行炮眼,在这些炮眼中进行药量较少的不耦合装药,然后同时起爆,爆破时沿这些炮眼的中心连线破裂成平整的光面。通过国内外实验室研究和现场生产实践可以看出,光面爆破是由于采用不耦合装药,药包爆轰后,炮眼壁上的压力显著降低,此时药包的爆破作用为准静压力。当炮孔压力值低于岩石的抗压强度时,在炮眼壁上不至造成"压碎"破坏。这样爆轰波引起的应力波和凿岩时在炮眼壁上造成的应力状态相似,只能引起少量的径向细微裂隙。裂隙数目、长度随装药不耦合系数和装药量的不同而不同。一般在药包直径一定时,不耦合系数值越大,药量越小,则细微裂隙数越少而长度也越短。

光面炮眼组同时起爆时,由于起爆器材的起爆时间误差,不可能在同一时刻爆炸。先起爆的药包的应力波作用在炮眼周围产生细微径向裂隙(图 6-5 的 A 炮眼)。由于 B 炮眼所起的导向作用,结果沿相邻两炮眼连心线的那条径向裂隙得到优先发育。在爆炸气体作用下,这条裂隙继续延伸和扩展,在相邻两炮眼的连心线同眼壁相交处产生应力集中,此处拉应力最大。A、B 两炮眼中爆炸气体的气楔作用将这些径向裂隙加以扩展,成为贯通裂隙。

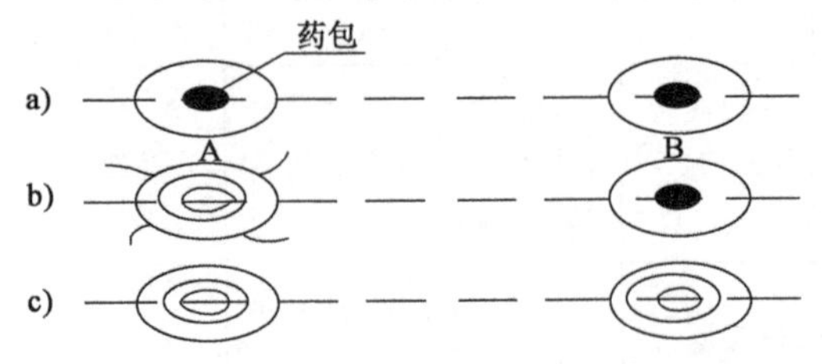

图 6-5　光面爆破时炮眼连心线上破裂面的形成
a)孔装药情况;b)先爆炮孔对相邻炮孔的影响;
c)光面的形成

影响光面爆破效果的主要参数是:不耦合系数(D)、装药集中度(q)、炮眼间距(E)、周边眼密集系数(m)和最小抵抗线(W)。

(1)不耦合系数(D)

不耦合系数是指炮孔直径 d 和药卷直径 d_0 之比,见式(6-1)

$$D = d/d_0 \tag{6-1}$$

不耦合系数 D 一般在 1.25 ~ 2.0 范围内,在 1.5 左右比较合适。

(2)装药集中度(q)

间隔装药,以装药长度的平均线装药密度计,隧道爆破一般为 0.04 ~ 0.4kg/m。过大易破坏光爆壁面;过小则爆不下来。

(3)周边眼间距(E)

周边眼间距是影响开挖轮廓面平整度的主要因素,一般采用经验公式确定,见式(6-2)

$$E = (12 \sim 15)d \tag{6-2}$$

(4)最小抵抗线(W)

光面层厚度或周边眼到邻近辅助眼间的距离,是光面眼起爆时的最小抵抗线,一般应大于或等于光面眼间距。

(5)周边眼密集系数(m)

周边眼密集系数是指周边眼间隔 E 与最小抵抗线 W 之比值,见式(6-3)

$$m = E/W \tag{6-3}$$

情况 1:当 $m = 2$ 时,则两个爆破漏斗不相连接,即使两个炮眼同时起爆,各炮眼也都单独破坏岩石,即在岩体中产生的压缩波到达自由面的同时,于两个炮眼中间相遇,其行程相等。由此压应力而衍生的拉应力不足以使 a、b 间的岩柱造成裂隙,则留下 abc 的三角形岩柱,使岩面凸出(所谓欠挖),不能取得光面爆破效果,如图 6-6 所示。

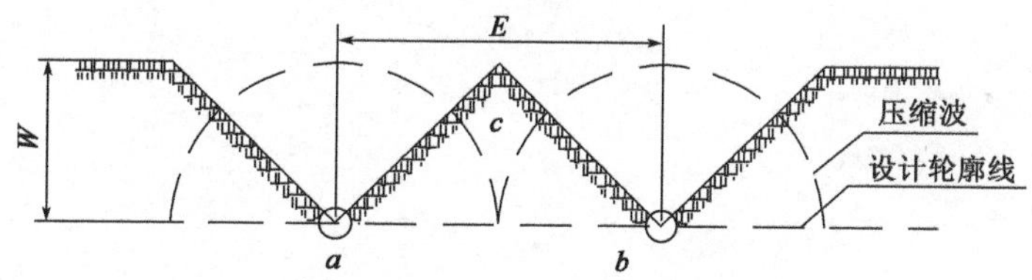

图 6-6 周边眼密集系数 $m = 2$ 时的爆破情况

情况 2:当 $m = 1$ 时,如果两炮眼同时起爆,压缩波到达自由面之前在 abc 间相遇。由于该点 c 与 ab 点的距离小于最小抵抗线 W,拉应力可使 ab 之间岩石产生裂隙。如果两个炮眼不同时起爆,压缩波到达自由面的同时也到达另一炮眼的位置,该点 c 起自由面作用,也能使 ab 间岩石产生裂隙。因此这两种情况都能取得光面爆破效果,如图 6-7 所示。

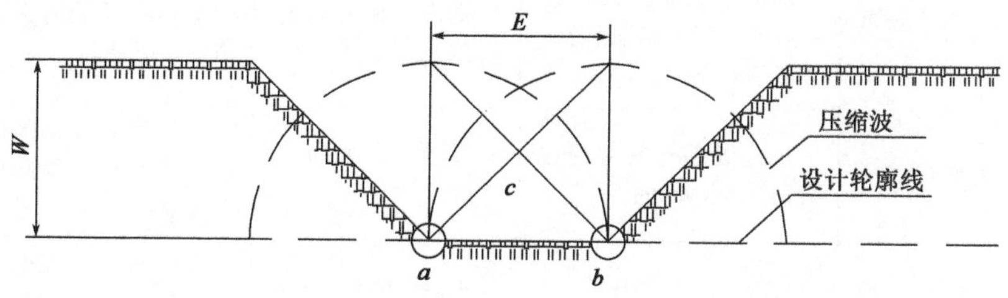

图 6-7 周边眼密集系数 $m = 1$ 时的爆破情况

情况 3：当 $m=0.5$ 时，不管是否同时起爆，压缩波到达自由面时，必须超过另一个炮眼的距离，拉应力不仅使 ab 间岩石产生裂隙，同时会破坏 abc 三角形而造成岩面凹进(所谓超挖)，也达不到光面爆破的效果，如图 6-8 所示。

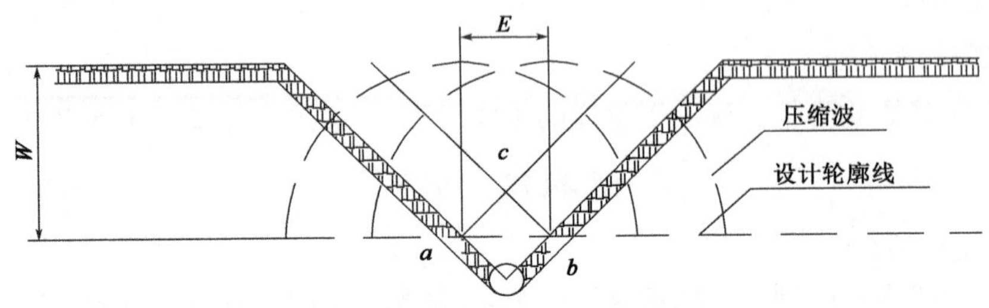

图 6-8 周边眼密集系数 $m=0.5$ 时的爆破情况

理论和实践均证明光面爆破炮眼间距与最小抵抗线之比以 0.8 为好(图 6-9)，即 $E/W=0.8$。根据光面爆破原理本小组制定的改进措施，见表 6-2。

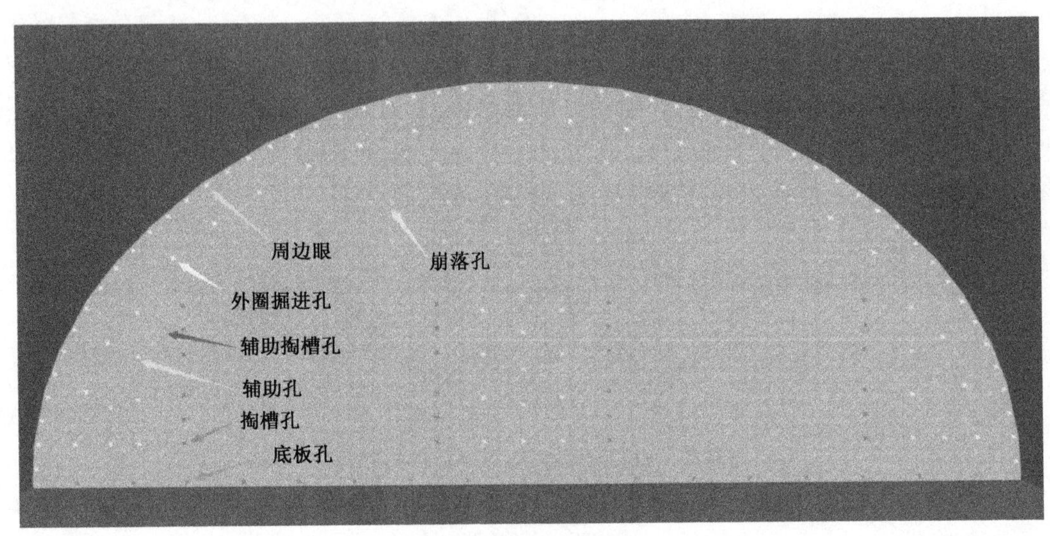

图 6-9 光面爆破炮孔布置

光面爆破改进措施 表 6-2

序 号	主要原因	对 策	目 标	措 施	责任人
1	炸药、雷管安装布置不合理	对周边眼装药结构进行优化，采用间隔装药、不耦合装药	提高炮眼痕迹存留率，减少超挖	安排有经验的工人负责周边眼装药	赵虎
2	药量控制不合理	周边眼装药密度控在 0.15～0.20kg/m	提高开挖面平整度	安排经验丰富的爆破员负责对周边眼间距进行控制	梁广山
3	周边眼布置不合理	优化周边眼间距，最小抵抗线等参数	提高开挖面平整度	及时对围岩表面进行地质扫描，勘察围岩变化情况	崔亚军

2016 年 9 月 18 日 QC 小组全体成员共同对周边眼爆破参数调整后的围岩开挖轮廓面进行了系统检查，检查结果如图 6-10所示。

在合理调整光面爆破参数之后，再结合合理控制风枪角度，从上述爆破开挖断面实测结果看光面爆破取得了明显的实效，基本达到了预期目的。断面实测显示钻爆质量明显提高，炮眼痕迹保存率达到 80% 以上，超挖面积 4.04m^2，平均线性超挖 14.6cm，开挖轮廓壁面平顺，掌子面平整。

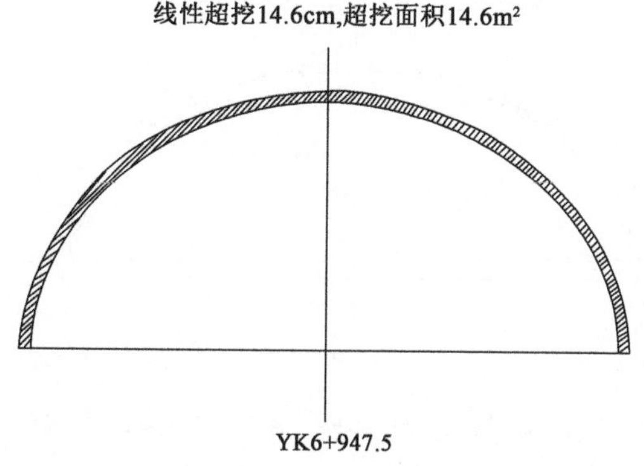

图 6-10 大岭隧道桩号 YK6 + 947.5 实际爆破轮廓线与设计轮廓线

6.2.3 第三次 PDCA 循环改进措施

1）开挖施工工序的调整

该隧道施工现场对于开挖采取：打炮眼—爆破—出渣—架立拱架—喷浆—打炮眼的施工工序，这样就会造成架立拱架后会给下一排炮眼造成人为因素的外插角；再结合采用了光面爆破后对围岩的扰动大大减小，围岩的安全系数提高，在后续的施工工序中为进一步减小外插角，要求施工现场采用开挖工序：爆破—出渣—打炮眼—架立拱架—喷浆—爆破的施工工序。

2）局部爆破参数的调整

2016 年 10 月 26 日对现场光面爆破时发现，由于该隧道断面面积较大、大岭隧道地质条件较为复杂，掌子面处围岩等级可能存在局部围岩较破碎的情况；如果按照该小组制定的爆破参数，对整个断面采取统一参数，会造成局部超挖的现象；因此在 2016 年 10 月 27 号，该 QC 小组组织讨论了对于局部较破碎情况下的光面爆破参数；建议：对于同一掌子面，针对局部较破碎的现象，具体问题具体分析，由现场技术员根据现场实际情况，按照项目部制订的爆破参数确定周边眼间距、装药情况（表 6-3）。

隧道光面爆破常用参数 表 6-3

岩 石 类 别	周边眼间距 E(cm)	最小抵抗线 W(cm)	周边眼密集系数	装药集中度 q
硬岩	55 ~ 65	60 ~ 80	0.8 ~ 1.0	300 ~ 350
中硬岩	45 ~ 60	60 ~ 75	0.8 ~ 1.0	200 ~ 300
软岩	35 ~ 45	45 ~ 55	0.8 ~ 1.0	70 ~ 120

2016 年 11 月 3 日 QC 小组全体成员共同对周边眼爆破参数调整后的围岩开挖轮廓面进行了系统检查，检查结果如图 6-11 所示。其现场爆破效果如图 6-12 所示。

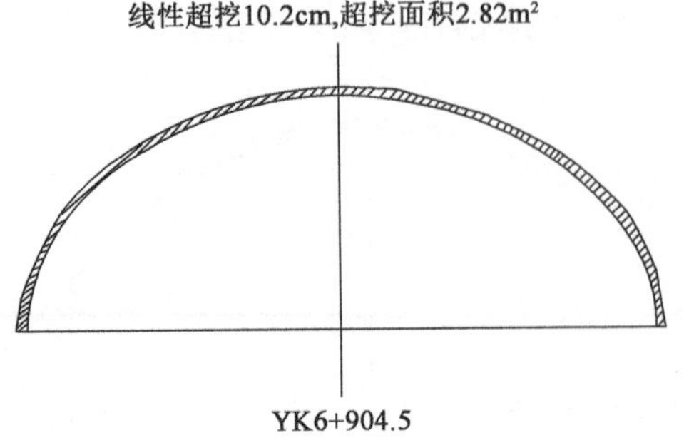

图 6-11　大岭隧道桩号 YK6 +904.5 实际爆破轮廓线与设计轮廓线

图 6-12　大岭隧道桩号 YK6 +904.5 现场爆破效果

开挖断面爆破实测结果显示,超挖面积 2.82m^2,平均线性超挖 10.2cm,围岩超挖得到进一步控制,对于局部存在破碎的情况,调整爆破参数后局部超挖也得到进一步控制。

(1)此次 QC 小组活动从施工操作水平、爆破原理、施工工序调整等方面进行了调控,实测结果显示本次 QC 小组取得了明显的实效,基本达到了预期目的。

(2)通过 QC 小组活动,积累了很多施工管理经验和施工方法,培养了一批施工技术人才和专业队伍。

(3)工人熟练程度加强,钻爆时间明显缩短,钻爆质量明显提高,节省初期支护喷射混凝土的时间,循环时间平均缩短 1.5h。平均超挖值控制到 5cm,每延米超挖方量较活动前减少了 3 ~5m^3,节省了喷射混凝土,仅混凝土材料,每延米就可节约 1520 元,按照全线剩余 2700m 计算,至少节省混凝土费用 410 多万元,带来了良好的经济效益。

(4)通过 QC 小组活动,小组成员在质量意识、团队意识、个人能力等方面均有不同的提高。

6.3　巩固措施与总结

6.3.1　巩固措施

(1)对这次 QC 活动中摸索出有效的钻爆法施工工艺,继续探讨、细化,力求完备,逐步标准化形成论文供今后施工参考。

(2)编制完善详细合理的《光面爆破施工作业指导书》及钻爆法施工技术交底,加强过程控制,遇到问题及时纠正,并做好工作备忘,把潜在的问题消灭在萌芽状态。

(3)进一步加强各个工序的质量控制,建立一个比较完善、系统的质量保证体系,完善技术质量管理制度,形成一套标准化的管理体系。

(4)建立及时准确的信息反馈系统,加强测量检查工作,做好详细记录,保证超欠挖的信息及时地反馈给现场技术人员和施工人员，不断进行方案优化。

(5)继续实施质量责任制，制订有效的奖罚措施，经常的检查各项作业质量，使质量与经济效益直接挂钩，调动广大员工的积极性。

(6)将 QC 活动日常化、制度化，把此次活动的精神贯彻到整个施工过程。同时全面加强施工人员质量安全意识教育和技术培训工作。

6.3.2 方案总结

(1)炮眼长度、进尺长度、装药量和钻爆时间进行技术经济比较，继续通过 QC 小组活动，来确定更优方案。

(2)加强学习，解决主要矛盾，全面提高工程质量。

(3)组织建立更多的 QC 小组，广泛积累各围岩隧道的施工经验。

(4)QC 活动是促进和提高施工质量的有效手段，也是提高作业人员技术水平和管理能力的有效途径，因此不但要在开挖施工中继续实施，还将在接下来的混凝土仰拱和二次衬砌施工中积极开展 QC 小组活动，确保衬砌混凝土内实外美。

7　超前地质预报及监控量测

隧道超前地质预报和监控量测是保证隧道施工安全的重要环节和重要技术手段,应将其列为隧道施工的必要工序。

隧道超前地质预报应进行地质复杂程度分级,确定重点预报地段,并遵循动态设计原则,根据预报实施工作中掌握的地质情况,及时调整隧道区段的地质复杂程度分级、预报方法和技术要求等。隧道超前地质预报可采用地质调查与勘探相结合、物探与钻探相结合、长距离与短距离相结合、地面与地下相结合、超前导坑与主洞探测相结合的方法,并对各种方法预报结果综合分析,相互验证,提高预报准确性。隧道设有平行导坑、正洞超前导坑或为线间距较小的两座隧道时,应充分利用平行超前导坑、正洞超前导坑、先行施工的隧道开展隧道超前地质预报工作。

"信息化施工"的前提是对施工过程中的地层变形、支护结构的受力有清楚的了解。要达到这样一个目的,必须在很大程度上依赖于施工监测,根据监测结果,调整支护参数或修改施工方案。掌握隧道和车站周围地层、支护结构、地下管线和周边建筑物的动态,观测开挖过程中隧道和基坑的状态及其对周边环境的影响,预防工程破坏事故和环境事故的发生。将现场测量结果与预测值相比较以判别前一步施工工艺和施工参数是否符合预期要求,以确定和优化下一步施工参数,从而指导现场施工,做到信息化施工。将量测结果用于信息化反馈优化设计,使设计达到优质安全、经济合理、施工快捷。另外还可将现场监测结果与理论预测值相比较,用反分析法导出更为接近实际的理论公式用于指导其他工程。

7.1　超前地质预报

7.1.1　超前地质预报总体方案

在本项目隧道超前预报中,采用长短距离预报相结合的方法,其中长距离预报采用TRT6000进行预报,短距离预报采用地质雷达进行预报。

隧道开挖长度小于50m时采用地质雷达进行短距离预报,当开挖长度大于50m时,选用TRT6000进行长距离预报,当接近不良地质体时,采用地质雷达等短距离预报手段进行详细探测。

当预报发现前方存在含水体及设计资料上已经表明的含水段时,采用地质雷达法、激发极化法或瞬变电磁法对该地段进行专项探测,判断水体可能的涌水量、水体规模及对施工的安全影响等。当采用 TRT6000 及地质雷达对前方地质情况不能做出准确判断时,做超前钻探了解不良地质构造的情况,综合预报不良地质体的性质和规模,具体预报流程如图 7-1 所示。

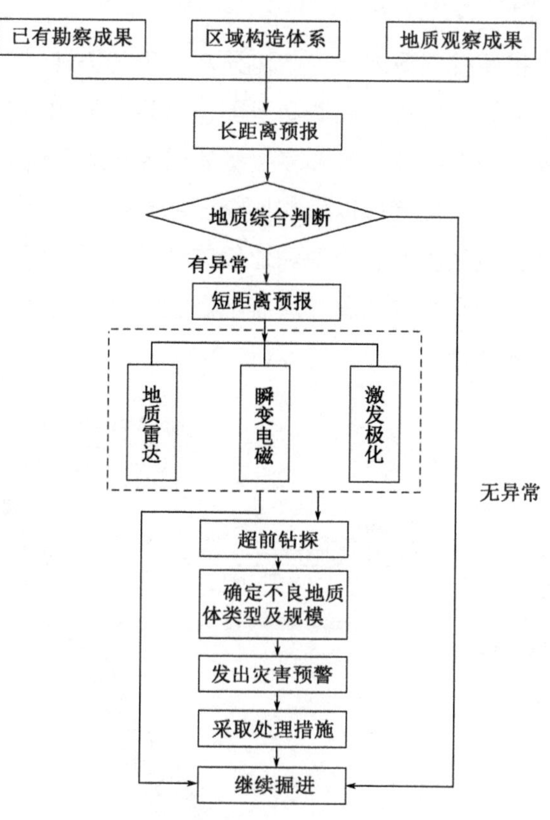

图 7-1 超前地质预报流程示意图

7.1.1.1 TRT 超前地质预报

(1)探测原理

地震波反射探测的方法很早就已经在土木工程和采矿作业等许多方面得到应用。这种技术的原理在于当地震波遇到声学阻抗差异(密度和波速的乘积)界面时,一部分信号被反射回来,一部分信号透射进入前方介质。声学阻抗的变化通常发生在地质岩层界面或岩体内不连续界面。反射的地震信号被高灵敏地震信号传感器接收,通过分析,被用来了解隧道工作面前方地质体的性质(软弱带、破碎带、断层、含水等),位置及规模。正常入射到边界的反射系数计算公式如下:

$$R = \frac{\rho_2 v_2 - \rho_1 v_1}{\rho_2 v_2 + \rho_1 v_1} \tag{7-1}$$

其中 R 为反射系数,ρ_1、ρ_2 为岩层的密度,v 为地震波在岩层中的传播速度。地震波从一种低阻抗物质传播到一个高阻抗物质时,反射系数是正的;反之,反射系数是负的。因此,当地震波从软岩传播到硬的围岩时,回波的偏转极性和波源是一致的。当岩体内部有破裂带时,回波的极性会反转。反射体的尺寸越大,声学阻抗差别越大,回波就越明显,越容易探测到。通过分析,被用来了解隧道工作面前方地质体的性质(软弱带、破碎带、断层、含水等)、位置、形状、大小。

TRT 层析扫描超前预报系统获取岩层中结构异常边界的方法,解释了用地震波反射来获得地层地质状况三维图的概念。以每个震源和地震信号传感器组的位置为焦点,与所有可能产生回波的反射体可以确定一个椭球。足够多数量的震源和地震信号传感器组对会形成一个三维数组,每个界面/反射的地层位置可以由这些众多椭球的交汇区域所确定。实际上,反射边界每一点离散图像的计算包括由所有震源和地震信号传感器组所对应的三维岩体空间中选定的区块。离散图像中各点值是由空间叠加所有地震波形计算得来,每个波按比例地从震源经过三维岩体空间的区块到达地震信号传感器(图 7-2)。

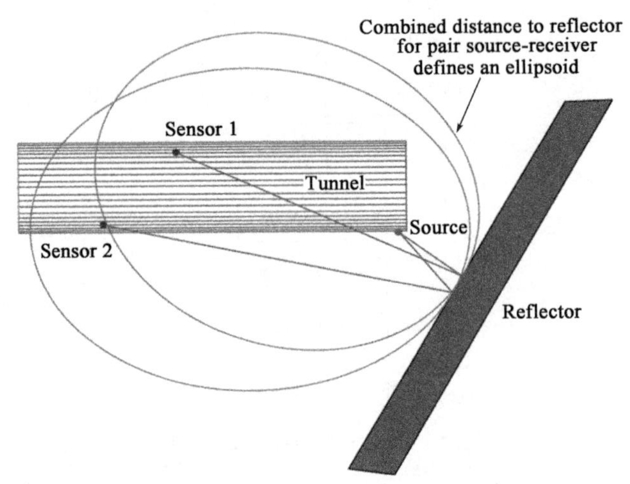

图 7-2　用地震波反射来获得地层地质状况三维图的原理

(2)系统预报方法

预报时采用 TRT6000 仪器,在Ⅲ级围岩段,用 TRT6000 预报 200 ~ 300m,在Ⅳ、Ⅴ级围岩段段一般预报 150m,隧道上下、左右各 50m,前后两次预报搭接长度不小于 10m。

TRT6000 的传感器布点(图 7-3),采用立体布点方式,在隧道两边纵向间隔 5m 分别布置 4 个传感器,然后在隧道拱部纵向间隔 10m 布置两个传感器,从而获得真实的三维立体图。

(3)传感器安装

TRT6000 在使用过程中,需要将传感器固定于隧道相应位置,即图 7-3 中布点。在相应位置施作安装孔(孔径 8mm,孔深 6cm),在固定块上抹上膨胀性快干水泥,把固定块固定在隧道边墙和洞顶表面,传感器通过螺丝安装在固定块上,确保传感器和岩体紧密耦合。具体安装方式见图 7-4。

(4)震源激发

TRT6000 的震源激发方式为锤击,操作时,在 8 磅的重锤端头连接好触发器,在图 7-3 中的 S1-S8 点依次锤击产生震源。使用"带有无线模块的传感器组"接收在围岩中传播的地震波振动信号,传感器通过"无线传感器基站"把信号存贮在计算机中,获得地震信号数据。"重锤"与计算机之间通过基站有线连接,主要是为了确保激发与接收地震信号不产生延迟,传感器与计算机为无线连接,方便隧道内部安装传感器。

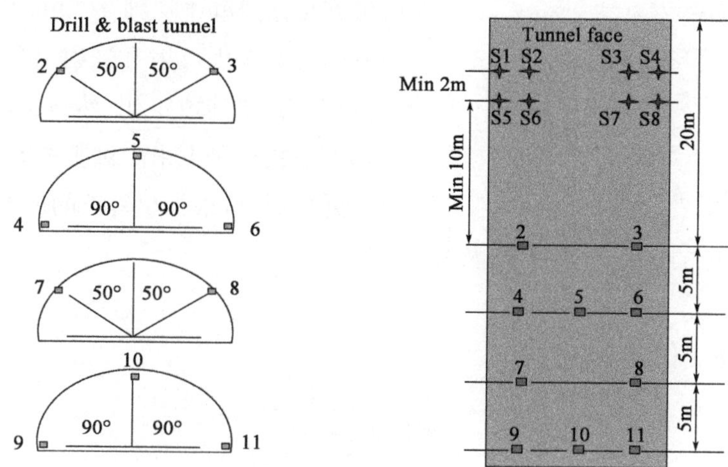

图 7-3 TRT6000 超前预报震源及传感器的典型布置

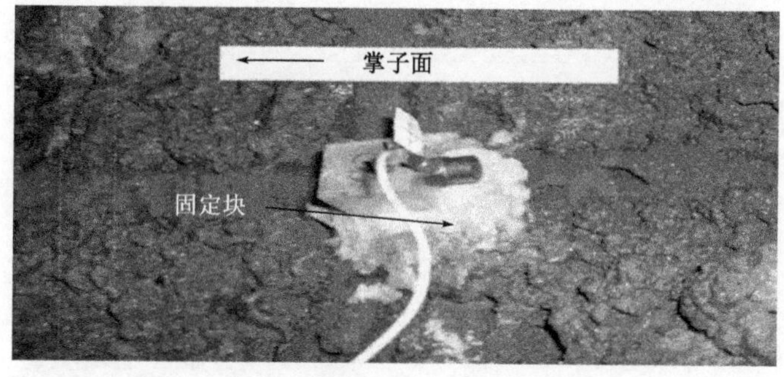

图 7-4 TRT6000 传感器布置方式

7.1.1.2 地质雷达探测

1)预报方法及设备

探测时,采用地质雷达配备 100MHz 天线进行探测。Ⅲ级围岩段单次预报距离不超过 30m;Ⅳ、Ⅴ围岩段单次预报距离不超过 20m,前后两次预报搭接长度不小于 5m。

2)探测原理

探地雷达(Ground Penetrating Radar,简称 GPR),也称地质雷达,是利用频率介于 10^6 ~ 10^9Hz 的电磁波来确定地下介质分布的一种地球物理方法。地质雷达在超前地质预报中可用

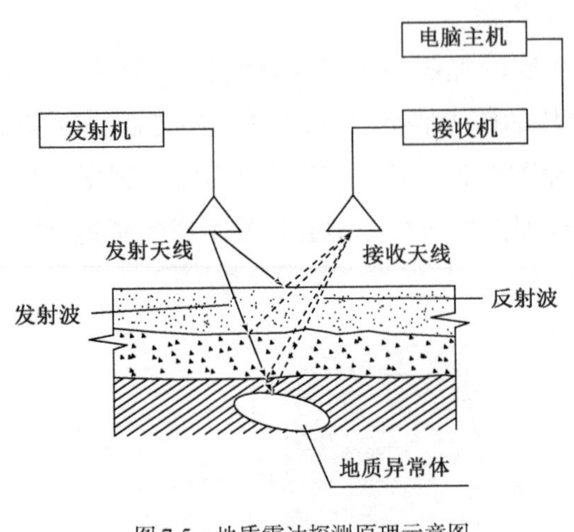

图 7-5　地质雷达探测原理示意图

于探测断层、溶洞和空洞等不良地质体,具有无损、低成本和工作效率高等特点,并广泛应用于工程地质勘察、建筑结构调查、公路工程质量检测、地下管线探测等众多领域。

探地雷达的基本原理如图 7-5 所示。发射天线将高频短脉冲电磁波定向送入地下,电磁波在传播过程中遇到存在电性差异的地层或目标体就会发生反射和透射,接收天线收到反射波信号并将其数字化,然后由电脑以反射波波形的形式记录下来。对所采集的数据进行相应的处理后,可根据反射波的传播时间、幅度和波形,判断地下目标体的空间位置、结构及其分布特征。

3)预报流程

地质雷达预报工作流程见图 7-6。

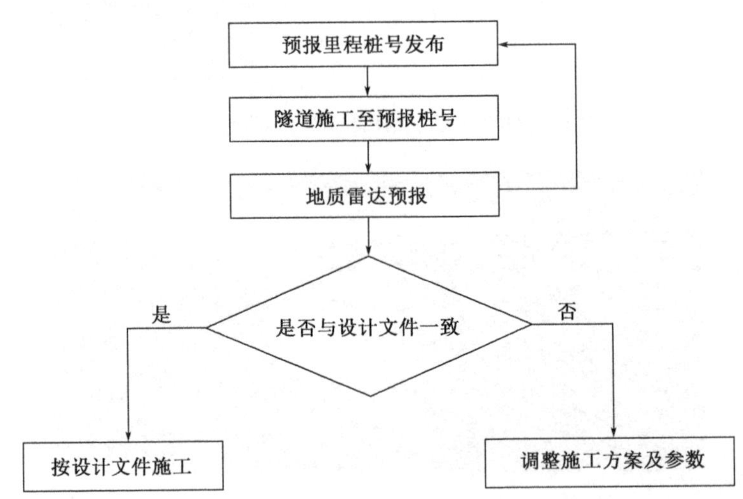

图 7-6　地质雷达超前预报流程

4)技术要点

技术要点主要包括:隧道掌子面的围岩情况观察、地质雷达测线布设、地质雷达数据采集及上报。隧道掌子面的围岩情况观察本项目以数码拍照为手段,实现岩体表面特征的图像记录,根据掌子面围岩的工程地质、水文地质特征进行预报结果的验证,进而提出预报参数的修改意见。

(1)地质雷达测线布设

本项目隧道在施工过程中,主要包括双侧壁导坑法、CRD 法、CD 法及台阶法四种工法,各

施工工法的地质雷达预报测线布设分别为:

①双侧壁导坑法:在①、③分部掌子面各布置1测回,2条测线,见图7-7。

②CRD及CD法:均在①、③分部在掌子面各布置1测回,2条测线,具体布置见图7-8、图7-9。

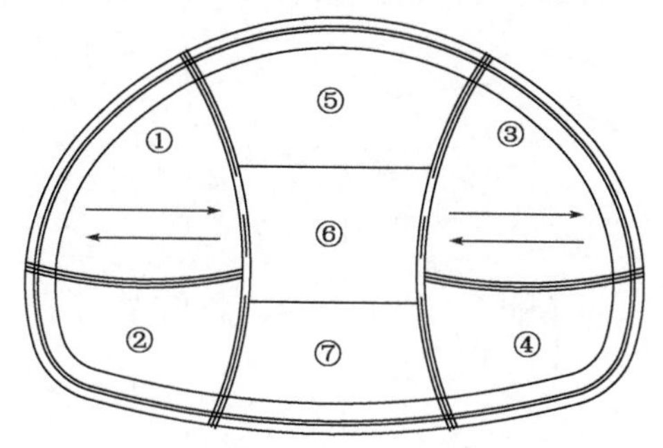

图7-7 双侧壁导坑法地质雷达测线布设图

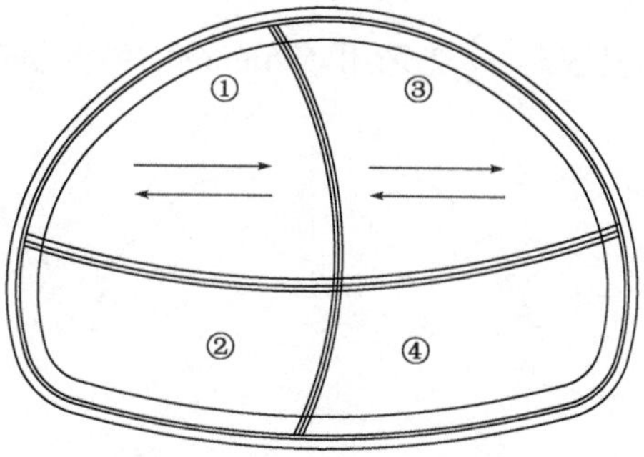

图7-8 CRD法地质雷达测线布设图

③台阶法:在掌子面布置1测回,2条测线,具体布置见图7-10。

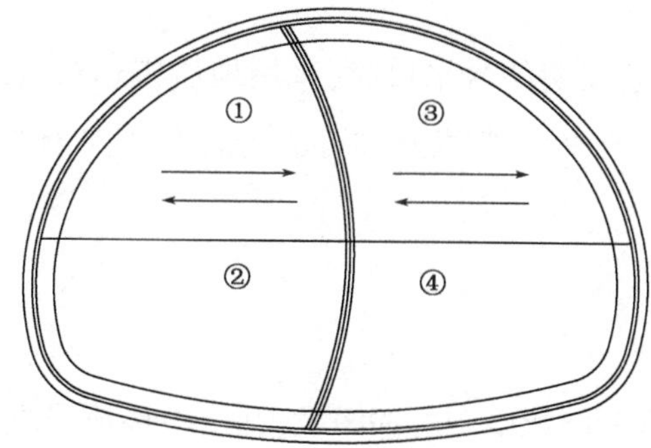

图7-9 CD法地质雷达测线布设图

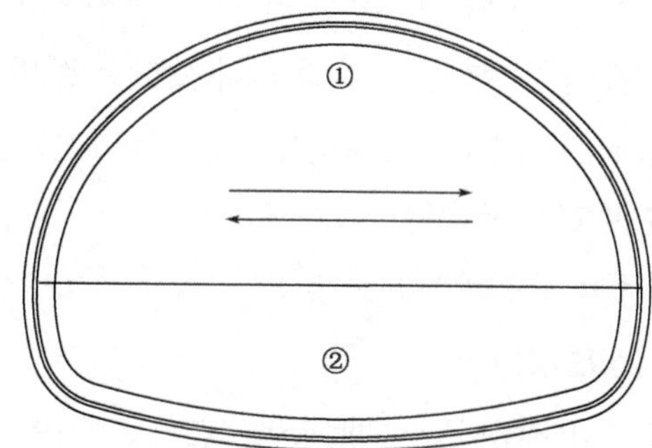

图7-10 台阶法法地质雷达测线布设图

(2)隧底溶洞预报

隧底溶洞预报采取在隧道底板沿隧道纵向布设测线的方式进行探测,其中双侧壁导坑法、CRD法及CD法均在②、④分部底板处纵向各布置1个测回2条测线,台阶法在隧底中心线处布置1个测回2条测线。

7.1.2 超前钻探法

当采用物探方法探明前方具有不良地质体,需要进一步辨识时,采用超前钻探法进行验证。具体实施时,一般是TRT与超前钻探组合进行预报,具体预报方式为:

(1)TRT与超前地质钻探(1孔)组合

在工程地质与水文地质较复杂地段,仅采用TRT超前地质预报系统不能满足施工需要,这时应补充超前地质钻孔对TRT预报成果加以核查与确认,探孔长30~50m左右,采用

ϕ76mm 孔径钻机取芯，具体布孔方式如图 7-11 所示。

(2)TRT 与超前地质钻探(3 孔)组合

在岩溶、地质构造强烈发育及初步判断前方有大型隐伏含水体或发育中大型岩溶管道地段采用。具体布孔方式及要求如图 7-12 所示，探孔长 30 ~ 50m 左右，探 1、探 3 采用 ϕ38mm 孔径钻机取芯，探 2 采用 ϕ76mm 孔径钻机取芯。

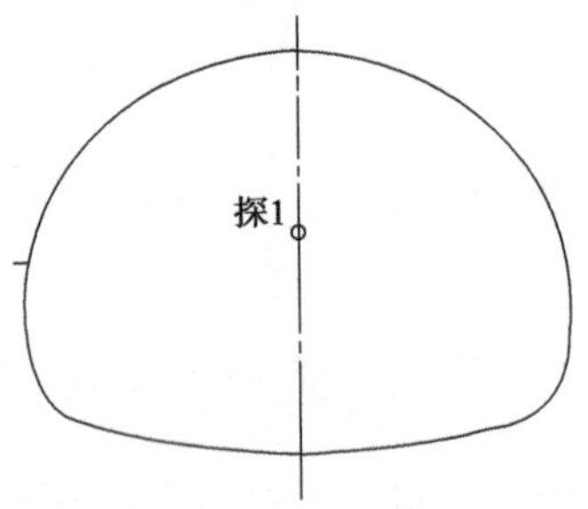

图 7-11　超前探孔(1 孔)布置方式

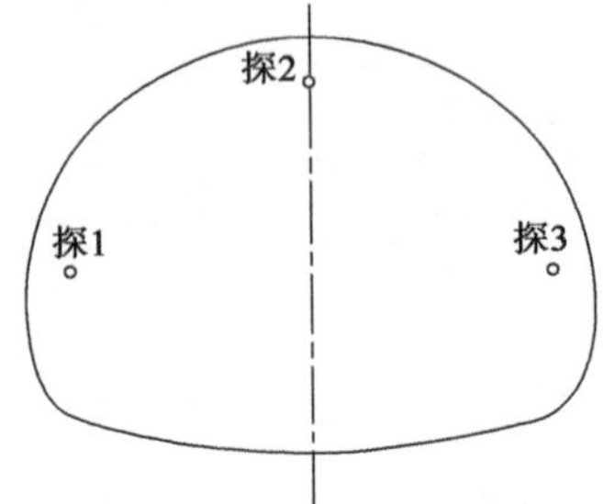

图 7-12　超前探孔(3 孔)布置方式

7.1.3　隧道内水体及含水通道预报方法

预报时发现前方存在含水体及设计资料上已经表明的含水段时，采用地质雷达法及对水体敏感的激发极化法、瞬变电磁法对该地段进行专项探测，判断水体可能的涌水量、水体规模、对施工的安全影响等。

7.1.3.1　瞬变电磁法

(1)基本原理

瞬变电磁法是一种时间域电磁法，它是利用阶跃波形电磁脉冲激发，利用不接地回线向地下发射一次场，在一次场断电后，测量由地下介质产生的感应二次场随时间的变化，来达到寻找各种地质目标的一种地球物理勘探方法。图 7-13 为瞬变电磁仪主机，图 7-14 为瞬变电磁探测原理图。

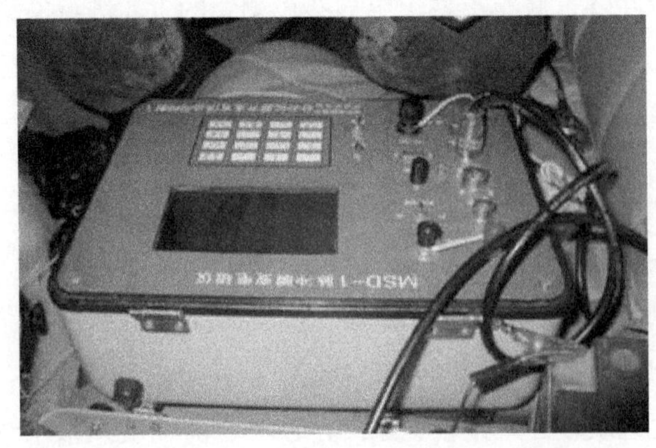

图 7-13　瞬变电磁仪主机

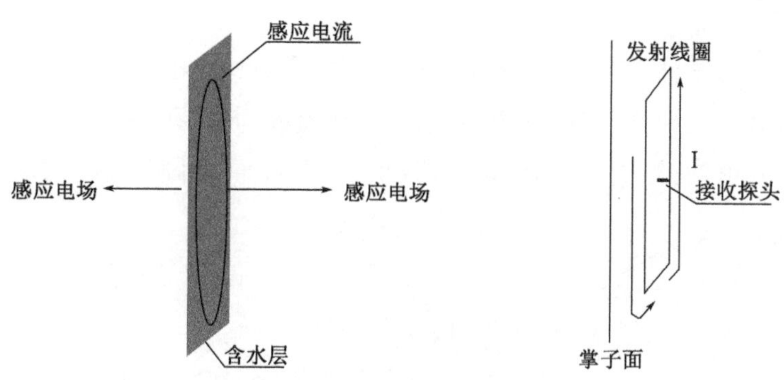

图 7-14 瞬变电磁探测原理图

(2)测点布置

在掌子面布置一排观测点,工作时发射线圈和接收磁探头一起沿测线从左往右依次移动。具体布置方式如图 7-15 所示。

(3)探测流程

在隧道内进行瞬变电磁法探测全过程如图 7-16 所示。

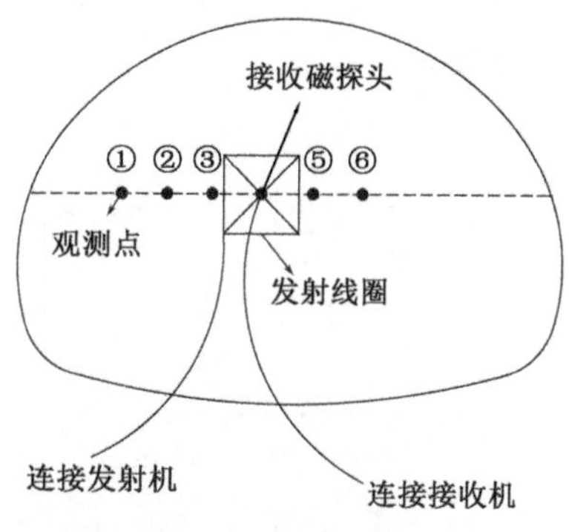

图 7-15 瞬变电磁探测测点布置图

7.1.3.2 激发极化法

(1)基本原理

激发极化法(Induced Polarization,简称 IP),通过对激发极化过程中极化率、电阻率以及半衰时之差等参数进行分析和反演,得到掌子面前方岩体含水条件,进而为超前地质预报提供重要的参考。

图 7-16 瞬变电磁法隧道超前地质预报全过程

(2)探测方法

激发极化探测前,需打设布设孔,在布设孔内布设测量(供电)两类电极,通过供电电极供电—断电,测量电极电阻量测,实现地质预报,其操作流程为:打孔—布点—探测,具体如下:

①打孔:手持式电钻,钻头直径20mm,孔深15~20cm,向下倾斜15°~20°,在安装电极时,需在孔中灌入盐水。

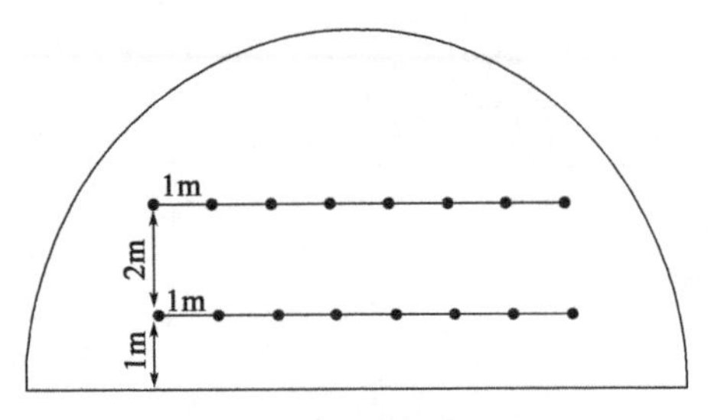

图7-17 测量电极布设示意图

②布点:需布设测量电极、供电电极两类,具体如下:

(a)测量电极:在掌子面布置2排测量电极,上下间距2.0m,左右间距0.7m,每排8个,共计16个,如图7-17所示。

(b)供电电极:边墙布置供电电极环,每环电极4个(1、2、3、4),共5环,20个电极,电极环分别与掌子面距离为0m、4m、10m、20m与30m,如图7-18所示。

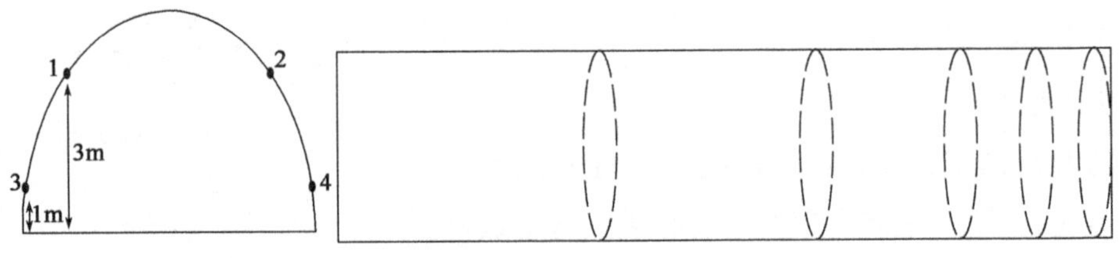

图7-18 供电电极布设示意图

7.2 超前地质预报实例分析

7.2.1 大岭隧道YK7+413断面地质雷达预报

2016年5月26日,受山东省路桥集团有限公司委托,在大岭隧道进行了地质雷达超前预报工作,探测时掌子面桩号YK7+413。采用地质雷达配备100MHz天线进行探测。掌子面的测线布置示意图如图7-19所示。

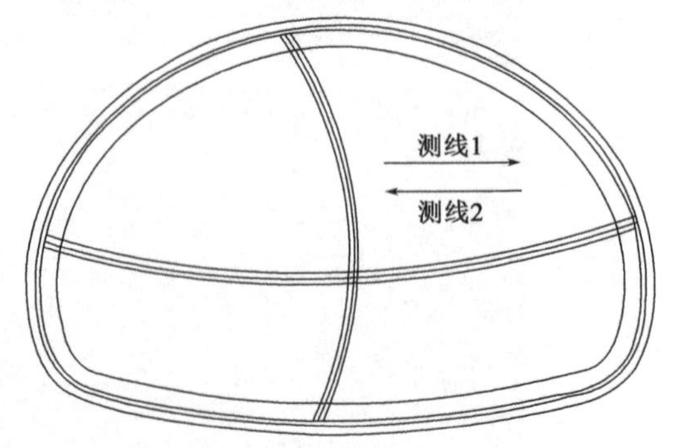

图7-19 大岭隧道掌子面测线布置示意图

图7-19给出了掌子面的测线布置情况,掌子面布置了两条测线,测线长度为8m左右。其中测线一端的箭头表示测线的方向。

本次共布置了两条测线,通过分析地质雷达的伪彩色成像图,结合相应的地质资料推断,两条测线的解释结果如下(裂隙、断层和破碎带等主要异常体的分布位置可从成果图中读取)。

成果解释说明:地质雷达成果图是伪彩色剖面图(图7-20和图7-21),横坐标为测线长度(单位:m),左侧纵坐标表示时窗长度(单位:ns),右侧纵坐标表示探测深度(单位:m)。此外,由于物探方法主要用以探测地质结构或构造,探测解释成果涉及岩性方面的解释主要依据既有的地质资料分析和推断,最终以实际揭露或开挖出来的结果为准。这里着重探测和分析测线范围内的地层结构或构造情况。

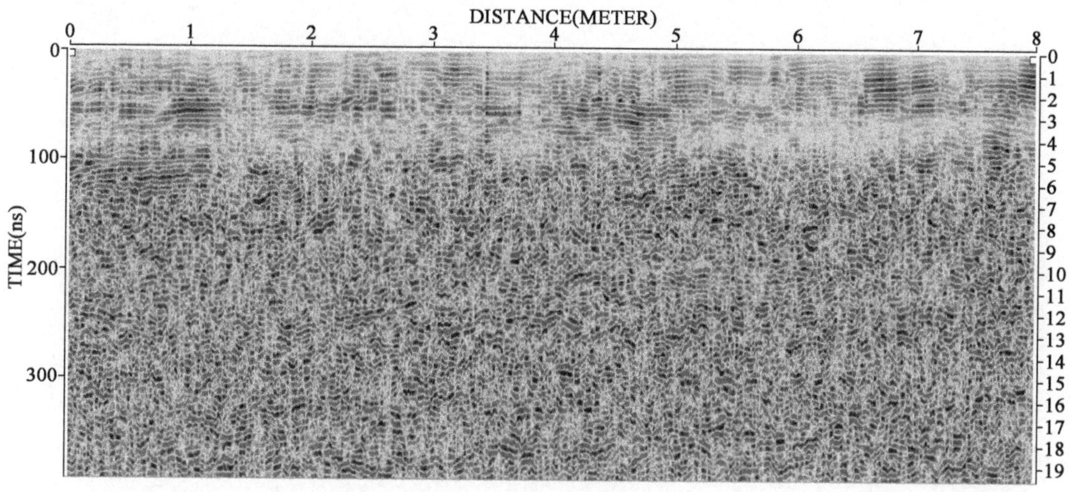

图7-20 测线1地质雷达探测成果图

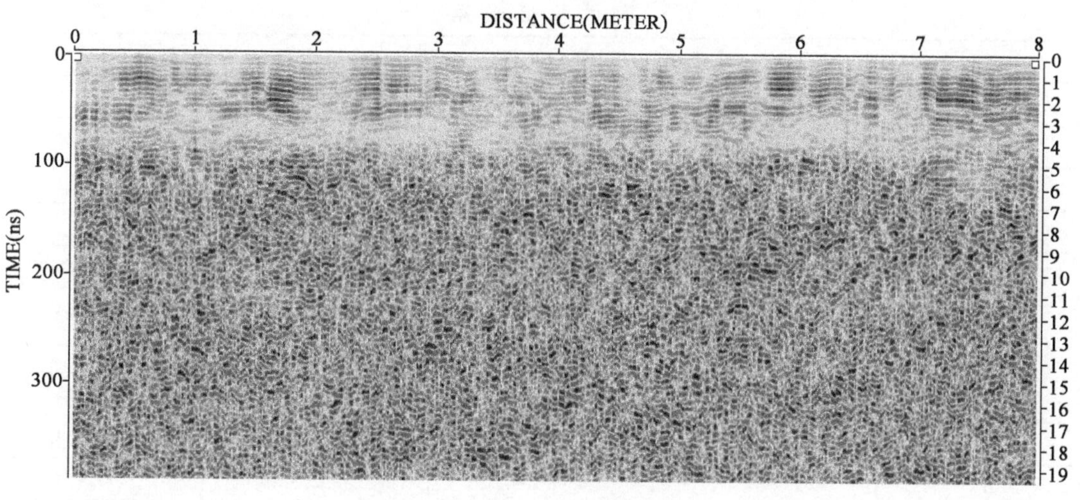

图7-21 测线2地质雷达探测成果图

通过对大岭隧道YK7+413进行超前预报,根据探测结果,结合相应的地质分析,在测线长度和探测深度范围内,可得如下几点结论:

(1)本次预测范围为掌子面前方20m,从预测结果来看,预报范围内围岩情况良好,围岩整体较完整、局部节理裂隙发育,裂隙有少许泥质充填。未见断层及较大空洞出现。

(2)结合该洞段开挖出露的地质情况及本次预报结果,建议施工时注意控制施工进尺,每次开挖进尺应长度小于2m。岩层呈水平层状分布,开挖后应及时支护,防止洞顶掉块及其他不良地质灾害的发生。

(3)建议下次做超前预报的掌子面桩号为YK7+398。

7.2.2 小岭隧道YK7+458TRT预报结果

2016年9月18日,受山东省路桥集团有限公司委托,在大岭隧道进行了TRT超前地质预报工作,探测时掌子面桩号YK7+458。

TRT检测依据:

《公路隧道施工技术规范》(JTG F60—2009);

《铁路隧道超前地质预报技术规程》(Q/CR 9217—2015);

《岩土工程勘测规范》(GB 50021—2001)(2009年版);

《公路隧道设计规范》(JTG D60—2004)。

本次测试日期为2016年9月18日。共安装10个检波器,分别布置在拱腰(左右侧共4个)、拱脚(左右侧共4个)及拱顶(2个);锤击震源点共计12个,隧道左右边墙各6个。掌子面里程为YK7+175。

(1)检波器、震源点及掌子面实测坐标(表7-1)

测试坐标数据　　表7-1

中心线				
编　号	描　述	X	Y	Z
1	掌子面中心	45980.255	54846.413	180.329
2	后方中心点	45984.858	54878.829	180.834
震源点坐标				
1	S1	45977.518	54853.951	178.415
2	S2	45977.545	54853.944	178.684
3	S3	45977.615	54854.005	178.983
4	S4	45986.863	54852.856	178.524
5	S5	45986.935	54852.848	177.234
6	S6	45986.962	54852.821	177.970
7	S7	45977.677	54855.005	178.338
8	S8	45977.742	54855.010	178.628
9	S9	45977.785	54855.024	178.885
10	S10	45987.035	54853.882	178.545

续上表

编　　号	描　　述	X	Y	Z
中　心　线				
11	S11	45987.070	54853.911	178.324
12	S12	45986.141	54853.879	177.121
检波器坐标				
2	A2	45979.636	54863.462	182.075
3	A3	45986.740	54863.150	181.655
4	A4	45979.103	54868.495	178.756
5	A5	45986.359	54867.187	182.813
6	A6	45988.767	54867.122	178.478
7	A7	45980.483	54873.179	182.025
8	A8	45987.627	54872.929	182.328
9	A9	45980.258	54878.838	178.757
10	A10	45986.203	54878.516	183.432
11	A11	45989.903	54877.954	178.853

(2)震源和检波器的相对关系(图7-22)

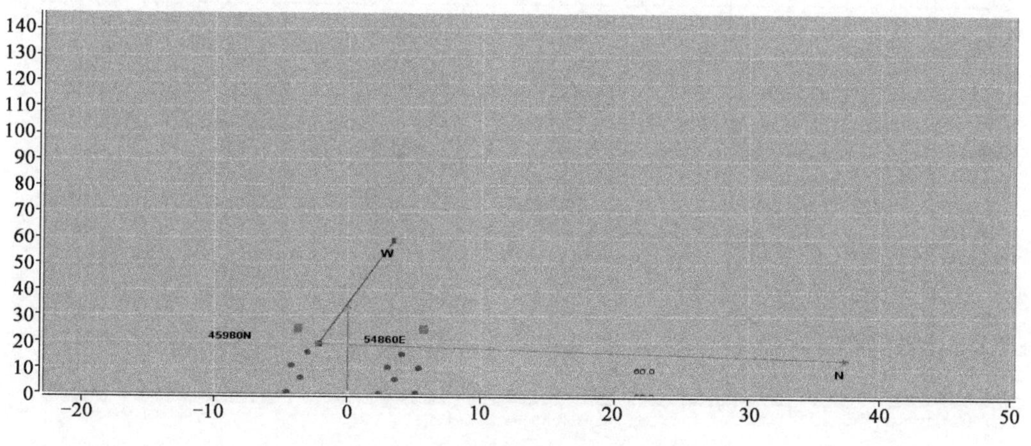

图7-22　震源和检波器在地形上的俯视图

图中,■为震源点,●为检波器点。

(3)原始波形图(图7-23)

(4)分析结果

①波速分布图(图7-24)

②三维成像图(图7-25)

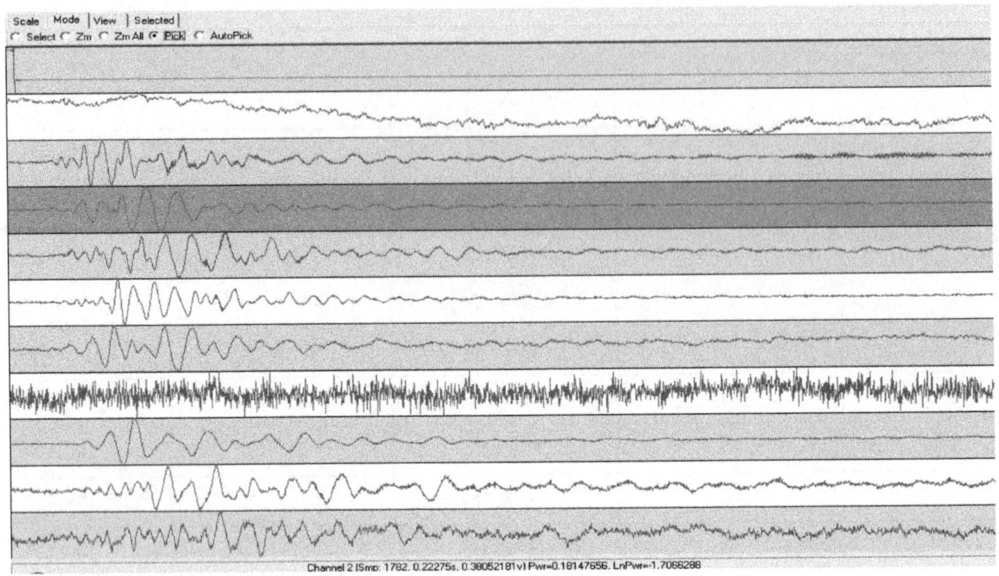

图 7-23　原始波形图

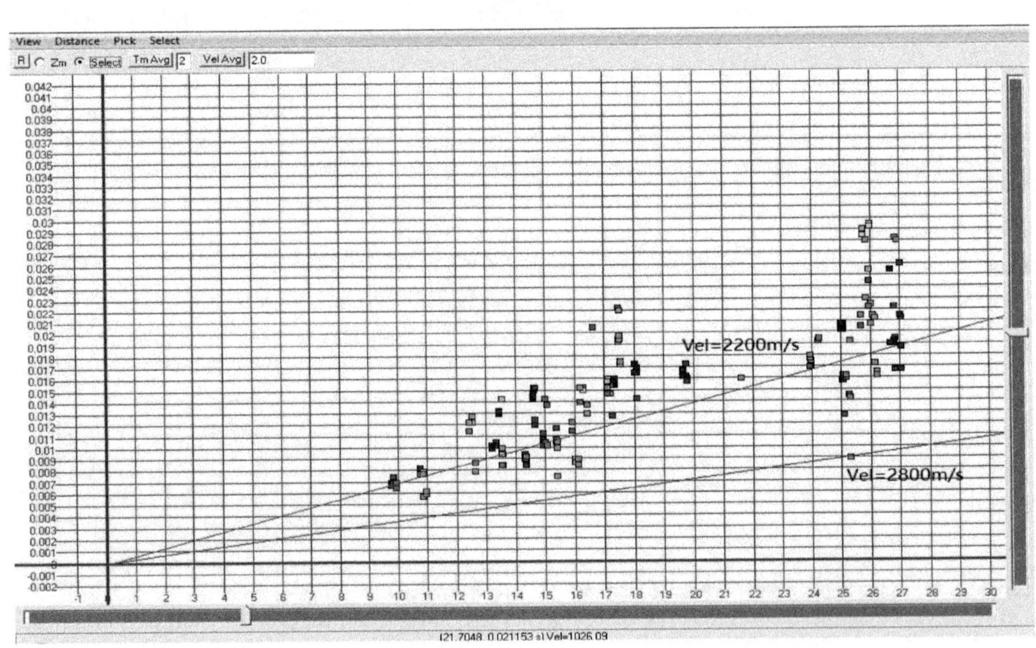

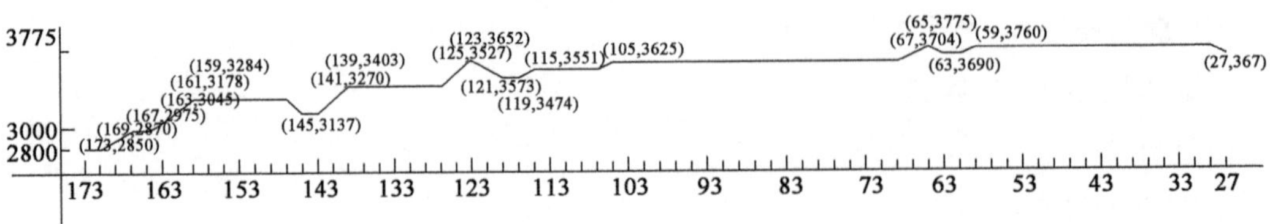

图 7-24　波速分布图

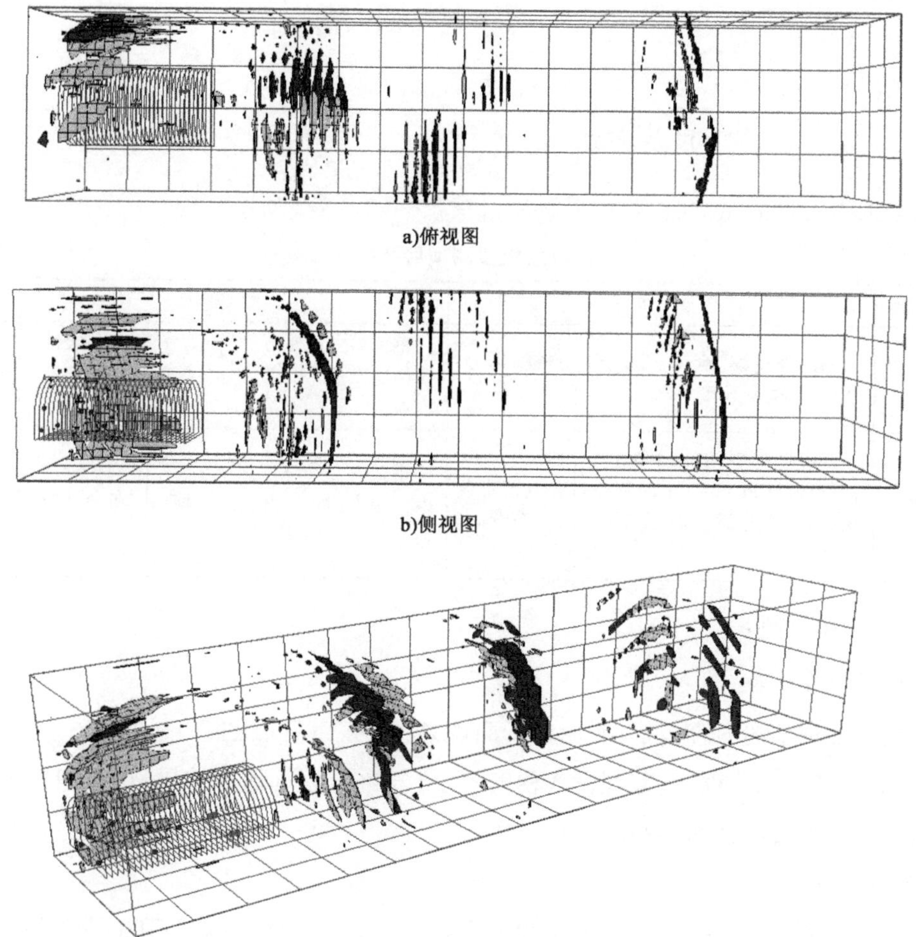

a)俯视图

b)侧视图

c)立体图

图 7-25 TRT 扫描结果三维图展示

通过对掌子面前方 150m 的地震波反射扫描成像三维图分析,其弹性波拟合速度为 2200m/s,岩体完整程度分为 YK7 + 175 ~ 105,YK7 + 105 ~ 025 两段,表现为较破碎、较完整,结合掌子面地质观测的信息及地质资料可以得出如下结论:

(1)里程 YK7 + 175 ~ 105 段,参考设计资料围岩由破碎的中风化灰岩组成。由预报结果知该段围岩破碎,节理发育,存在软弱夹层或软硬岩层交界面,围岩情况较差,开挖后应及时支护。

(2)里程 YK7 + 105 ~ 025 段,参考设计资料围岩由中风化灰岩组成。由预报结果知该段围岩完整性较上段围岩良好,岩质较上段围岩坚硬。YK7 + 065 ~ 055 段,可能发育有软弱夹层或软硬岩层交界面,开挖时需特别注意,应及时支护,防止洞顶掉块及其他不良地质灾害的发生。

7.3 监控量测

7.3.1 监控量测项目及方法

根据本工程实际情况，推荐监控量测项目及频率如表 7-2 所示。

推荐监控量测项目及频率 表 7-2

隧道名称	必测项目		选测项目		备注
小岭隧道	洞内外观察、地表下沉、周边位移、拱顶下沉	按规范要求布设	钢架内力及外力、围岩压力及两层支护间压力、支护衬砌内应力	每代表性地段选取1个断面	无小净距段
大岭隧道	洞内外观察、地表下沉、周边位移、拱顶下沉、小净距中岩柱围岩内部位移及围岩压力	按规范要求布设	钢架内力及外力、围岩压力及两层支护间压力、支护衬砌内应力、小净距段爆破震动	每代表性地段选取1个断面	

7.3.1.1 必测项目

1)洞内外地质观察

隧道洞内外观察的内容包括：洞内掌子面观察、已施工区间观察和洞外观察。并根据掌子面围岩的完整程度、风化程度、节理发育程度等，结合超前地质预报结果，快速识别围岩等级，为工程施工提供相应的技术参数。

(1)掌子面观察

以目视调查来了解开挖工作面的工程地质和水文地质条件，将观察到的有关情况和现象，详细记录。

(2)已施工区间观察

以目视调查来了解支护状态。观察初支、二衬情况，若发现开裂、渗水等异常现象，详细记录发现时间、位置，并反馈施工单位进行进一步观察。

(3)洞外观察

以目视调查来了解地表状况，注意地表面变异、植被破损移位、渗水涌水等特殊情况，详细记录发现时间、位置，并反馈施工单位进行进一步观察。

(4)观察频率

每次接施工方通知开挖爆破后及时观察，按要求记录和整理，观察时确保检测人员安全。

2)地表沉降

(1)监测方法

采用全站仪结合反光片后方交会法进行量测。

(2)测点布置

布设断面详见表7-3,每个断面布设7～11个测点。各断面测点布设如图7-26和图7-27所示。

地表沉降监测断面表　　表7-3

小岭隧道							
左线	序号	断面桩号	备注	右线	序号	断面桩号	备注
进口	1	ZK4 +885	单洞监测	进口	1	YK4 +905	单洞监测
	2	ZK4 +895	单洞监测		2	YK4 +920	单洞监测
	3	ZK4 +915	单洞监测		/	/	/
出口	1	ZK5 +310		出口	1	YK5 +310	
	2	Zk5 +320			2	YK5 +320	
大岭隧道							
左线	序号	断面桩号	备注	右线	序号	断面桩号	备注
进口	1	ZK6 +550	单洞监测	进口	1	YK6 +570	单洞监测
	2	ZK6 +560	单洞监测		2	YK6 +580	
	3	ZK6 +580			3	YK6 +600	
	4	ZK6 +600			/	/	/
出口	1	ZK7 +235	单洞监测	出口	1	YK7 +295	
	2	ZK7 +255	单洞监测		2	YK7 +315	
	3	ZK7 +275	单洞监测		3	YK7 +335	
	4	ZK7 +295			4	YK7 +355	单洞监测
	5	ZK7 +315			5	YK7 +375	
	6	ZK7 +335			6	YK7 +395	单洞监测
	7	ZK7 +345	单洞监测		7	YK7 +415	单洞监测
	8	ZK7 +355			8	YK7 +425	单洞监测
	9	ZK7 +365	单洞监测		9	YK7 +435	单洞监测
	10	ZK7 +375			10	YK7 +445	单洞监测
	/	/	/		11	YK7 +455	单洞监测
	/	/	/		12	YK7 +460	单洞监测

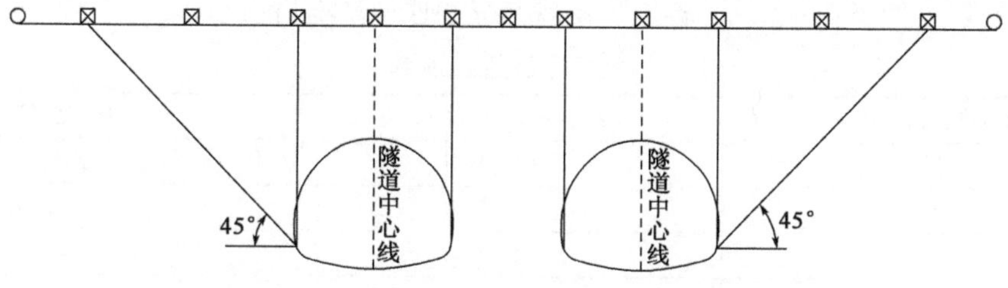

图7-26　小净距段地表下沉量测测点布设示意图

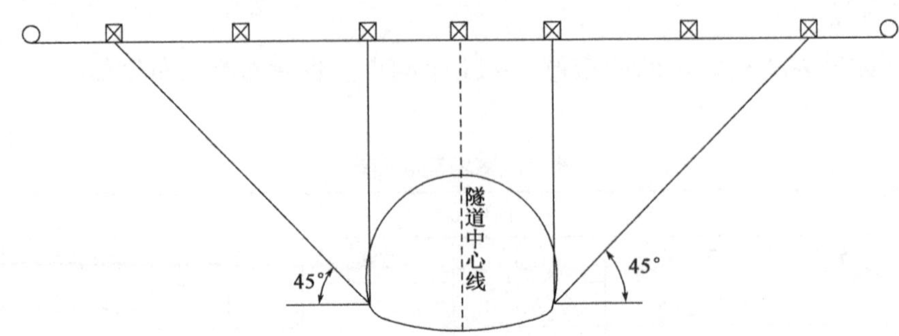

图 7-27　分离式隧道地表下沉量测测点布设示意图

(3)预埋件尺寸及埋设要点

①预埋件制作尺寸:采用直径 ϕ25 钢筋,长 80cm,平圆头钢筋,焊接边长为 10cm、厚 5mm 铁片制成,见图 7-28。

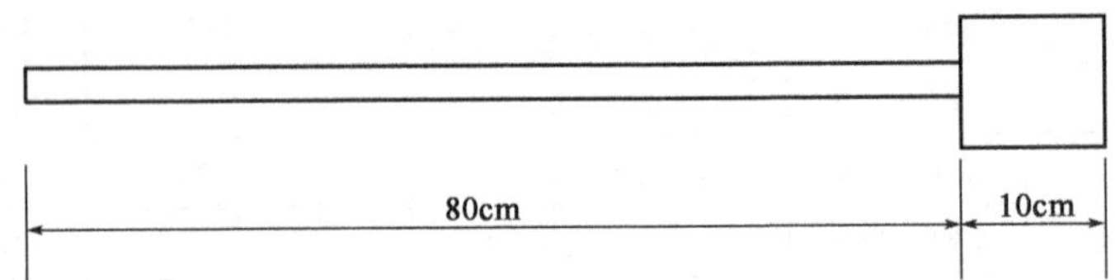

图 7-28　地表沉降预埋件示意图

②预埋件埋设:在测点位置挖深 60cm 的坑,然后放入地表测点预埋件,测点四周用混凝土填实,待混凝土固结后,粘贴反光片,即可量测。测点埋设示意图见图 7-29。

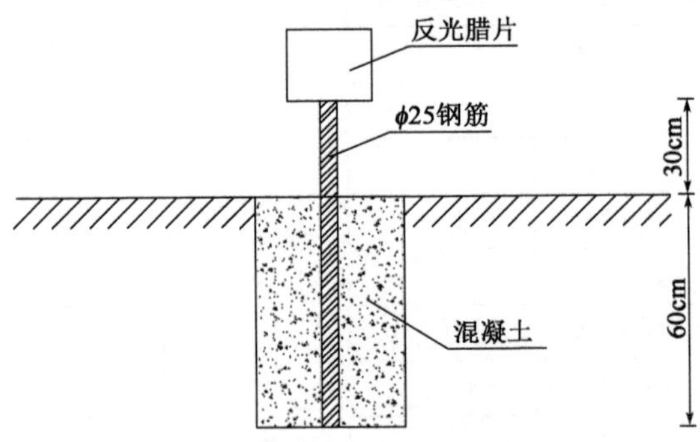

图 7-29　地表沉降测点埋设示意图

(4)监测频率

地表监测频率如表 7-4 所示,若位移出现异常,则加大监测频率。

地表下沉量测频率　　表 7-4

变形速度(mm/天)	测点距开挖面的距离	量 测 频 率
≥5	(0~1)B	2 次/天
1~5	(1~2)B	1 次/天
0.2~1	(2~5)B	1 次/2 天
<0.2	>5B	1 次/周

注:B 表示隧道开挖宽度。

3)拱顶下沉及周边位移监测

工法转换时,应加强监控量测工作,尤其是拆除竖向临时钢支撑时,拱顶沉降量测频率应加倍。

测点布设:

拱顶下沉量测断面每个断面布置1~3个测点,测点设在拱顶中心或其附近,观测基准点设在距离观测点3倍洞径以外稳定点处,量测精度为±1mm,量测时间应延续到拱顶下沉稳定后。拱顶下沉量测示意图见图7-30。

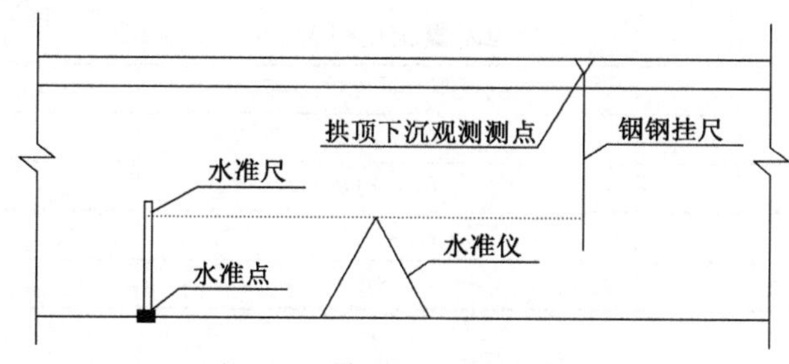

图7-30　拱顶下沉量测示意图

周边收敛位移量测是隧道施工监控量测的重要项目,收敛值是最基本的量测数据,必须量测准确,计算无误;周边收敛位移测点距掌子面小于2m,测点埋设后,第一次量测时间应在上次爆破后24h内,并在下次爆破前进行,第一次量测的初读数是关键性数据,应反复测读,当连续量测3次的误差$R \leqslant 0.18$mm时(R根据收敛计而异),才能最终测定为初读数。周边收敛位移量测应持续到变形基本稳定后2~3周结束。

拱顶下沉及周边收敛位移量测测点布置在同一断面进行,大岭隧道拱顶下沉及周边收敛位移量测测点布置见图7-31、图7-32,图中F点为拱顶下沉量测点,其余为周边位移量测点。拱顶下沉采用水准仪、铟瓦尺和挂钩尺量测,周边收敛位移量测采用收敛计量测。拱顶下沉测点和周边收敛位移量测断面间距按表7-5的要求布置。

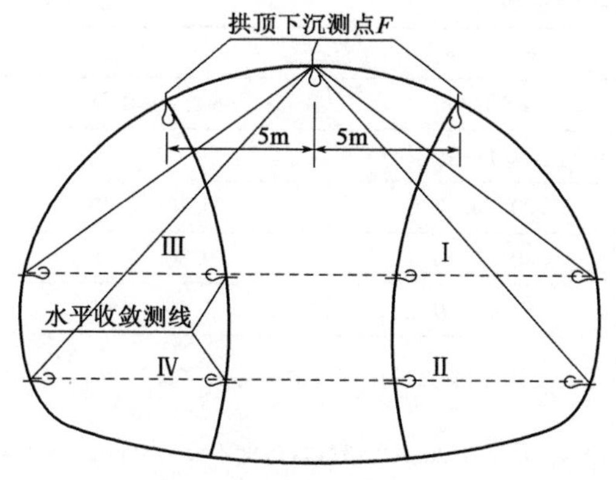

图7-31　双侧壁导坑法开挖拱顶下沉及周边位移量测测点布置图

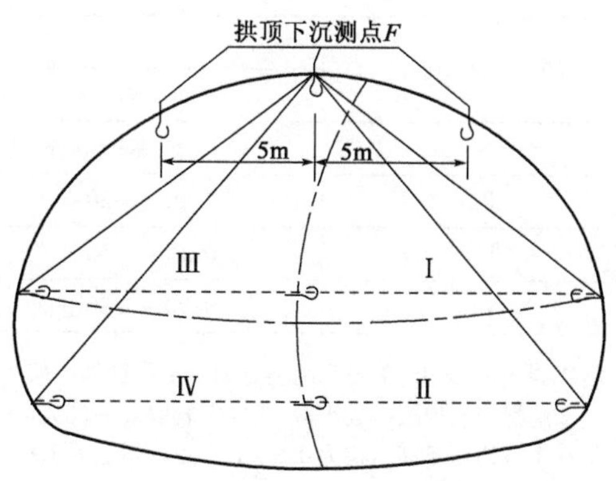

图7-32　法开挖拱顶下沉及周边位移量测测点布置图

监控量测断面间距　表 7-5

围岩级别	量测断面间距(m)
Ⅴ~Ⅳ	5~10
Ⅳ	10~30
Ⅲ	30~50

拱顶下沉测点和周边收敛位移量测采用相同的量测频率,拱顶下沉及周边收敛量测频率见表 7-6。若位移出现异常,应加大量测频率。

围岩量测频率表　表 7-6

变形速度(mm/天)	测点距开挖面的距离	量测频率
≥5	$(0\sim1)B$	2~3 次/天
1~5	$(1\sim2)B$	1 次/天
0.2~1	$(2\sim5)B$	1 次/2~3 天
<0.2	$>5B$	1 次/3~7 天

注:B 表示隧道开挖宽度。

根据既有成功经验,采用三级变形管理并辅以周边允许相对位移值作为量测管理基准。即将允许值的三分之二作为警告值,允许值的三分之一作为基准值,将警告值和允许值之间称为警告范围,实测值落在此范围,应提出警告,说明需商讨和采取施工对策,预防最终位移值超限,警告值和基准值之间称为注意范围,实测值落在基准值以下,说明围岩是稳定的。监测量测变形管理等级见表 7-7,隧道周边允许相对位移见表 7-8。

隧道变形管理等级表　表 7-7

管理等级	管理位移	施工状态
Ⅲ	$U_0 < U_n/3$	可正常施工
Ⅱ	$(U_n/3) \leqslant U_0 \leqslant (2U_n/3)$	应加强支护
Ⅰ	$U_0 > 2U_n/3$	应采取特殊措施

注:U_0 为实测位移值;U_n 为允许位移值。

隧道周边允许相对位移表　表 7-8

围岩级别	埋深 h(m)		
	$h<50$	$50<h\leqslant300$	$300<h\leqslant500$
拱脚水平相对净空变化值(%)			
Ⅲ	0.10~0.30	0.20~0.50	0.40~1.20
Ⅳ	0.15~0.50	0.40~1.20	0.80~2.00
Ⅴ	0.20~0.80	0.60~1.60	1.00~3.00

注:①周边位移相对值系指两测点间实测位移累计值与两测点距离之比,两测点的位移值也称为变化值。
②脆性围岩取表中较小值,塑性围岩取表中较大值。
③本表适用于高跨比为 0.8~1.2 的下列地下工程:Ⅲ级围岩跨度不大于 20m;Ⅳ级围岩跨度不大于 15m;Ⅴ级围岩跨度不大于 10m。
④对于Ⅰ、Ⅱ级围岩和表中以外Ⅲ、Ⅳ、Ⅴ级围岩地下工程,应根据实测数据的综合分析或工程类比方法确定允许值。

7.3.1.2 选测项目

1)钢支撑内力量测

(1)监测方法

采用钢弦式表面应变传感器进行量测,量程:±1500με。

(2)测点布设

每代表性地段设置1个监测断面,布置方式采取拱顶、两侧拱腰、两侧拱脚上方1.5m共5个部位,布置方式见图7-33。

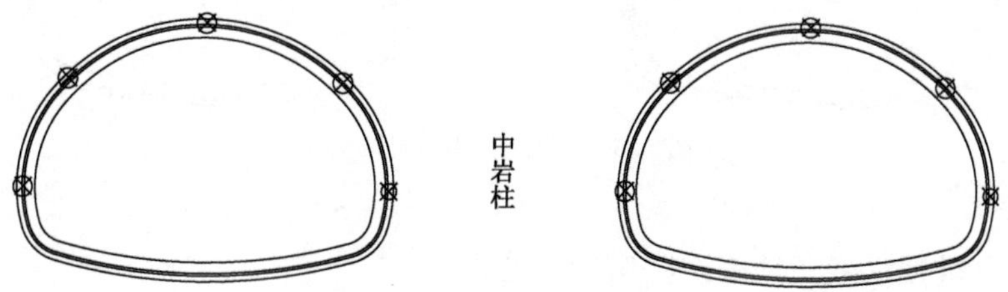

图7-33 钢架内力测点布置图

(3)量测频率

与周边位移、拱顶沉降及地表沉降等监测项目同步进行。

2)围岩压力及两层支护间压力量测

(1)监测方法

采用振弦式压力盒进行量测,测量精度:0.1~1kPa。

(2)测点布设

布设断面与钢支撑内力布设于同一断面。布置方式采取拱顶、两侧拱腰、两侧拱脚上方1.5m共5个部位,布置方式见图7-34。

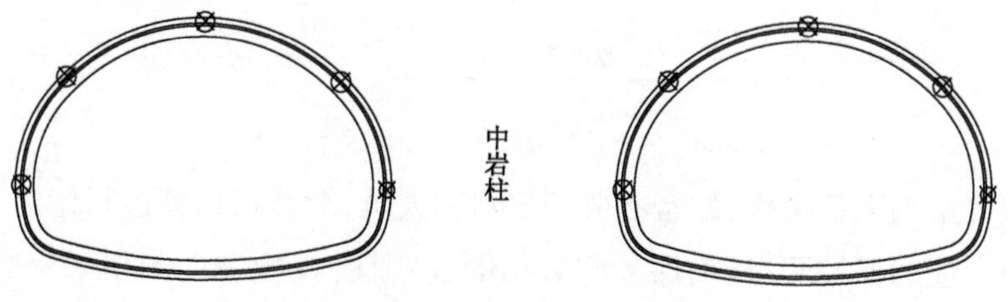

图7-34 围岩压力测点布置图

(3)监测频率

与周边位移、拱顶沉降及地表沉降监测同步进行。

3)衬砌内力量测

(1)量测仪器与方法

量测仪器采用混凝土应变计,量测时将应变计埋入混凝土层内,通过钢弦频率测定仪测出应变计受力后的震动频率,然后从事先标定出的频率—应变曲线上求出作用在混凝土层上的应变,然后再转求应力。

(2)仪器布置与埋设

布设断面与钢支撑内力布设于同一断面。布置方式采取拱顶、两侧拱腰、两侧拱脚上方1.5m共5个部位,布置方式见图7-35。

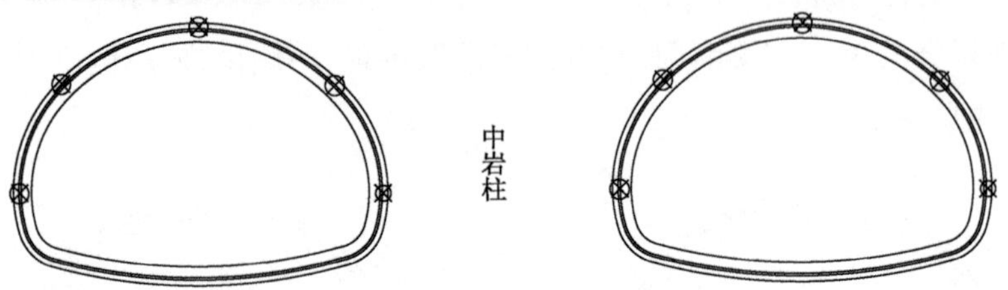

图7-35 衬砌内力测点布置图

(3)监测频率

与周边位移、拱顶沉降及地表沉降监测同步进行。

7.3.2 监控量测管理要点

隧道监控量测信息反馈工作流程见图7-36。

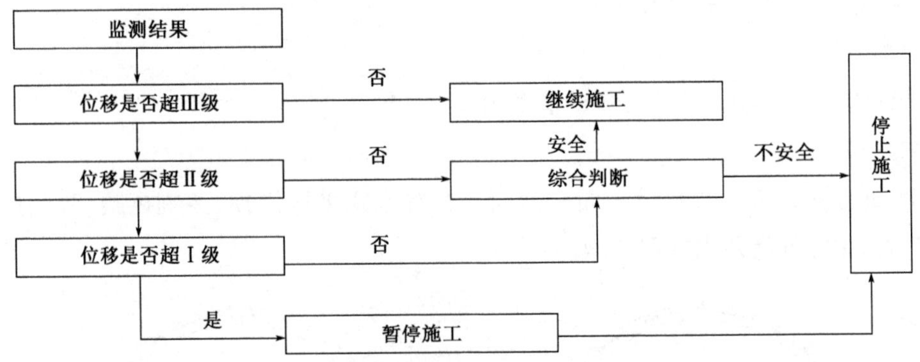

图7-36 隧道监控量测信息反馈工作流程图

(1)做好监控量测准备工作,配备必要的仪器和人员,对测量仪器进行标定。

(2)施工中应注意保护测点,确保量测数据的连续性,按规定的频率采集数据,及时收集所有的量测数据。

(3)检测单位负责编制地质综合分析周报及月报,采取日报形式向施工单位通报量测数据,拆撑作业时,现场实时反馈检测数据。

(4)根据监测结果,提出施工指导意见,为调整施工方案、优化支护参数提供依据。

(5)施工中保存好所有的量测资料,并将量测数据和分析结果全部归入竣工资料存档。

7.4 大、小岭隧道监控量测数据分析

1)监测概况(表7-9)

监控量测概况 表7-9

监测项目	拱顶沉降	水平收敛	地表沉降
采用方法	全站仪测量	全站仪测量	全站仪测量
使用仪器	全站仪	全站仪	全站仪
测点断面布设	见下文	见下文	见下文
开挖宽度	17.4m		
本周天气情况	晴		
监测过程是否正常	是		
为采集数据点说明	无		

2)洞内外观察

从围岩揭露情况来看,大、小岭左洞进口段岩体呈强风化,整体为土夹石为主,围岩整体性和自稳能力较差(图7-37)。

图7-37 大、小岭隧道进口掌子面围岩情况照片

从围岩揭露情况来看,大、小岭出口段围岩整体较破碎,节理、裂隙较发育,局部裂隙有泥质充填。大、小岭左洞出口段岩体呈强风化,该段以土夹石为主,围岩整体性和自稳能力较差(图7-38)。大、小岭右洞出口整体较破碎,节理、裂隙较发育,局部裂隙中有渗水(图7-39)。

图7-38 大、小岭隧道出口掌子面围岩情况照片

小岭隧道左洞出口段围岩为中风化灰岩为主,岩体破碎,节理裂隙较发育,结构面发育,层间

结合较好，为镶嵌碎裂结构，围岩自稳能力差（图7-40）。

图7-39　大岭隧道出口左、右线掌子面围岩情况照片

图7-40　小岭隧道出口左线掌子面围岩情况照片

大岭隧道左洞出口段围岩较破碎，岩性以强～中风化灰岩为主，节理裂隙较发育，岩体间黏结力差，岩层走向呈水平层状，围岩整体性和自稳能力较差。拱顶处围岩部分岩体呈全风化，强度较低，开挖时基本无自稳能力，应注意掉块现象。

大、小岭隧道进口仰坡喷射混凝土有少许裂缝，仰坡台阶处出现一条较大的裂缝，均为隧道进洞前已存在裂缝，通过监测发现，裂缝长度及宽带基本无变化，无地表面变异、植被破损移位、渗水涌水等特殊情况。左洞管棚上部裂缝基本未扩展，无特殊情况发生。其余未见特殊情况发生（图7-41）。大、小岭隧道出口边坡及仰坡喷射混凝土未见明显裂缝及破损等现象，地表未见开裂。

大岭隧道出口右线地表4.20号出现喷射混凝土碎裂，部分构筑物震裂或坍塌（图7-42）。

3）地表沉降

（1）小岭隧道出口

通过从2016年4月26日～2016年5月25日对小岭隧道地表沉降的持续观测，随着掌子面的推进，地表沉降速率最大值为ZK5+320断面，5月10日DB1－5为－5.0mm/天；累计沉降值最大值发生在 ZK5 + 310 断面 DB2 - 2 为 - 11.5mm;右线地表沉降速率最大值为 YK5 + 320 断面 5 月 17 日 DB1 - 5 为 - 3.5mm/天,累计沉降值最大值发生在 YK5 + 320 断面 DB1 - 2 为 - 5.6mm。地表沉降监测结果具体数据见表 7-10 和表 7-11。

a)套拱上方裂缝

b)仰坡台阶处裂缝

c)右线套拱处超前管棚渗水

图 7-41 大、小岭隧道洞外观察照片

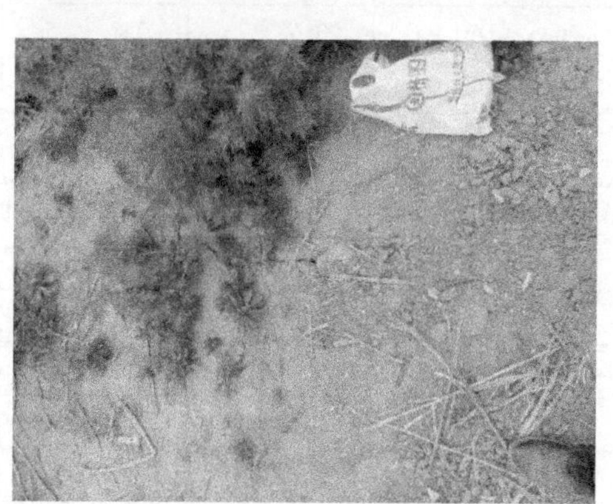

图 7-42 大岭隧道洞外观察照片

隧道地表沉降监控量测记录表　　表 7-10

测点：DB1-1　隧道名称：小岭隧道　施工单位：　观测里程：ZK5 +320　开挖方法：CRD 法

观测时间	测点编号	初次观测日期	平均值(m) H	相对上次沉降值(mm)	相对初次沉降值(mm)	沉降速度(mm/天)	距离开挖面距离(m)
2016/4/30	DB1-1	2016/3/23	258.3577	1.7	-2.4	1.7	
2016/5/1	DB1 -1	2016/3/23	258.3554	-2.3	-4.7	-2.3	
2016/5/2	DB1 -1	2016/3/23	258.3557	0.3	-4.4	0.3	
2016/5/3	DB1 -1	2016/3/23	258.3546	-1.1	-5.5	-1.1	
2016/5/4	DB1 -1	2016/3/23	258.3536	-1	-6.5	-1	
2016/5/5	DB1 -1	2016/3/23	258.3546	1	-5.5	1	
2016/5/6	DB1 -1	2016/3/23	258.3535	-1.1	-6.6	-1.1	
2016/5/7	DB1 -1	2016/3/23	258.3554	1.9	-4.7	1.9	
2016/5/8	DB1 -1	2016/3/23	258.3549	-0.5	-5.2	-0.5	
2016/5/10	DB1 -1	2016/3/23	258.3545	-0.4	-5.6	-0.4	
2016/5/11	DB1 -1	2016/3/23	258.3541	-0.4	-6	-0.4	
2016/5/12	DB1 -1	2016/3/23	258.3547	0.6	-5.4	0.6	
2016/5/13	DB1 -1	2016/3/23	258.3545	-0.2	-5.6	-0.2	
2016/5/15	DB1 -1	2016/3/23	258.3538	-0.7	-6.3	-0.7	
2016/5/16	DB1 -1	2016/3/23	258.3549	1.1	-5.2	1.1	
2016/5/17	DB1 -1	2016/3/23	258.3566	1.7	-3.5	1.7	
2016/5/18	DB1 -1	2016/3/23	258.3565	-0.1	-3.6	-0.1	
2016/5/21	DB1 -1	2016/3/23	258.3557	-0.2	-4.4	-0.2	
2016/5/22	DB1 -1	2016/3/23	258.3551	-0.6	-5	-0.6	
2016/5/23	DB1 -1	2016/3/23	258.3561	1	-4	1	
2016/5/24	DB1 -1	2016/3/23	258.3573	1.2	-2.8	1.2	
2016/5/25	DB1 -1	2016/3/23	258.3567	-0.6	-3.4	-0.6	
2016/5/26	DB1 -1	2016/3/23	258.3555	-1.2	-4.6	-1.2	
2016/5/27	DB1 -1	2016/3/24	258.3546	-0.9	-5.5	-0.9	

隧道地表沉降监控量测记录表　　表 7-11

测点：DB1-2　隧道名称：小岭隧道　施工单位：　观测里程：ZK5 +320　开挖方法：CRD 法

观测时间	测点编号	初次观测日期	平均值(m) H	相对上次沉降值(mm)	相对初次沉降值(mm)	沉降速度(mm/天)	距离开挖面距离(m)
2016/4/30	DB1 -2	2016/3/23	258.6026	1.4	-7.4	1.4	
2016/5/1	DB1 -2	2016/3/23	258.6011	-1.5	-8.9	-1.5	
2016/5/2	DB1 -2	2016/3/23	258.6004	-0.7	-9.6	-0.7	
2016/5/3	DB1 -2	2016/3/23	258.6016	1.2	-7.4	1.2	
2016/5/4	DB1 -2	2016/3/23	258.6007	-0.9	-9.3	-0.9	

续上表

测点:DB1-2		隧道名称:小岭隧道		施工单位:	观测里程:ZK5 +320		开挖方法:CRD 法
观测时间	测点编号	初次观测日期	平均值(m)	相对上次沉降值(mm)	相对初次沉降值(mm)	沉降速度(mm/天)	距离开挖面距离(m)
			H				
2016/5/5	DB1 -2	2016/3/23	258.6016	0.9	-7.4	0.9	
2016/5/6	DB1 -2	2016/3/23	258.6006	-1	-9.4	-1	
2016/5/7	DB1 -2	2016/3/23	258.6011	0.5	-8.9	0.5	
2016/5/8	DB1 -2	2016/3/23	258.6014	0.3	-8.6	0.3	
2016/5/10	DB1 -2	2016/3/23	258.5994	-2	-10.6	-2	
2016/5/11	DB1 -2	2016/3/23	258.6015	2.1	-8.5	2.1	
2016/5/12	DB1 -2	2016/3/23	258.6028	1.3	-6.2	1.3	
2016/5/13	DB1 -2	2016/3/23	258.6042	1.4	-5.8	1.4	
2016/5/15	DB1 -2	2016/3/23	258.6048	0.6	-5.2	0.6	
2016/5/16	DB1 -2	2016/3/23	258.6012	-3.6	-8.8	-3.6	
2016/5/17	DB1 -2	2016/3/23	258.6026	1.4	-7.4	1.4	
2016/5/18	DB1 -2	2016/3/23	258.6034	0.8	-6.6	0.8	
2016/5/21	DB1 -2	2016/3/23	258.5989	-1.6	-11.1	-1.6	
2016/5/22	DB1 -2	2016/3/23	258.6023	3.4	-7.7	3.4	
2016/5/23	DB1 -2	2016/3/23	258.6022	-0.1	-7.8	-0.1	
2016/5/24	DB1 -2	2016/3/23	258.6035	1.3	-6.5	1.3	
2016/5/25	DB1 -2	2016/3/23	258.6030	-0.5	-7	-0.5	
2016/5/26	DB1 -2	2016/3/23	258.6021	-0.9	-7.9	-0.9	
2016/5/27	DB1 -2	2016/3/24	258.6029	0.8	-6.1	0.8	

(2)大岭隧道出口

通过从2016年4月26日~2016年5月25日对大岭隧道地表沉降的持续观测,随着掌子面的推进,左线地表沉降速率最大值为ZK7+365断面5月6日DB3-3为6.8mm/天;累计沉降值最大值发生在ZK7+375断面DB1-5为34.6mm;右线地表沉降速率最大值为YK7+455断面5月10日DB4-3为5.1mm/天,累计沉降值最大值发生在YK7+460断面DB1-4为27.6mm。地表沉降监测结果具体数据见表7-12和表7-13。

隧道地表沉降监控量测记录表 表7-12

测点:DB1-1		隧道名称:大岭隧道		施工单位:	观测里程:ZK7 +375		开挖方法:双侧壁导坑
观测时间	测点编号	初次观测日期	平均值(m)	相对上次沉降值(mm)	相对初次沉降值(mm)	沉降速度(mm/天)	距离开挖面距离(m)
			H				
2016-4-30 上午	DB1 -1	2016/3/18	296.5809	0.7	-2.8	0.7	

续上表

测点:DB1-1	隧道名称:大岭隧道		施工单位:	观测里程:ZK7 +375		开挖方法:双侧壁导坑	
观测时间	测点编号	初次观测日期	平均值(m) H	相对上次沉降值(mm)	相对初次沉降值(mm)	沉降速度(mm/天)	距离开挖面距离(m)
2016-4-30 下午	DB1-1	2016/3/18	296.5861	1.9	2.4	1.9	
2016-5-1 上午	DB1-1	2016/3/18	296.5842	-1.9	0.5	-1.9	
2016-5-1 下午	DB1-1	2016/3/18	296.5817	-2.5	-2	-2.5	
2016-5-2 上午	DB1-1	2016/3/18	296.5839	2.2	0.2	2.2	
2016-5-2 下午	DB1-1	2016/3/18	296.5842	0.3	0.5	0.3	
2016-5-3 上午	DB1-1	2016/3/18	296.5825	-1.7	-1.2	-1.7	
2016-5-3 下午	DB1-1	2016/3/18	296.5815	-1	-2.2	-1	
2016-5-4 上午	DB1-1	2016/3/18	296.5835	2	-0.2	2	
2016-5-4 下午	DB1-1	2016/3/18	296.5842	0.7	0.5	0.7	
2016-5-5 上午	DB1-1	2016/3/18	296.5820	-2.2	-1.7	-2.2	
2016-5-5 下午	DB1-1	2016/3/18	296.5816	-0.4	-2.1	-0.4	
2016/5/6	DB1-1	2016/3/18	296.5829	1.3	-0.8	1.3	
2016/5/7	DB1-1	2016/4/29	251.6478	-0.2	-1.1	-0.2	
2016/5/8	DB1-1	2016/4/29	251.6483	0.5	-0.6	0.5	
2016/5/10	DB1-1	2016/4/29	251.6473	-1.0	-1.6	-1.0	
2016/5/11	DB1-1	2016/4/29	251.6494	2.1	0.5	2.1	
2016/5/12	DB1-1	2016/4/29	251.6501	0.7	1.2	0.7	
2016/5/13	DB1-1	2016/4/29	251.6506	0.5	1.7	0.5	
2016/5/15	DB1-1	2016/4/29	251.6517	1.1	2.8	1.1	
2016/5/16	DB1-1	2016/4/29	251.6493	-2.4	0.4	-2.4	
2016/5/17	DB1-1	2016/4/29	251.6492	-0.1	0.3	-0.1	
2016/5/18	DB1-1	2016/4/29	251.6507	1.5	1.8	1.5	

续上表

测点:DB1-1	隧道名称:大岭隧道		施工单位:	观测里程:ZK7+375		开挖方法:双侧壁导坑	
观测时间	测点编号	初次观测日期	平均值(m)	相对上次沉降值(mm)	相对初次沉降值(mm)	沉降速度(mm/天)	距离开挖面距离(m)
			H				
2016/5/19	DB1－1	2016/4/29	251.6485	－2.2	－0.4	－2.2	
2016/5/20	DB1－1	2016/4/29	251.6491	0.6	0.2	0.6	
2016/5/21	DB1－1	2016/3/18	296.5834	0.6	－0.3	0.6	
2016/5/22	DB1－1	2016/3/18	296.5842	0.8	0.5	0.8	
2016/5/23	DB1－1	2016/3/18	296.5837	－0.5	0	－0.5	
2016/5/24	DB1－1	2016/3/18	296.5834	－0.3	－0.3	－0.3	
2016/5/25	DB1－1	2016/3/18	296.5840	0.6	0.3	0.6	
2016/5/26	DB1－1	2016/3/18	296.5828	－1.2	－0.9	－1.2	
2016/5/27	DB1－1	2016/3/18	296.5834	0.6	－0.3	0.6	

隧道地表沉降监控量测记录表　　表7-13

测点:DB1-2	隧道名称:大岭隧道		施工单位:	观测里程:ZK7+375		开挖方法:双侧壁导坑	
观测时间	测点编号	初次观测日期	平均值(m)	相对上次沉降值(mm)	相对初次沉降值(mm)	沉降速度(mm/天)	距离开挖面距离(m)
			H				
2016－4－30 上午	DB1－2	2016/3/18	299.1276	0.3	－1.2	0.3	
2016－4－30 下午	DB1－2	2016/3/18	299.1305	1.4	1.7	1.4	
2016－5－1 上午	DB1－2	2016/3/18	299.1291	－1.4	0.3	－1.4	
2016－5－1 下午	DB1－2	2016/3/18	299.1277	－1.4	－1.1	－1.4	
2016－5－2 上午	DB1－2	2016/3/18	299.1306	2.9	1.8	2.9	
2016－5－2 下午	DB1－2	2016/3/18	299.1308	0.2	2	0.2	
2016－5－3 上午	DB1－2	2016/3/18	299.1295	－1.3	0.7	－1.3	
2016－5－3 下午	DB1－2	2016/3/18	299.1287	－0.8	－0.1	－0.8	
2016－5－4 上午	DB1－2	2016/3/18	299.1301	1.4	1.3	1.4	
2016－5－4 下午	DB1－2	2016/3/18	299.1310	0.9	2.2	0.9	

续上表

测点:DB1-2		隧道名称:大岭隧道		施工单位:	观测里程:ZK7 +375		开挖方法:双侧壁导坑
观测时间	测点编号	初次观测日期	平均值(m) *H*	相对上次沉降值(mm)	相对初次沉降值(mm)	沉降速度(mm/天)	距离开挖面距离(m)
2016-5-5上午	DB1-2	2016/3/18	299.1281	-2.9	-0.7	-2.9	
2016-5-5下午	DB1-2	2016/3/18	299.1266	-1.5	-2.2	-1.5	
2016/5/6	DB1-2	2016/3/18	299.1278	1.2	-1	1.2	
2016/5/7	DB1-2	2016/4/29	251.8247	-0.5	-0.9	-0.5	
2016/5/8	DB1-2	2016/4/29	251.8259	1.2	0.3	1.2	
2016/5/10	DB1-2	2016/4/29	251.8255	-0.4	-0.1	-0.4	
2016/5/11	DB1-2	2016/4/29	251.826	0.5	0.4	0.5	
2016/5/12	DB1-2	2016/4/29	251.8264	0.4	0.8	0.4	
2016/5/13	DB1-2	2016/4/29	251.8271	0.7	1.5	0.7	
2016/5/15	DB1-2	2016/4/29	251.8275	0.4	1.9	0.4	
2016/5/16	DB1-2	2016/4/29	251.8256	-1.9	0	-1.9	
2016/5/17	DB1-2	2016/4/29	251.8243	-1.3	-1.3	-1.3	
2016/5/18	DB1-2	2016/4/29	251.8239	-0.4	-1.7	-0.4	
2016/5/19	DB1-2	2016/4/29	251.8245	0.6	-1.1	0.6	
2016/5/20	DB1-2	2016/4/29	251.8234	-1.1	-2.2	-1.1	
2016/5/21	DB1-2	2016/3/18	299.1302	-1.1	1.4	-1.1	
2016/5/22	DB1-2	2016/3/18	299.1298	-0.4	1	-0.4	
2016/5/23	DB1-2	2016/3/18	299.1298	0	1	0	
2016/5/24	DB1-2	2016/3/18	299.1302	0.4	1.4	0.4	
2016/5/25	DB1-2	2016/3/18	299.1313	1.1	2.5	1.1	
2016/5/26	DB1-2	2016/3/18	299.1302	-1.1	1.4	-1.1	
2016/5/27	DB1-2	2016/3/18	299.1308	0.6	2	0.6	

小岭隧道左线出口监测结果如图7-43所示。

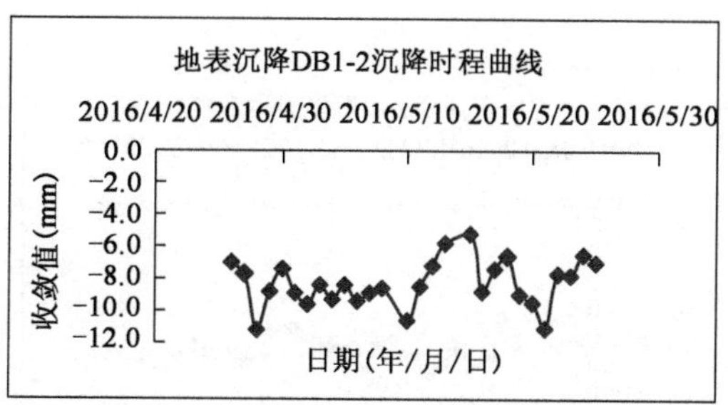

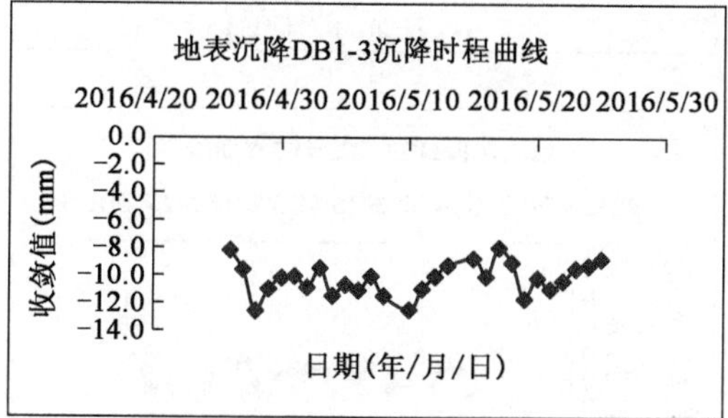

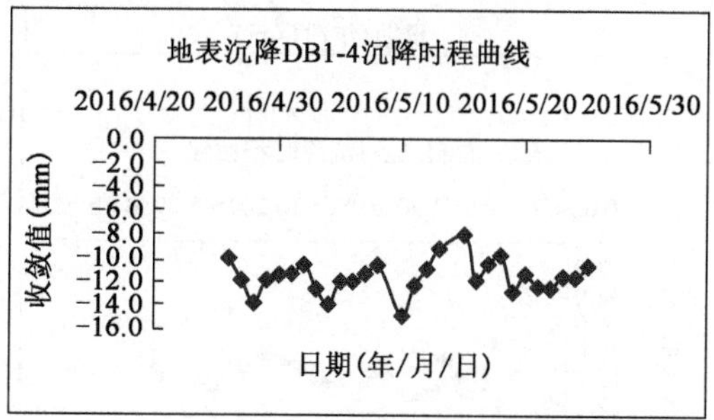

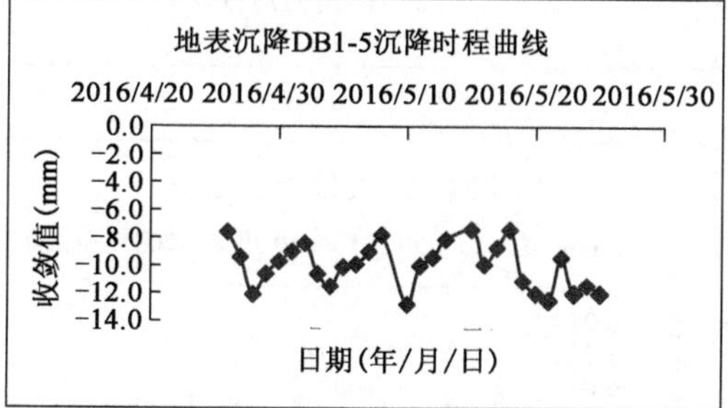

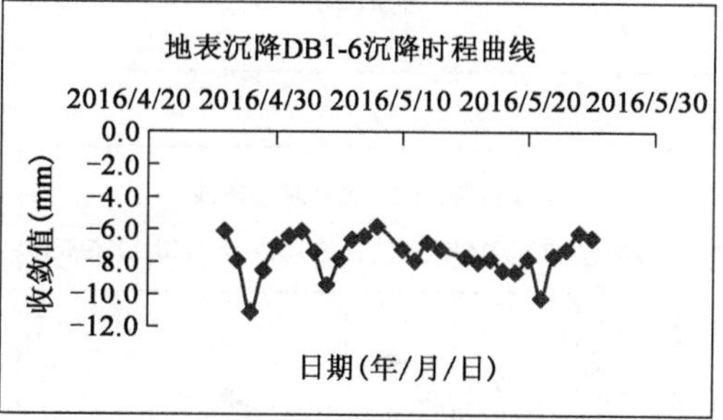

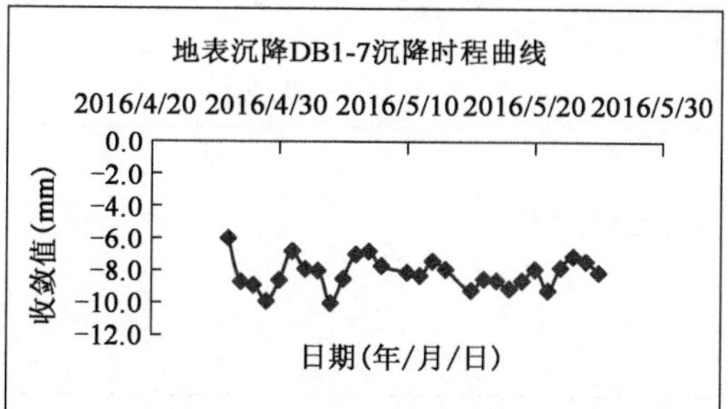

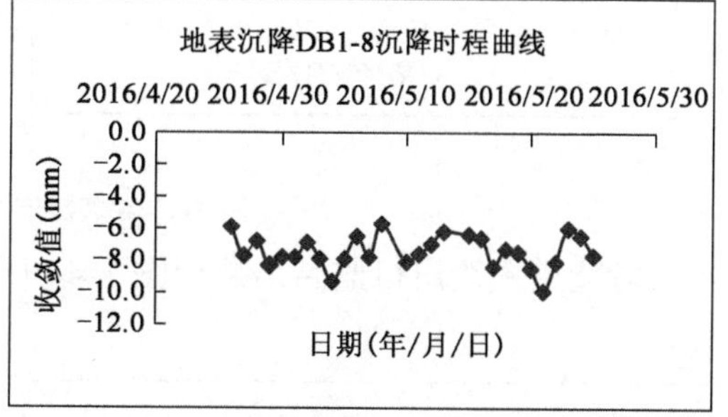

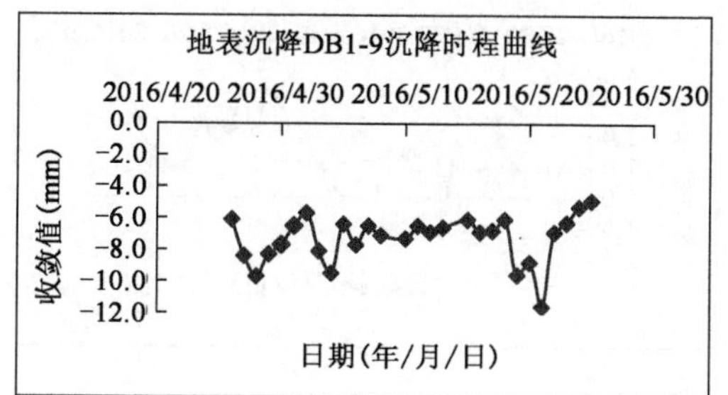

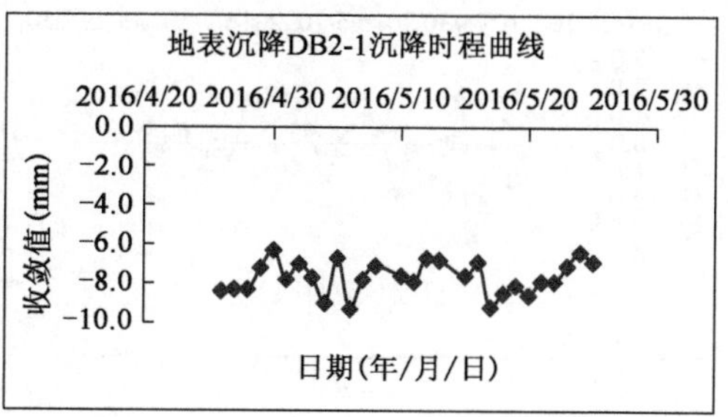

地表沉降DB1-1沉降时程曲线
2016/4/20 2016/4/30 2016/5/10 2016/5/20 2016/5/30
0.0
-2.0
-4.0
-6.0
-8.0
-10.0
收敛值(mm)
日期(年/月/日)

地表沉降DB1-2沉降时程曲线
2016/4/20 2016/4/30 2016/5/10 2016/5/20 2016/5/30
0.0
-2.0
-4.0
-6.0
-8.0
-10.0
-12.0
收敛值(mm)
日期(年/月/日)

地表沉降DB1-3沉降时程曲线
2016/4/20 2016/4/30 2016/5/10 2016/5/20 2016/5/30
0.0
-2.0
-4.0
-6.0
-8.0
-10.0
-12.0
-14.0
收敛值(mm)
日期(年/月/日)

地表沉降DB1-4沉降时程曲线
2016/4/20 2016/4/30 2016/5/10 2016/5/20 2016/5/30
0.0
-2.0
-4.0
-6.0
-8.0
-10.0
-12.0
-14.0
-16.0
收敛值(mm)
日期(年/月/日)

地表沉降DB1-5沉降时程曲线
2016/4/20 2016/4/30 2016/5/10 2016/5/20 2016/5/30
0.0
-2.0
-4.0
-6.0
-8.0
-10.0
-12.0
-14.0
收敛值(mm)
日期(年/月/日)

地表沉降DB1-6沉降时程曲线
2016/4/20 2016/4/30 2016/5/10 2016/5/20 2016/5/30
0.0
-2.0
-4.0
-6.0
-8.0
-10.0
-12.0
收敛值(mm)
日期(年/月/日)

地表沉降DB1-7沉降时程曲线
2016/4/20 2016/4/30 2016/5/10 2016/5/20 2016/5/30
0.0
-2.0
-4.0
-6.0
-8.0
-10.0
-12.0
收敛值(mm)
日期(年/月/日)

地表沉降DB1-8沉降时程曲线
2016/4/20 2016/4/30 2016/5/10 2016/5/20 2016/5/30
0.0
-2.0
-4.0
-6.0
-8.0
-10.0
-12.0
收敛值(mm)
日期(年/月/日)

地表沉降DB1-9沉降时程曲线
2016/4/20 2016/4/30 2016/5/10 2016/5/20 2016/5/30
0.0
-2.0
-4.0
-6.0
-8.0
-10.0
-12.0
收敛值(mm)
日期(年/月/日)

地表沉降DB2-1沉降时程曲线
2016/4/20 2016/4/30 2016/5/10 2016/5/20 2016/5/30
0.0
-2.0
-4.0
-6.0
-8.0
-10.0
收敛值(mm)
日期(年/月/日)

图 7-43

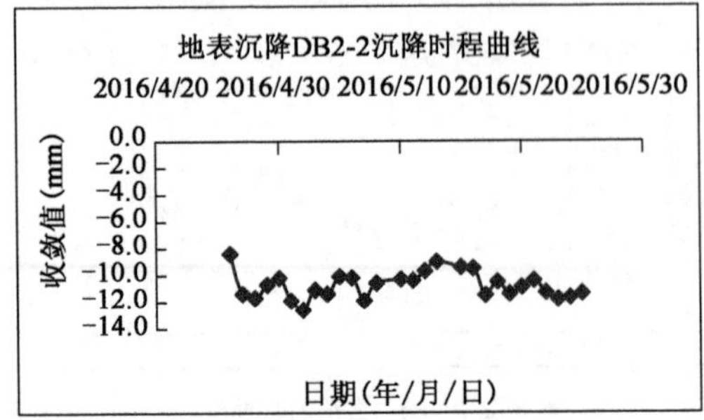

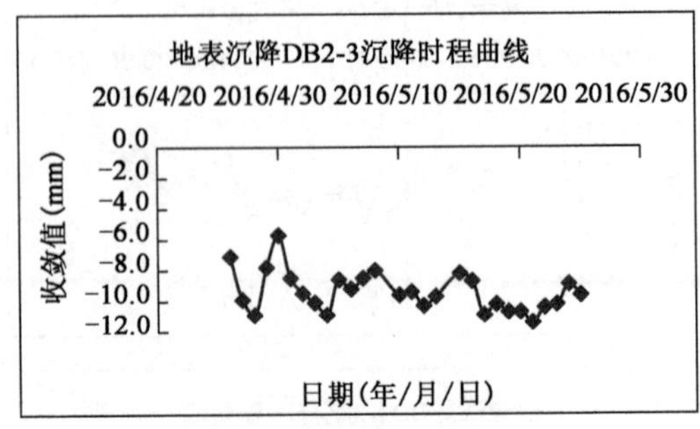

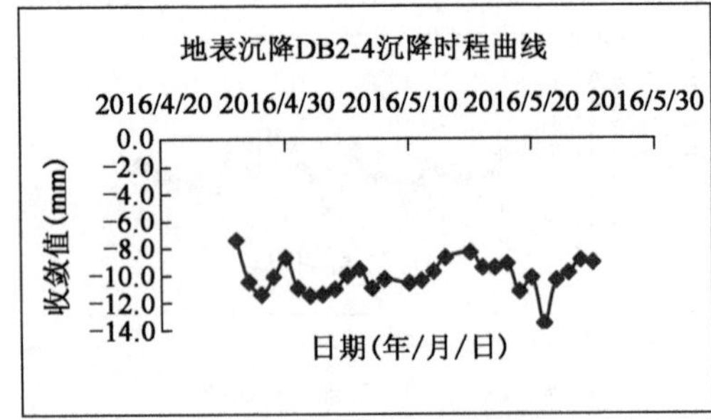

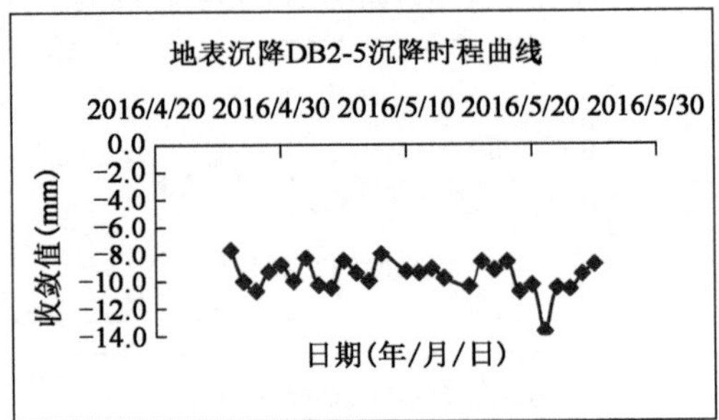

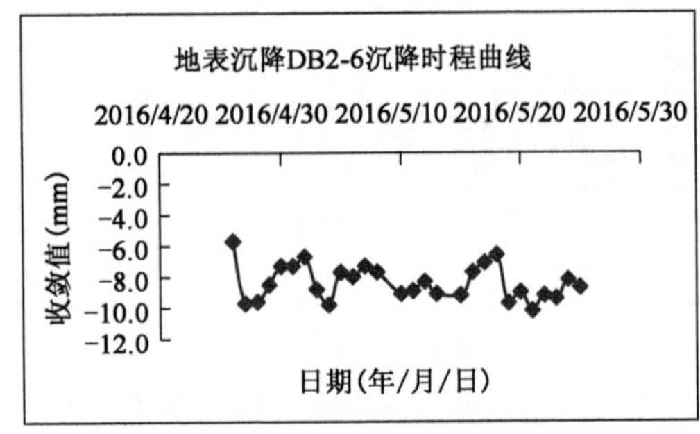

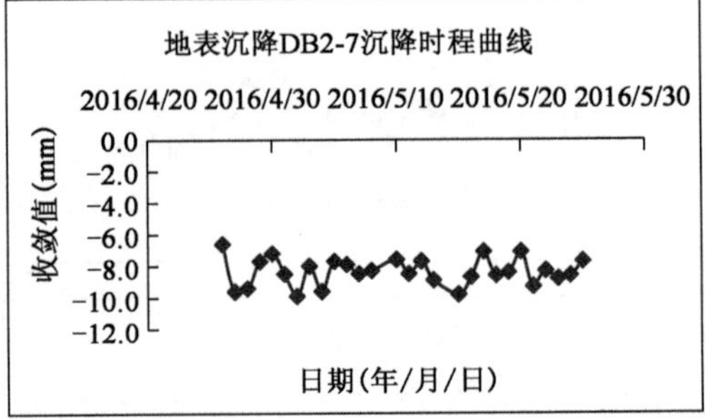

图 7-43　小岭隧道左线出口地表沉降走势图

大岭隧道左线出口监测结果如图 7-44 所示。

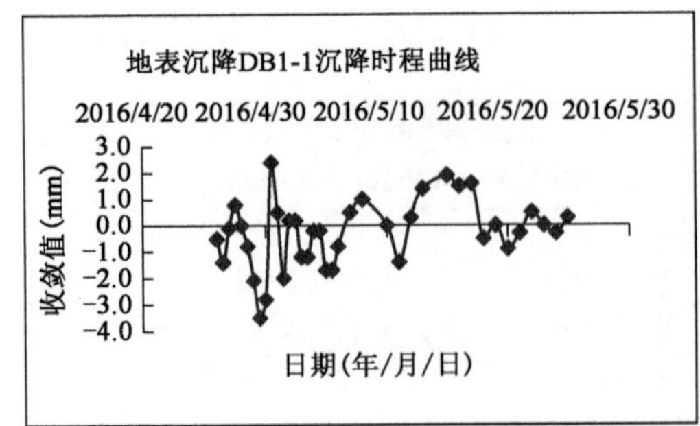

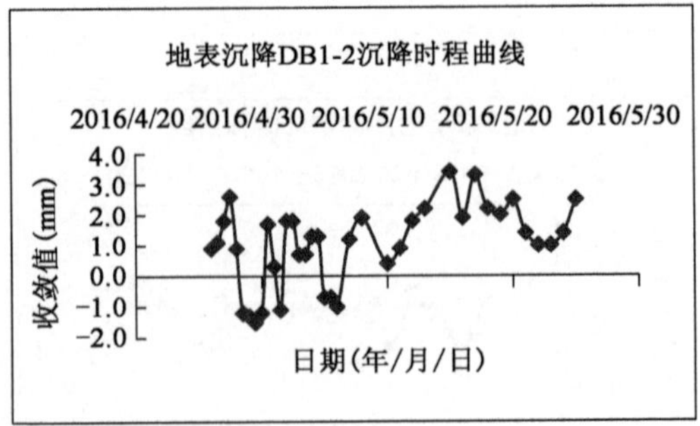

图　7-44

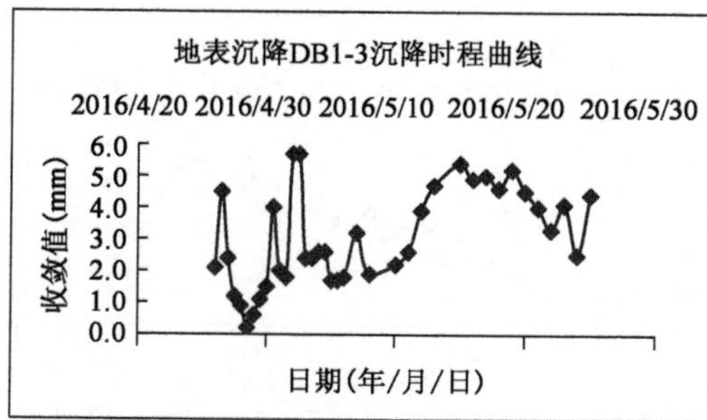

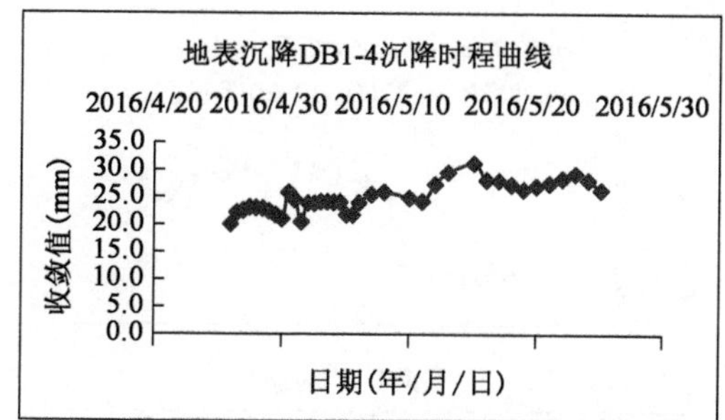

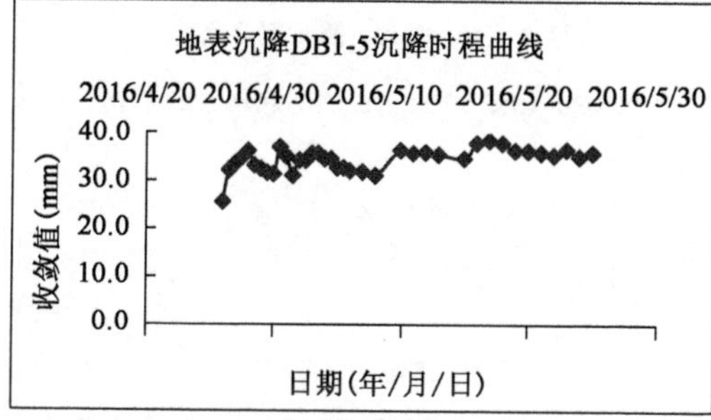

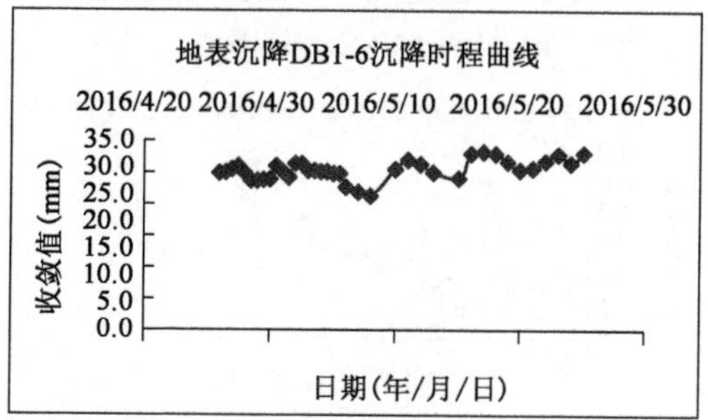

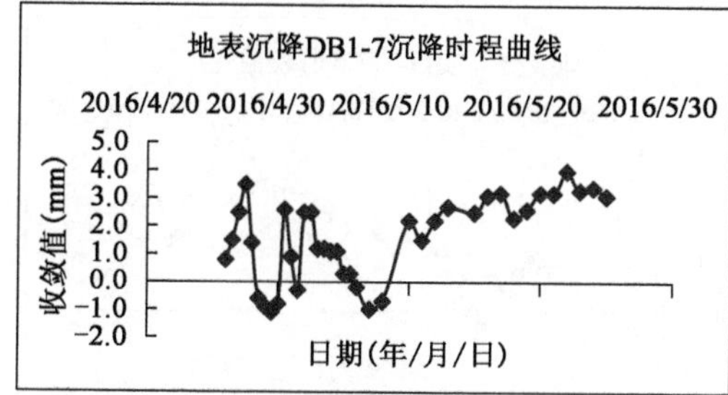

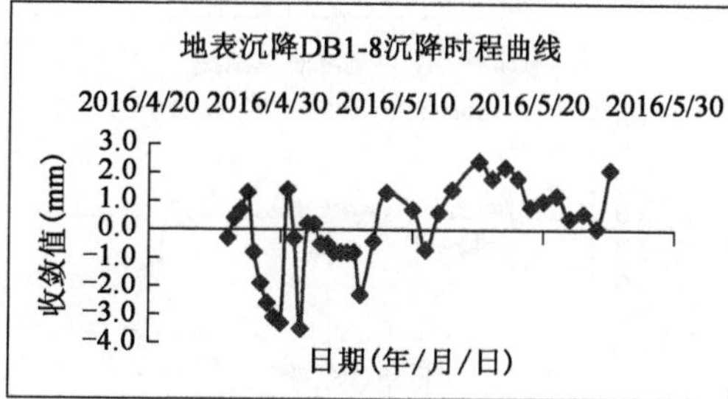

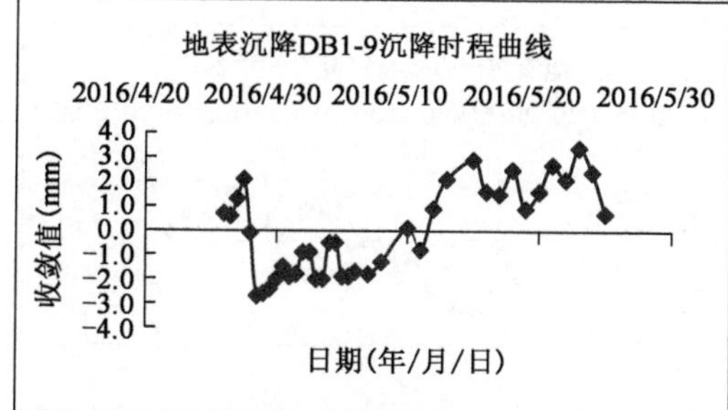

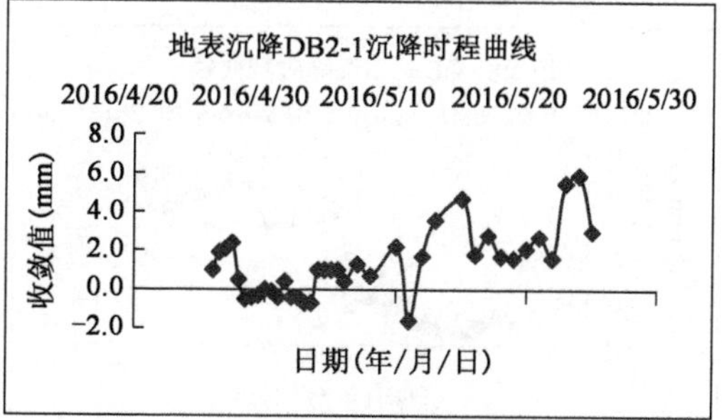

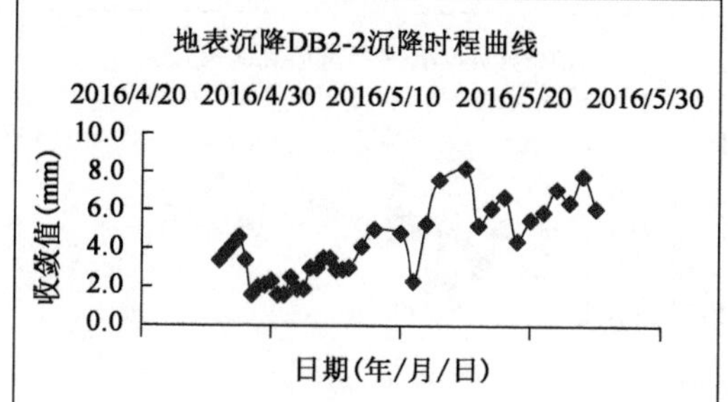

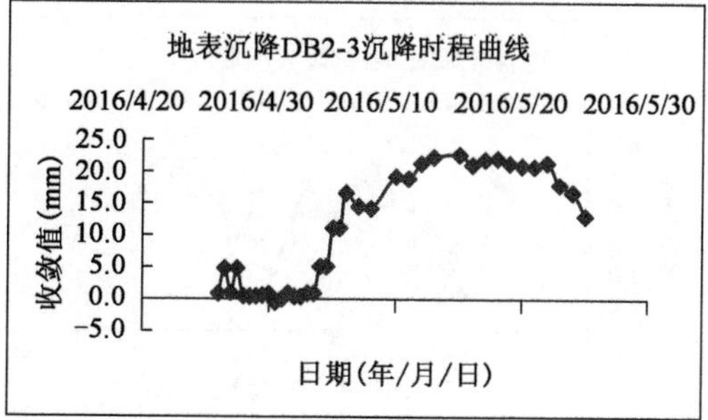

地表沉降DB1-3沉降时程曲线
2016/4/20 2016/4/30 2016/5/10 2016/5/20 2016/5/30
6.0
5.0
4.0
3.0
2.0
1.0
0.0
收敛值(mm)
日期(年/月/日)

地表沉降DB1-4沉降时程曲线
2016/4/20 2016/4/30 2016/5/10 2016/5/20 2016/5/30
35.0
30.0
25.0
20.0
15.0
10.0
5.0
0.0
收敛值(mm)
日期(年/月/日)

地表沉降DB1-5沉降时程曲线
2016/4/20 2016/4/30 2016/5/10 2016/5/20 2016/5/30
40.0
30.0
20.0
10.0
0.0
收敛值(mm)
日期(年/月/日)

地表沉降DB1-6沉降时程曲线
2016/4/20 2016/4/30 2016/5/10 2016/5/20 2016/5/30
35.0
30.0
25.0
20.0
15.0
10.0
5.0
0.0
收敛值(mm)
日期(年/月/日)

地表沉降DB1-7沉降时程曲线
2016/4/20 2016/4/30 2016/5/10 2016/5/20 2016/5/30
5.0
4.0
3.0
2.0
1.0
0.0
-1.0
-2.0
收敛值(mm)
日期(年/月/日)

地表沉降DB1-8沉降时程曲线
2016/4/20 2016/4/30 2016/5/10 2016/5/20 2016/5/30
3.0
2.0
1.0
0.0
-1.0
-2.0
-3.0
-4.0
收敛值(mm)
日期(年/月/日)

地表沉降DB1-9沉降时程曲线
2016/4/20 2016/4/30 2016/5/10 2016/5/20 2016/5/30
4.0
3.0
2.0
1.0
0.0
-1.0
-2.0
-3.0
-4.0
收敛值(mm)
日期(年/月/日)

地表沉降DB2-1沉降时程曲线
2016/4/20 2016/4/30 2016/5/10 2016/5/20 2016/5/30
8.0
6.0
4.0
2.0
0.0
-2.0
收敛值(mm)
日期(年/月/日)

地表沉降DB2-2沉降时程曲线
2016/4/20 2016/4/30 2016/5/10 2016/5/20 2016/5/30
10.0
8.0
6.0
4.0
2.0
0.0
收敛值(mm)
日期(年/月/日)

地表沉降DB2-3沉降时程曲线
2016/4/20 2016/4/30 2016/5/10 2016/5/20 2016/5/30
25.0
20.0
15.0
10.0
5.0
0.0
-5.0
收敛值(mm)
日期(年/月/日)

图 7-44

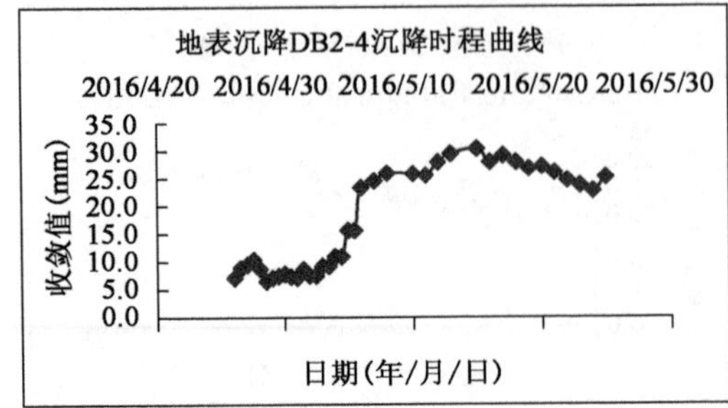

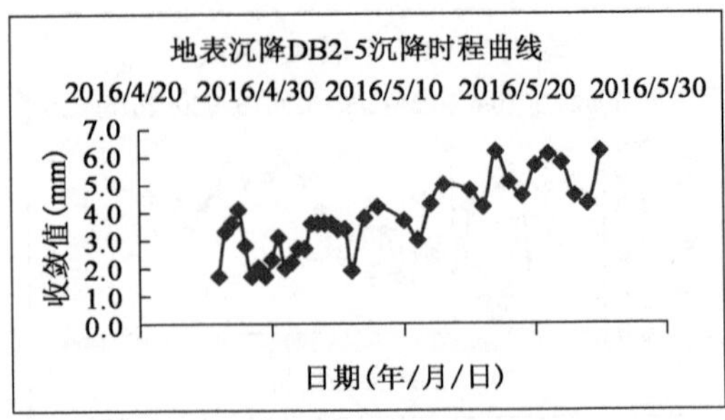

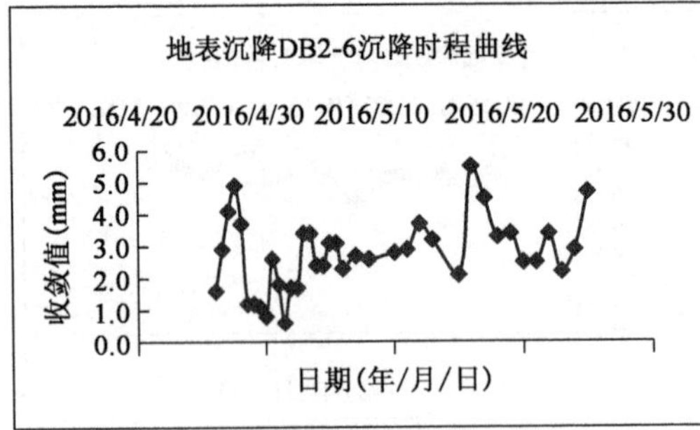

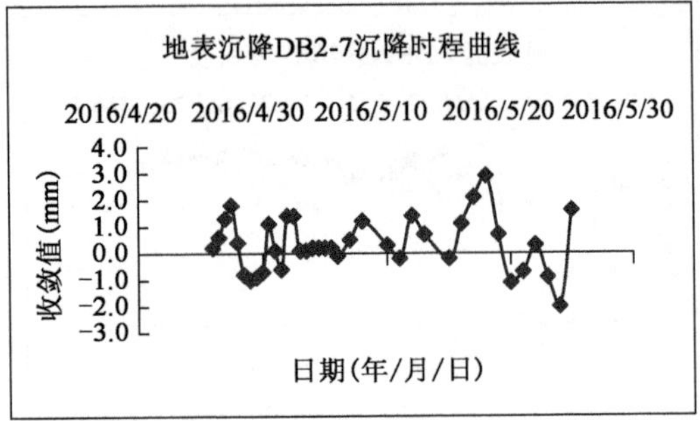

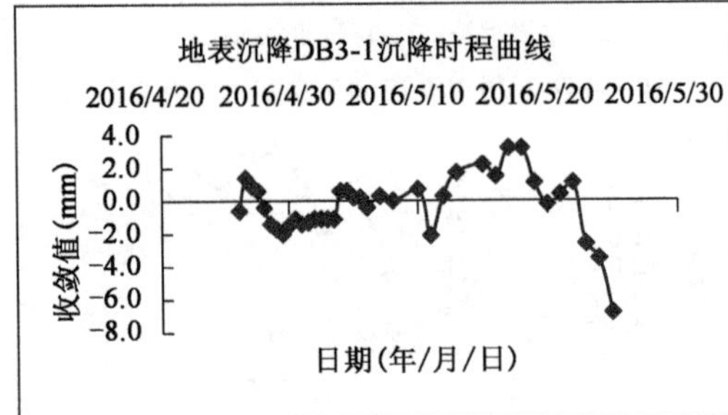

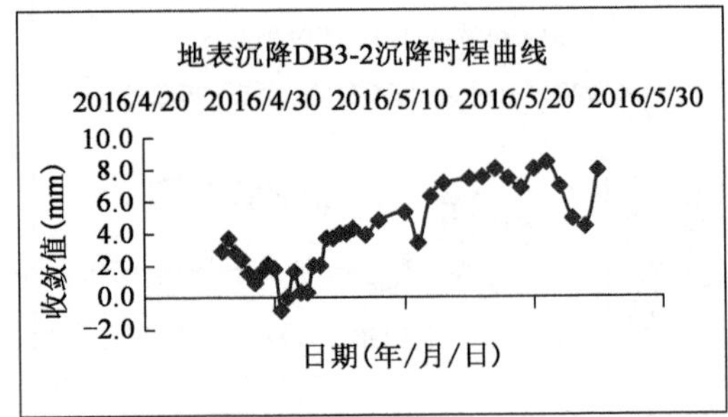

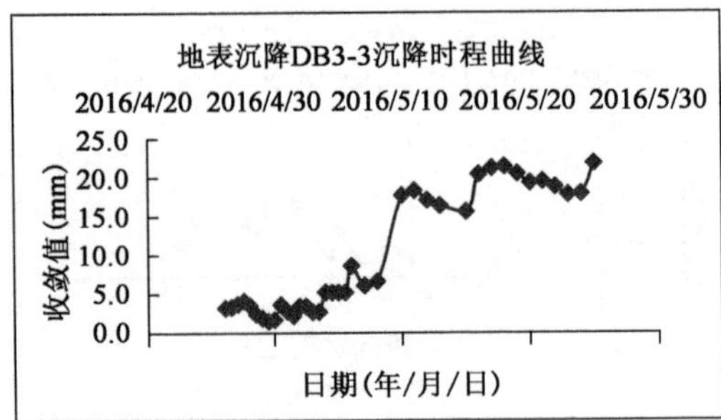

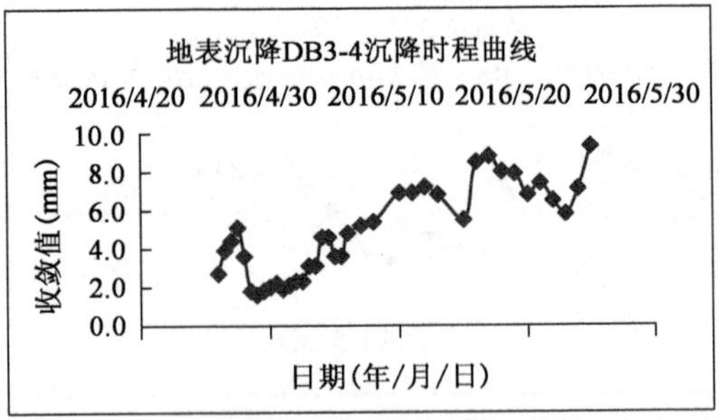

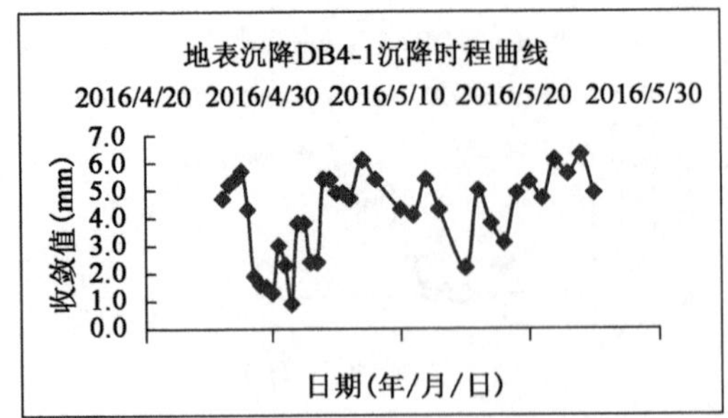

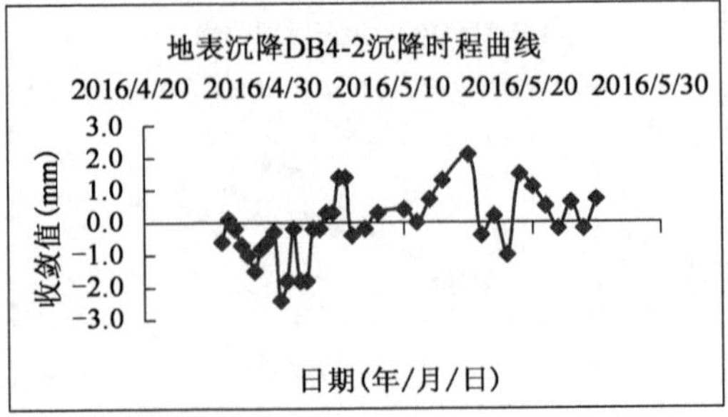

地表沉降DB2-4沉降时程曲线
2016/4/20 2016/4/30 2016/5/10 2016/5/20 2016/5/30
35.0
30.0
25.0
20.0
15.0
10.0
5.0
0.0
收敛值(mm)
日期(年/月/日)

地表沉降DB2-5沉降时程曲线
2016/4/20 2016/4/30 2016/5/10 2016/5/20 2016/5/30
7.0
6.0
5.0
4.0
3.0
2.0
1.0
0.0
收敛值(mm)
日期(年/月/日)

地表沉降DB2-6沉降时程曲线
2016/4/20 2016/4/30 2016/5/10 2016/5/20 2016/5/30
6.0
5.0
4.0
3.0
2.0
1.0
0.0
收敛值(mm)
日期(年/月/日)

地表沉降DB2-7沉降时程曲线
2016/4/20 2016/4/30 2016/5/10 2016/5/20 2016/5/30
4.0
3.0
2.0
1.0
0.0
−1.0
−2.0
−3.0
收敛值(mm)
日期(年/月/日)

地表沉降DB3-1沉降时程曲线
2016/4/20 2016/4/30 2016/5/10 2016/5/20 2016/5/30
4.0
2.0
0.0
−2.0
−4.0
−6.0
−8.0
收敛值(mm)
日期(年/月/日)

地表沉降DB3-2沉降时程曲线
2016/4/20 2016/4/30 2016/5/10 2016/5/20 2016/5/30
10.0
8.0
6.0
4.0
2.0
0.0
−2.0
收敛值(mm)
日期(年/月/日)

地表沉降DB3-3沉降时程曲线
2016/4/20 2016/4/30 2016/5/10 2016/5/20 2016/5/30
25.0
20.0
15.0
10.0
5.0
0.0
收敛值(mm)
日期(年/月/日)

地表沉降DB3-4沉降时程曲线
2016/4/20 2016/4/30 2016/5/10 2016/5/20 2016/5/30
10.0
8.0
6.0
4.0
2.0
0.0
收敛值(mm)
日期(年/月/日)

地表沉降DB4-1沉降时程曲线
2016/4/20 2016/4/30 2016/5/10 2016/5/20 2016/5/30
7.0
6.0
5.0
4.0
3.0
2.0
1.0
0.0
收敛值(mm)
日期(年/月/日)

地表沉降DB4-2沉降时程曲线
2016/4/20 2016/4/30 2016/5/10 2016/5/20 2016/5/30
3.0
2.0
1.0
0.0
−1.0
−2.0
−3.0
收敛值(mm)
日期(年/月/日)

图 7-44

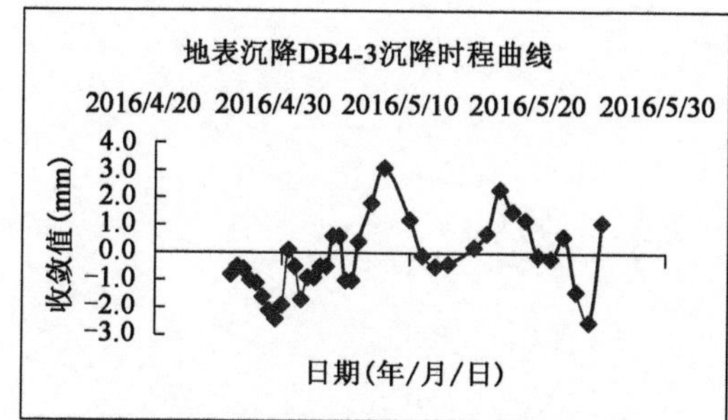

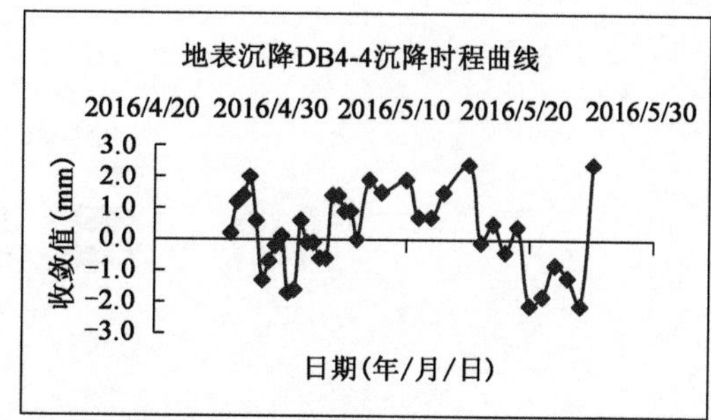

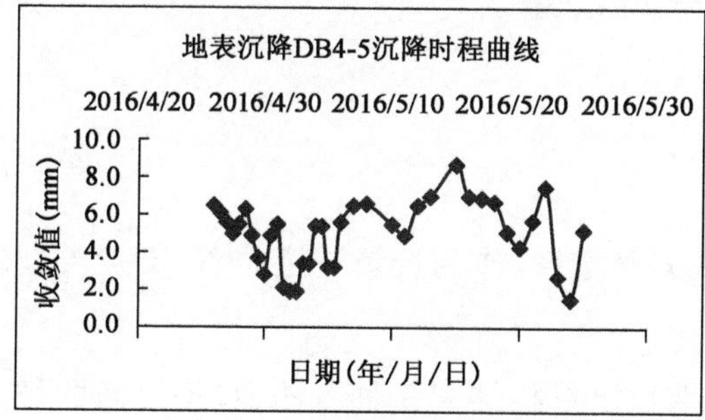

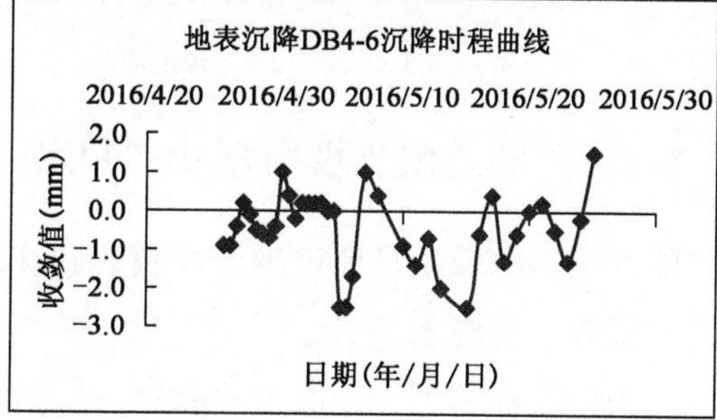

图7-44　大岭隧道左线出口地表沉降走势图

8 围 岩 分 级

8.1 围岩分级概述

8.1.1 隧道围岩级别划分与判定

隧道围岩分级就是评定围岩性质、判断隧道围岩稳定性,作为选择隧道位置、支护类型的依据和指导安全施工。

国内外现在的围岩分级方法有定性、定量、定性与定量相结合3种方法,且多以前两种方法为主。定性分级的做法是,在现场对影响岩体质量的诸因素进行定性描述、鉴别、判断,或对主要因素作出评判、打分,有的还引入分量化指标进行综合分级。以定性为主的分级方法,如现行的公路、铁路隧道围岩分级等方法经验的成分较大,有一定人为因素和不确定性,在使用中,往往存在不一致,随勘察人员的认识和经验的差别,对同一围岩作出级别不同的判断。采用定性分级的围岩级别,常常出现与实际差别1~2级的情况。定量分级的做法是根据对岩体性质进行测试的数据或对各参数打分,经计算获得岩体质量指标,并以该指标值进行分级。如国外N. Barton的Q分级,Z. T. Bieniawsks的地质力学(MRM)分级、Dree的RQD值分级等方法。但由于岩体性质和赋存条件十分复杂,分级时仅用少数参数和某个数学公式难以全面准确地概括所有情况,而且参数测试数量有限,数据的代表性和抽样的代表性均存在一定的局限,实施时难度较大。

影响围岩稳定的因素多种多样,主要是岩石的物理力学性质、构造发育情况、承受的荷载(工程荷载和初始应力)、应力变形状态、几何边界条件、水的赋存状态等。这些因素中,岩体的物理力学性质和构造发育情况是独立于各种工作类型的,反映出了岩体的基本特性,在岩体的各项物理力学性质中,对稳定性关系最大的是岩石坚硬程度,岩体的构造发育状态、岩体的不连续性、节理化程度所反映的岩体完整性是地质体的又一基本属性。国内外多数围岩分级都将岩石坚硬程度和岩体的完整程度作为岩体基本质量分级的两个基本因素。

(1)国标《锚杆喷射混凝土支护技术规范》围岩分级

围岩级别的划分应根据岩石坚硬性、岩体完整性结构面特征、地下水和地应力状况等因素综合确定,并应符合表8-1规定。

围岩分级标准

表 8-1

围岩级别	主要工程地质特征		岩石强度指标		岩体声波指标			毛洞稳定情况
	岩体结构	构造影响程度,结构面发育情况和组合状态	单轴饱和抗压强度(MPa)	点荷载强度(MPa)	岩体纵波速度(km/s)	岩体完整性指标	岩体强度应力比	
Ⅰ	整体状及层间结合良好的厚层状结构	构造影响轻微,偶有小断层结构面不发育,仅有2~3组,平均间距大于0.8m,以原生和构造节理为主,多数闭合,无泥质充填,不贯通。层间结合良好,一般不出现不稳定块体	>60	>2.5	>5	>0.75	—	毛洞跨度5~10m时长期稳定,无碎块掉落
Ⅱ	同Ⅰ级围岩结构	同Ⅰ级围岩特征	30~60	1.25~2.5	3.7~5.2	>0.75		毛洞跨度5~10m时,围岩能较长时间(数月至数年)维持稳定,仅出现局部小块掉落
	块状结构和层间结合较好的中厚层或厚层状结构	构造影响较重,有少量断层,结构面发育,一般为3组,平均间距0.4~0.8m,以原生和构造节理为主,多数闭合,偶有泥质充填,贯通性较差,有少量软弱结构面。层间结合较好,偶有层间错动和层面张开现象	>60	>2.5	3.7~5.2	>0.5	—	
Ⅲ	同Ⅰ级围岩结构	同Ⅰ级围岩特征	20~30	0.85~1.25	3.0~4.5	>0.75	>2	毛洞跨度5~10m时围岩能维持一个月以上的稳定,主要出现局部掉块塌落
	同Ⅱ级围岩块状结构和层间结合较好的中厚层或厚层状结构	同Ⅱ级围岩块状结构和层间结合较好的中厚层或厚层状结构特征	30~60	1.25~2.50	3.0~4.5	0.5~0.75	>2	

续上表

围岩级别	主要工程地质特征							毛洞稳定情况
	岩体结构	构造影响程度,结构面发育情况和组合状态	岩石强度指标		岩体声波指标		岩体强度应力比	
			单轴饱和抗压强度(MPa)	点荷载强度(MPa)	岩体纵波速度(km/s)	岩体完整性指标		
Ⅲ	层间结合良好的薄层和软硬岩互层结构	构造影响较重,结构面发育一般为3组,平均间距0.2~0.4m,以构造节理为主;节理面多数闭合少有泥质充填,岩层为薄层或以硬岩为主的软硬岩互层,层间结合良好,少见软弱夹层层间错动和层面张开现象	>60(软岩>20)	>2.50	3.0~4.5	0.30~0.50	>2	毛洞跨度5~10m时围岩能维持一个月以上的稳定,主要出现局部掉块塌落
	碎裂镶嵌结构	构造影响较重,结构面发育一般为3组以上,平均间距0.2~0.4m,以构造节理为主,节理面多数闭合,少数有泥质充填块体间牢固咬合	>60	>2.50	3.0~4.5	0.30~0.50	>2	
Ⅳ	同Ⅱ级围岩块状结构和层间结合较好的中厚层或厚层状结构	同Ⅱ级围岩块状结构和层间结合较好的中厚层或厚层状结构特征	10~30	0.42~1.25	2.0~35	0.50~0.75	>1	毛洞跨度5m时围岩能维持数日到一个月的稳定,主要失稳形式为冒落或片帮

续上表

围岩级别	主要工程地质特征							毛洞稳定情况
	岩体结构	构造影响程度,结构面发育情况和组合状态	岩石强度指标		岩体声波指标		岩体强度应力比	
			单轴饱和抗压强度(MPa)	点荷载强度(MPa)	岩体纵波速度(km/s)	岩体完整性指标		
	散块状结构	构造影响严重,一般为风化卸荷带结构面发育一般为3组,平均间距0.4~0.8m,以构造节理卸荷风化裂隙为主,贯通性好;多数张开夹泥,夹泥厚度一般大于结构面的起伏高度,咬合力弱构成较多的不稳定块体	>3.0	>1.25	>2.0	>0.15	>1	
Ⅳ	层间结合不良的薄层中厚层和软硬岩互层结构	构造影响严重,结构面发育一般为3组以上,平均间距0.2~0.4m,以构造风化节理为主,大部分微张(0.5~1.0mm),部分张开(1.0mm),有泥质充填层间,结合不良多数夹泥层间错动明显	>30(软岩>10)	>1.25	2.0~3.5	0.20~0.40	>1	毛洞跨度5m时围岩能维持数日到一个月的稳定,主要失稳形式为冒落或片帮
	碎裂状结构	构造影响严重,多数为断层影响带或强风化带,结构面发育一般为3组以上,平均间距0.2~0.4m,大部分微张(0.5~1.0mm)部分张开(1.0mm)有泥质充填形成许多碎块体	>3.0	>1.25	2.0~3.5	0.20~0.40	>1	

续上表

围岩级别	主要工程地质特征							毛洞稳定情况
	岩体结构	构造影响程度,结构面发育情况和组合状态	岩石强度指标		岩体声波指标		岩体强度应力比	
			单轴饱和抗压强度(MPa)	点荷载强度(MPa)	岩体纵波速度(km/s)	岩体完整性指标		
V	散体状结构	构造影响很严重,多数为破碎带、全强风化带、破碎带,交汇部位构造及风化节理密集,节理面及其组合杂乱,形成大量碎块体,块体间多数为泥质充填甚至呈石夹土状或土夹石状	—	<2.0	—	—		毛洞跨度5m时围岩稳定时间很短,约数小时至数日

注:(1)围岩按定性分级与定量指标分级有差别时一般应以低者为准。

(2)本表声波指标以孔测法测试值为准,如果用其他方法测试时,可通过对比试验进行换算。

(3)层状岩体按单层厚度可划分为:

厚层:大于0.5m;

中厚层:0.1~0.5m;

薄层:小于0.1m。

(4)一般条件下,确定围岩级别时应以岩石单轴湿饱和抗压强度为准。当洞跨小于5m,服务年限小于10年的工程确定围岩级别时,可采用点荷载强度指标代替岩块单轴饱和抗压强度指标,可不做岩体声波指标测试。

(5)测定岩石强度做单轴抗压强度测定后,可不做点荷载强度测定。

(2)公路隧道围岩分级

围岩级别可根据调查、勘探、试验等资料、岩石隧道的围岩定性特征、围岩基本质量指标(BQ)或修正的围岩质量指标[BQ]值、土体隧道中的土体类型、密实状态等定性特征,按表8-2确定。当根据岩体基本质量定性划分与(BQ)值确定的级别不一致时,应重新审查定性特征和定量指标计算参数的可靠性,并对它们重新观察、测试。在工程可行性研究和初勘阶段,可采用定性划分的方法或工程类比方法进行围岩级别划分。

公路隧道围岩分级 表8-2

<table>
<tr><th>围岩级别</th><th>围岩或土体主要定性特征</th><th>围岩基本质量指标(BQ)
或修正的围岩基本质量指标[BQ]</th></tr>
<tr><td>Ⅰ</td><td>坚硬岩,岩体完整,巨整体状或巨厚层状结构</td><td>>550</td></tr>
<tr><td>Ⅱ</td><td>坚硬岩,岩体较完整,块状或厚层状结构;
较坚硬岩,岩体完整,块状整体结构</td><td>550~451</td></tr>
<tr><td>Ⅲ</td><td>坚硬岩,岩体较破碎,巨块(石)碎(石)状镶嵌结构;
较坚硬岩或较软硬岩层,岩体较完整,块状体或中厚层结构</td><td>450~351</td></tr>
<tr><td rowspan="2">Ⅳ</td><td>坚硬岩,岩体破碎,碎裂结构;
较坚硬岩,岩体较破碎~破碎,镶嵌碎裂结构;
较软岩或软硬岩互层,且以软岩为主,岩体较完整~较破碎,中薄层状结构</td><td rowspan="2">350~251</td></tr>
<tr><td>土体:
1.压密或成岩作用的黏性土及砂性土;
2.黄土(Q1、Q2);
3.一般钙质、铁质胶结的碎石土、卵石土、大块石土</td></tr>
<tr><td rowspan="2">Ⅴ</td><td>较软岩,岩体破碎;软岩,岩体较破碎~破碎;极破碎;
各类岩体,碎、裂状、松散结构</td><td rowspan="2">≤250</td></tr>
<tr><td>一般第四系的半干硬至硬塑的黏性土及稍湿至潮湿的碎石土,卵石土、圆砾、角砾土及黄土(Q3、Q4)。非黏性土呈松散结构、黏性土及黄土呈松软结构</td></tr>
<tr><td>Ⅵ</td><td>软塑状黏性土及潮湿、饱和粉细砂层、软土等</td><td></td></tr>
</table>

注:本表不适用于特殊条件的围岩分级,如膨胀性围岩、多年冻土等。

8.1.2 围岩分级的主要因素

(1)岩石坚硬程度

岩石坚硬程度可按表8-3定性划分。

岩石坚硬程度的定性划分　　表 8-3

名称		定性鉴定	代表性岩石
硬质岩	坚硬岩	锤击声清脆,有回弹,震手,难击碎;浸水后,大多无吸水反应	未风化～微风化的花岗岩、正长岩、闪长岩、辉绿岩、玄武岩、安山岩、片麻岩、石英片岩、硅质板岩、石英岩、硅质胶结的砾岩、石英砂岩、硅质石灰岩等
硬质岩	较坚硬岩	锤击声较清脆,有轻微回弹,稍震手,较难击碎; 浸水后,有轻微吸水反应	1. 弱风化的坚硬岩; 2. 未风化～微风化的熔结凝灰岩、大理岩、板岩、白云岩、石灰岩、钙质胶结的砂页岩等
软质岩	较软岩	锤击声不清脆,无回弹,较易击碎;浸水后,指甲可刻出印痕	1. 强风化的坚硬岩; 2. 弱风化的较坚硬岩; 3. 未风化～微风化的凝灰岩、千枚岩、砂质泥岩、泥灰岩、泥质砂岩、粉砂岩、页岩等
	软岩	锤击声哑,无回弹,有凹痕,易击碎;浸水后,手可掰开	1. 强风化的坚硬岩; 2. 弱风化～强风化的较坚硬岩; 3. 弱风化的较软岩; 4. 未风化的泥岩等
	极软岩	锤击声哑,无回弹,有较深凹痕,手可捏碎;浸水后,可捏成团	1. 全风化的各种岩石; 2. 各种半成岩

岩石坚硬程度定量指标用岩石单轴饱和抗压强度(R_c)表达。R_c 一般采用实测值,若无实测值时,可采用实测的岩石点荷载强度指数 $I_{s(50)}$ 的换算值,即按式(8-1)计算:

$$R_c = 22.82 I_{s(50)}^{0.75} \tag{8-1}$$

R_c 与岩石坚硬程度定性划分的关系,可按表 8-4 确定。

R_c 与岩石坚硬程度定性划分的关系　　表 8-4

R_c(MPa)	>60	60～30	30～15	15～5	<5
坚硬程度	坚硬岩	较坚硬岩	较软岩	软岩	极软岩

(2)岩体完整程度

岩石完整程度可按表 8-5 定性划分。

岩体完整程度的定性划分　　表 8-5

名称	结构面发育程度		主要结构面的结合程度	主要结构面类型	相应结构类型
	组数	平均间距(m)			
完整	1～2	>1.0	好或一般	节理、裂隙、层面	整体状或巨厚层结构
较完整	1～2	>1.0	差	节理、裂隙、层面	块状或厚层状结构
	2～3	1.0～0.4	好或一般		块状结构
较破碎	2～3	1.0～0.4	差	节理、裂隙、层面、小断层	裂隙块状或中厚层结构
	>3	0.4～0.2	好		镶嵌碎裂结构
			一般		中、薄层状结构

续上表

名称	结构面发育程度		主要结构面的结合程度	主要结构面类型	相应结构类型
	组数	平均间距(m)			
破碎	>3	0.4~0.2	差	各种类型结构面	裂隙块状结构
		<0.2	一般或差		碎裂状结构
极破碎	无序		很差		散体状结构

注:平均间距指主要结构面(1~2组)间距的平均值。

岩体完整程度的定量指标用岩体完整性系数(K_v)表达。K_v 一般用弹性波探测值,若无探测值时,可用岩体体积节理数(J_v)按表8-6确定对应的 K_v 值。

J_v 与 K_v 对照表 表8-6

J_v(条/m^3)	<3	3~10	10~20	20~35	>35
K_v	>0.75	0.75~0.55	0.55~0.35	0.35~0.15	<0.15

K_v 与定性划分的岩体完整程度的对应关系,可按表8-7确定。

K_v 与定性划分的岩体完整程度的对应关系 表8-7

K_v	>0.75	0.75~0.55	0.55~0.35	0.35~0.15	<0.15
完整程度	完整	较完整	较破碎	破碎	极破碎

岩体完整程度的定量指标 K_v、J_v 的测试和计算方法:

岩体完整性指标 K_v,应针对不同的工程地质岩组或岩性段,选择有体表性的点、段,测试岩体弹性纵波速度,不应在同一岩体取样测定岩石纵波速度。按下式计算:

$$K_v = (V_{pm}/V_{pr})^2 \tag{8-2}$$

式中:V_{pm}——岩体弹性纵波速度,km/s;

V_{pr}——岩石弹性纵波速度,km/s。

岩体体积节理数 J_v(条/m^3),应针对不同的工程地质岩组或岩性段,选择有代表性的露头或开挖壁面进行节理(结构面)统计。除成组节理外,对延伸长度大于1m的分散节理亦应予以统计。已为硅质、铁质、钙质充填再胶结的节理不予统计。

每一测点的统计面积不应小于2m×5m。岩体值 J_v 应根据节理统计结果按下式计算

$$J_v = S_1 + S_2 + \cdots + S_n + S_k$$

式中:S_n——第 n 组节理每米长测线上的条数;

S_k——每立方米岩体非成组节理条数,条/m^3。

(3)围岩基本质量指标(BQ)

应根据分级因素的定量指标 R_c 值和 K_v 值,按式(8-3)计算:

$$BQ = 90 + 3R_c + 250K_v \tag{8-3}$$

使用式(8-3)时,应遵守下列限制条件:

(1)当 $R_c > 90K_v + 30$ 时,应以 $R_c = 90K_v + 30$ 和 K_v 代入计算 BQ 值;

(2)当 $K_v > 0.04R_c + 0.4$ 时,应以 $K_v = 0.04R_c + 0.4$ 和 R_c 代入计算 BQ 值。

围岩详细定级时,如遇下列情况之一,应对岩体基本质量指标(BQ)进行修正:

(1)有地下水;

(2)围岩稳定性受软弱结构面影响,且由一组起控制作用;

(3)存在高初始应力。

围岩基本质量指标修正值[BQ],可按式(8-4)计算:

$$[BQ] = BQ - 100(K_1 + K_2 + K_3) \tag{8-4}$$

式中:[BQ]——围岩基本质量指标修正值;

BQ——围岩基本质量指标;

K_1——地下水影响修正系数;

K_2——主要软弱结构面产状影响修正系数;

K_3——初始应力状态影响修正系数。

K_1、K_2、K_3 值,可分别按表 8-8、表 8-9、表 8-10 确定。无表中所示情况时,修正系数取零。

地下水影响修正系数 K_1 表 8-8

BQ 地下水出水状态	>450	450~351	350~251	<250
潮湿或点滴状出水	0	0.1	0.2~0.3	0.4~0.6
淋雨状或涌流状出水,水压<0.1MPa 或单位出水量<10L/min·m	0.1	0.2~0.3	0.4~0.6	0.7~0.9
淋雨状或涌流状出水,水压>0.1MPa 或单位出水量>10L/min·m	0.2	0.4~0.6	0.7~0.9	1.0

主要软弱结构面产状影响修正系数 K_2 表 8-9

结构面产状及其与洞轴线的组合关系	结构面走向与洞轴线夹角<30°,结构面倾角 30°~75°	结构面走向与洞轴线夹角>60°,结构面倾角>75°	其他组合
K_2	0.4~0.6	0~0.2	0.2~0.4

初始应力状态影响系数 K_3 表 8-10

BQ 初始应力状态	>550	550~451	450~351	350~251	<250
极高应力区	1.0	1.0	1.0~1.5	1.0~1.5	1.0
高应力区	0.5	0.5	0.5	0.5~1.0	0.5~1.0

围岩极高及高初始应力状态的评估,可按表 8-11 规定进行。

高初始应力地区围岩在开挖过程中出现的主要现象 表 8-11

应力情况	主要现象	R_c/σ_{max}
极高应力	1. 硬质岩:开挖过程中时有岩爆发生,有岩块弹出,洞壁岩体发生剥离,新生裂缝多,成洞性差。 2. 软质岩:岩芯常有饼化现象,开挖过程中洞壁岩体有剥离,位移极为显著,甚至发生大位移,持续时间长,不易成洞	<4
高应力	1. 硬质岩:开挖过程中可能出现岩爆,洞壁岩体有剥离和掉块现象,新生裂缝较多,成洞性较差。 2. 软质岩:岩芯时有饼化现象,开挖过程中洞壁岩体位移显著,持续时间较长,成洞性差	4~7

注:σ_{max}为垂直洞轴线方向的最大初始应力。

8.2 围岩分级方法

8.2.1 Q 系统分类(挪威法)

(1)方法介绍

Q 系统是挪威岩土所 Barton 等人在 1971~1974 年根据 249 条隧道工程的实践总结,研究得出的一种将围岩分类与支护设计集于一体的方法。迄今为止已有 3 个版本的 Q 分类与支护建议的图表问世,其中的第三个版本(2004 版)是总结世界上 2000 多条隧道工程实践并以此经验将 1992 年版本不断完善而得到的,这种方法可以应用于隧道工程的勘察、规划和设计阶段,也可用于隧道施工阶段,它可以通过现场观测,也可以通过对地质岩芯取样的描述计算得到对应的 Q 值,借此来评价围岩质量的指标。

1974 年,挪威地质所 N. Barton 等人在 249 条隧道工程实践的基础上第一次提出隧道围岩分类与支护关系的图表,该表内容相对较少,结构也较为简单,当时的支护手段主要采用网喷混凝土,如图 8-1 所示。

1992 年,N. Barton 等人根据近 1500 个永久地下结构物的施工记录整理结果结出了经验设计方法。该方法是通过一张综合考虑因素的图来选择隧道支护参数的。由于在 20 世纪 70 年代末,纤维增强喷射混凝土得到大量的应用,并基于这些工程支护的经验,N. Barton 等人对分类与支护图表也作了大量的修改和细化,此时的主要支护手段为纤维增强喷射混凝土。如图 8-2 所示。

2004 年出版的《挪威隧道和地下 2004 年度报告》中给出了第三张分类与支护图表(基于 2000 条隧道统计结果),如图 8-3 所示,该表比 1992 年的图表更加细化了支护的内容。

(2)Q 系统简要用法介绍

Q 分类法主要考察围岩结构、完整性和应力情况及其对应的 6 个参数,通过公式(8-5)计

算得到 Q 值，每一个 Q 值都反映所在掌子面处的围岩情况，为了更具有代表性，Q 值可以是一个范围。

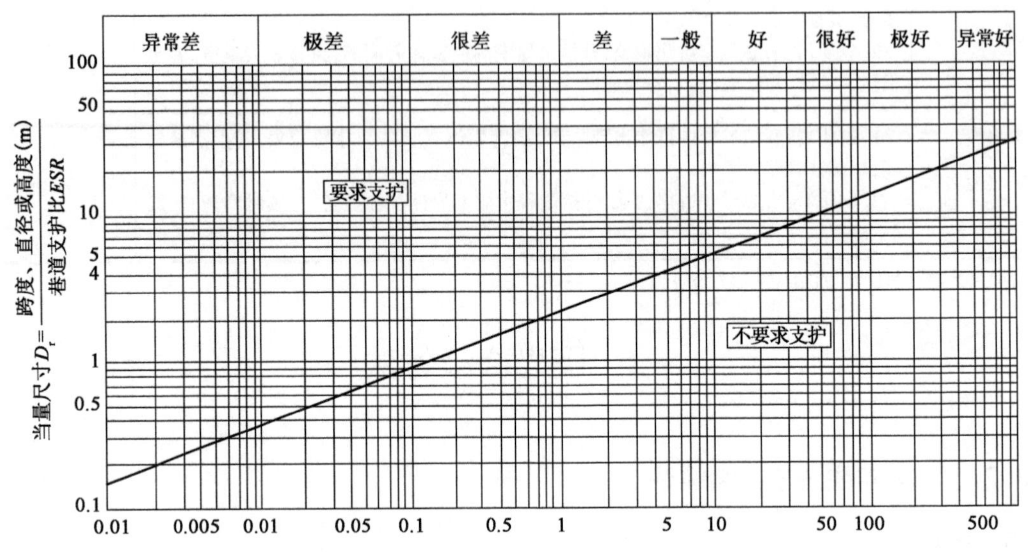

图 8-1　Q 系统围岩分类与支护综合表(1974)

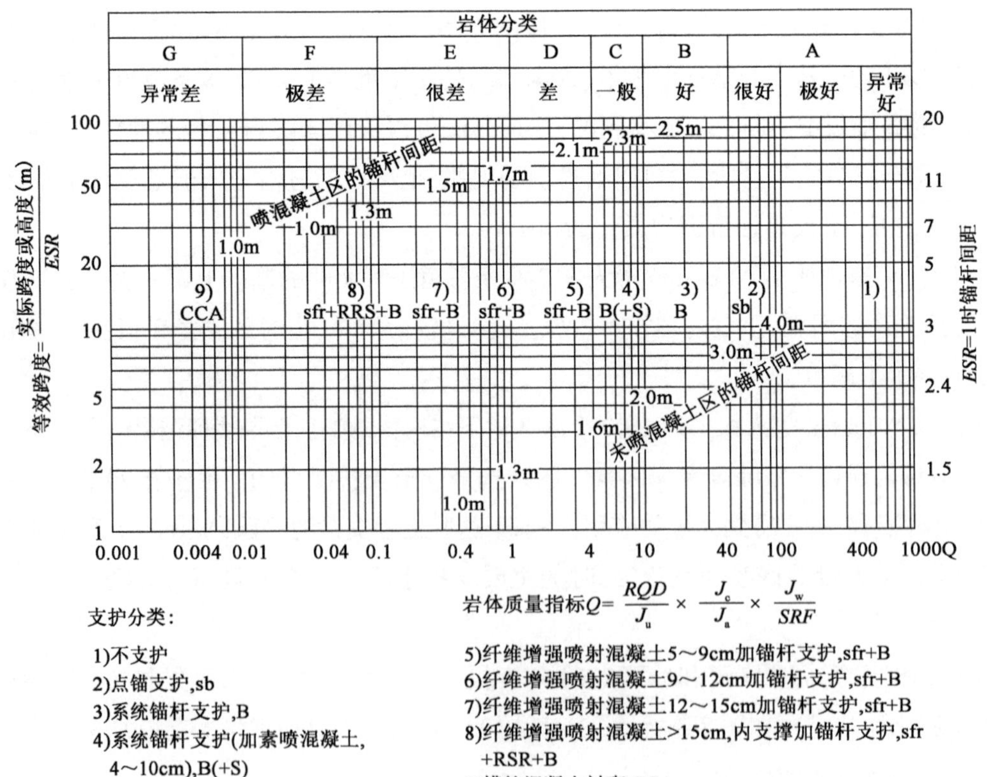

图 8-2　Q 系统围岩分类与支护综合表(1992)

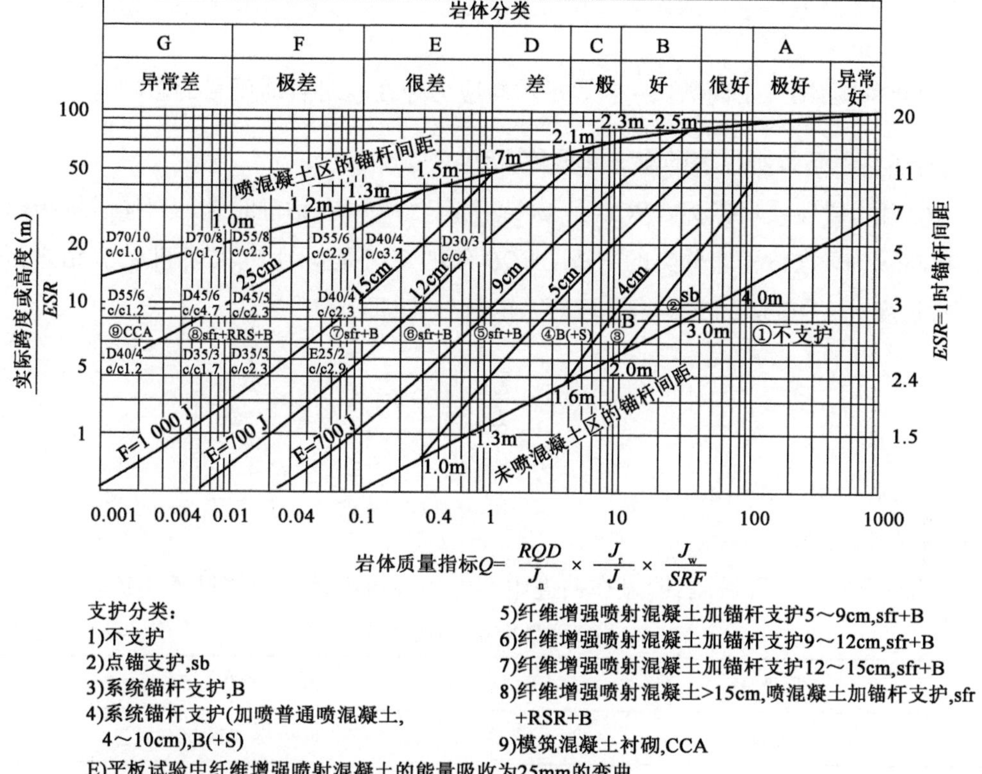

支护分类：

1)不支护

2)点锚支护,sb

3)系统锚杆支护,B

4)系统锚杆支护(加喷普通喷混凝土,4~10cm),B(+S)

5)纤维增强喷射混凝土加锚杆支护5~9cm,sfr+B

6)纤维增强喷射混凝土加锚杆支护9~12cm,sfr+B

7)纤维增强喷射混凝土加锚杆支护12~15cm,sfr+B

8)纤维增强喷射混凝土>15cm,喷混凝土加锚杆支护,sfr+RSR+B

9)模筑混凝土衬砌,CCA

E)平板试验中纤维增强喷射混凝土的能量吸收为25mm的变曲

D45/6 c/c1.7 中RRS为6根增强型钢筋分两层置于45cm厚的加强部位,其中心距为1.7m。图中每一个框符对应的Q值在其左边(网见文字说明部分)

图 8-3 Q 系统围岩分类与支护综合表(2004)

但 Q 分类法中参数取值也是通过给定性描述赋权值的方法进行,所以在实施中也难免带有人为因素,同时 Q 系统建议的比较经济的隧道支护方法,由于种种原因在我国还没有得到有效的推广应用。尽管如此,Q 系统的分类方法能给围岩的好坏赋予一个数值,它可以作为我国隧道分类方法的一个有益补充,使围岩分类的结果更贴近实际地质情况。

$$Q=\frac{RQD}{J_n}\cdot\frac{J_r}{J_a}\cdot\frac{J_w}{SRF} \tag{8-5}$$

式中：Q——N. Barton 岩质评定系数；

RQD——岩体质量指标；

J_n——岩体组数；

J_r——节理粗糙度；

J_a——节理蚀变系数；

J_w——节理折减系数；

SRF——应力折减系数。

式中,第一个商数($\frac{RQD}{J_n}$)表示岩体的完整性;第二个商数($\frac{J_r}{J_a}$)表示结构面形态,充填物特征及次生变化程度;第三个商数$\left(\frac{J_w}{SRF}\right)$表示水与应力存在时对岩体质量的影响。

下面简述各个系数所代表的意义和取值方法:

(1)*RQD* 值,岩体质量指标。*RQD* 是 Deree 推荐了一种在钻进时统计岩体质量指标(Rock Quality Designation)进行岩体分类的方法。*RQD* 值的定义是:采用 NX 标准钻头钻进,每一回次进尺中,长度大于 10cm 的完整岩芯段所占的百分比,即:

$$RQD = \frac{\sum l}{L} \times 100\% \tag{8-6}$$

式中:l——岩芯单节长,≥10cm;

L——钻孔长度。

在统计时沿岩芯中心量测,明显在钻进中产生的裂隙不计。取值见表 8-12。

岩石质量指标(*RQD*,%) 表 8-12

A. 极差	0 ~ 25
B. 差	25 ~ 50
C. 一般	50 ~ 75
D. 好	75 ~ 90
E. 极好	90 ~ 100

注:①当 $RQD < 10$ 时,取 10;
②*RQD* 最小间隔为 5。

(2)J_n,岩体组数。常常受到节理、片理、板岩劈现或层理等的影响。如果这类平行的"节理"很发育,显然可视之为一个节理组,但如果可见的"节理"很稀疏,并没有固定的产状,可以称之为随机节理。如图 8-4 和表 8-13 所示。

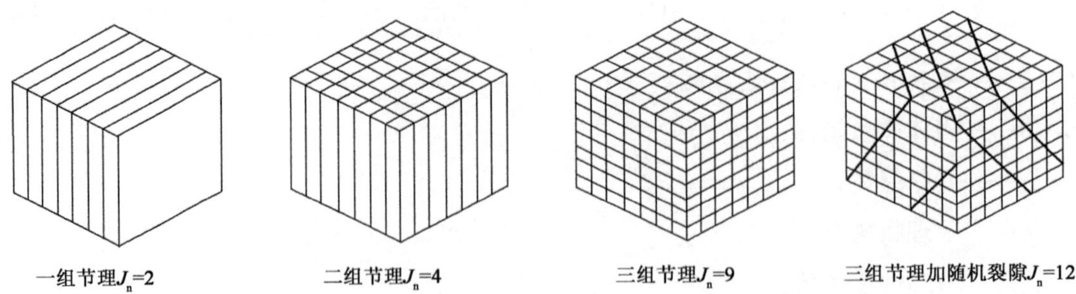

图 8-4 节理取值简图

节理组数(J_n) 表8-13

A. 整体没有或几乎没有节理	0.5～1
B. 一组节理	2
C. 一组节理加随机裂隙	3
D. 二组节理	4
E. 二组节理加随机裂隙	6
F. 三组节理	9
G. 三组节理加随机裂隙	12
H. 四组或四组以上节理,随机裂隙,严重节理化,呈糖块状等	15
I. 组节理挤压破碎岩石、土状岩石	20

注:①对于巷洞交叉点,用$3 \times J_n$;

②对于洞口,用$2 \times J_n$。

(3)J_r,节理粗糙度。用来表示节理壁的粗糙度,一般能过手指就可以触摸,结合描述表就可确定,如表8-14所示。

节理粗糙度(J_r) 表8-14

a)节理面接触		
b)节理面在剪切变形10cm前仍接触	A. 不连续节理	4
	B. 粗糙或不规则,起伏	3
	C. 光滑,起伏	2
	D. 表面光滑,起伏	1.5
	E. 粗糙或不规则,平面	1.5
	F. 光滑,平面	1
	G. 表面光滑,平面	0.5
	注:①以上描述适用于小规模特征和中规模特征; ②剪切时节理面不接触	
	H. 节理面间含有黏土矿物厚度足以阻止节理面接触	1.0
	J. 砂质、砾石或破碎带的厚度足以阻止节理面接触	1.0

注:①如果相应节理组的平均间距大于3m时,加10;

②如果线理方向对强度影响很小,则对有线理的平面磨光节理可取$J_r = 0.5$。

(4)J_a,节理的蚀变程度。与J_r相比,节理的蚀变程度是进一步来确定节理填充物对节理稳定性的作用,一般通过填充物的厚度和成分,特别是在填充物中含有黏土成分时应给予足够的重视。如表8-15所示。

节理蚀为系数(J_a) 表 8-15

		J_a	ϕ_r(°)
a)节理面接触	A. 紧密结合,坚硬,非软化,不透水;充填物,如石英、绿帘石	0.75	—
	B. 节理壁未蚀变,仅表面稍有污染	1.0	25 ~ 35
	C. 节理壁轻度蚀变,非软化矿物被覆层,有砂质颗粒和无黏土的碎裂岩石等	2.0	25 ~ 30
	D. 粉砂或砂质黏土被覆层,小部分黏土(非软化)	3.0	20 ~ 25
	E. 软化或低摩擦阻力黏土矿物被覆层,即高岭石或云母,也有绿帘石、滑石、石膏、石墨等,以及少量膨胀性黏土	4.0	8 ~ 16
b)节理面在剪切变形 10cm 前仍接触	F. 砂质颗粒,无黏土碎裂岩石等	4.0	25 ~ 30
	G. 高超固结非软化黏土矿物充填物(连续,但厚度 <5mm)	6.0	16 ~ 24
	H. 中等或低超固结,软化,黏土矿物充填物(连续,厚度 <5mm)	8.0	12 ~ 16
	J. 膨胀黏土充填物,即蒙脱石(连续,但厚度 <5mm),J_a 值取决于膨胀黏土颗粒的百分率和浸水程度等	8 ~ 12	6 ~ 2
c)剪切变形时节理面不接触	K. L. M. 碎裂带或碎裂层,或破碎岩石和黏土(见 G. H. J 的黏土条件描述)	6,8 或 8 ~ 12	6 ~ 24
	N. 粉砂,或砂质黏土带或层,小部分黏土(非软化)	5.0	—
	O. P. R. 厚的、连续的黏土带或黏土层(见 G. H. J 的黏土条件描述)	10,13 或 13 ~ 20	6 ~ 24

(5)J_w,节理水折减系数。节理水可能会软化节理的填充物从而降低节理间摩擦力,较大的节理水会冲出填充物,使岩体稳定性大大降低。其取值如表 8-16 所示。

节理水的折减系数(J_w) 表 8-16

	J_w	水压($MN \cdot m^{-2}$)
A. 开挖时干燥或有微量渗水,即局部 <5L/min	1.0	<0.1
B. 中等渗水或中等水压,偶尔有节理充填物被水冲刷出	0.66	0.1 ~ 0.25
C. 无充填节理岩石中大涌水或高水压	0.5	0.25 ~ 1.0
D. 大涌水或高水压,大量节理充填物被水冲刷出	0.33	0.25 ~ 1.0
E. 异常的大量涌水或高水压,呈爆发状,并随时间而衰减	0.2 ~ 0.1	>1.0
F. 无明显衰减的持续异常大涌水或高水压	0.1 ~ 0.05	>1.0

注:①因素 C 到 F 是粗略估计,如果装有排水设施应增大 J_w;

②由于冰冻引起的特殊问题未加考虑。

(6)SRF,一般来说,SRF 是表述应力与围岩强度关系的一个参数,在隧道工程施工之前可以通过早期的地质调查大致上确定该地区的 SRF 值;隧道掘进开始后,可以通过现场的应力测量和围岩稳定性的观测来修正 SRF 值;围岩的应力状态可以大致分为 4 类,见表 8-17。

应力折减系数(SRF)　　表 8-17

a)软弱带与开挖的巷道相交,开挖时可能造成岩体松脱	A. 含黏土的软弱带可化学分解的岩石频繁出现,围岩非常松散(处于任何深度)	10
	B. 单个含黏土软弱带,或化学分解的岩石(巷道深度<50m)	5
	C. 单个含黏土软弱带,或化学分解的岩石(巷道深度>50m)	2.5
	D. 坚固岩石中多个剪切带(无黏土),松散围岩(处于任何深度)	7.5
	E. 坚固岩石中含单一剪切带(无黏土,巷道深度<50m)	5.0
	F. 坚固岩石中含单一剪切带(无黏土,巷道深度>50m)	2.5
	G. 松散张开裂隙,严重节理化或呈"糖块"状等(处于任何深度)	5.0

注:如果剪切带仅仅影响巷道而没有与之相交,SRF 值应降低 25%~50%。

		σ_{cf}/σ_1	σ_{Tf}/σ_1	SRF
b)坚固岩石,岩石应力问题	H. 低应力,接近地表	>200	>13	2.5
	J. 中等应力	200~10	13~0.66	1.0
	K. 高应力,结构非常紧密(通常有利于稳定,但可能对岩帮的稳定不利)	10~5	0.66~0.33	0.5~2
	L. 轻微的岩裂(整体岩石)	5~2.5	0.33~0.16	5~10
	M. 严重的岩裂(整体岩石)	<2.5	<0.16	10~20

注:①如果(测得)原岩应力场明显各向异性,当 $5 \leq \sigma_1/\sigma_3 \leq 10$ 时,σ_{cf} 和 σ_{Tf} 分别降到 $0.8\sigma_{cf}$ 和 $0.8\sigma_{Tf}$;当 $\sigma_1/\sigma_3 > 10$ 时,σ_{cf} 和 σ_{Tf} 分别降到 $0.6\sigma_{cf}$ 和 $0.6\sigma_{Tf}$。当 σ_{cf} 为无测压抗压强度,σ_{Tf} 为抗拉强度(点荷载)时,σ_1 和 σ_3 就是最大和最小主应力;②当拱顶距地表的距离小于拱的跨度时,可参考的记录相当少。对于这种情况建议将 SRF 从 2.5 增加到 5。

c)岩石在高压力下受挤压,不坚硬岩石塑性流动	N. 不大的岩石挤压力	5~10
	O. 强烈的岩石挤压力	10~20
d)与水压有关的膨胀岩石,化学膨胀活动	P. 不大的岩石膨胀力	5~10
	R. 强烈的岩石膨胀力	10~15

Q 分类法将围岩分为从 Exceptionally poor(异常坏)到 Exceptionally good(异常好)9 个级别,对应 Q 值的范围为 0.001~1000、岩体变形系数分为 3 级(0.05~50GPa)、抗剪强度分为 2 级(0.1~20MPa)。根据计算得到的掌子面的 Q 值和工程的跨度、高度以及安全要求等指标结合一起就可以在 Q 系统的支护图表中查到该处的支护设计建议。由此,通过现场的围岩分类可以将施工、调查、设计优化有机地结合在一起。

8.2.2 BQ 法

公路隧道围岩分级的综合评判方法采用两步分级,并按以下顺序进行:

(1)根据岩石的坚硬程度和岩体完整程度两个基本因素的定性特征和定量的岩体基本质量指标(BQ),综合进行初步分级。

(2)对围岩进行详细定级时,应在岩体基本质量分级基础上,考虑修正因素的影响修正岩体基本质量指标值。

(3)按修正后的岩体基本质量指标[BQ],结合岩体的定性特征综合评判,确定围岩的详细分级。BQ 法围岩分级将围岩分为 5 级,如表 8-18 所示。

公路隧道围岩分级 表 8-18

围岩级别	围岩或土体主要定性特征	围岩基本质量指标 BQ 或修正的围岩基本质量指标[BQ]
Ⅰ	坚硬岩,岩体完整,整体状或巨厚层状结构	>550
Ⅱ	坚硬岩,岩体较完整,块状或厚层状结构较坚硬岩,岩体完整,块状整体结构	550~451
Ⅲ	坚硬岩,岩体较破碎,巨块(石)碎(石)状镶嵌结构较坚硬岩或较软岩,岩体较完整,块状或中厚层结构	450~351
Ⅳ	坚硬岩,岩体破碎,碎裂结构较坚硬岩,岩体较破碎~破碎,镶嵌破碎结构较软岩或软硬岩互层,且以软岩为主,岩体较完整~较破碎,中薄层状结构	350~251
	土体:1)压密或成岩作用的黏性土或砂性土; 2)黄土(Q1、Q2); 3)一般钙质、铁质胶结的碎石土、卵石土、大块石土	
Ⅴ	较软岩,岩体破碎 软岩,岩体较破碎~破碎 极破碎各类岩体,碎、裂状,松散结构	≤250
	一般第四系的半干硬至硬塑的黏性土及稍湿至潮湿的碎石土,卵石土、圆砾、角砾石及黄土(Q3、Q4)。非黏性土呈松散结构,黏性土及黄土呈松软结构	
Ⅵ	软塑状黏性土及潮湿、饱和粉细砂层、软土等	

BQ 法围岩分级的计算考虑了岩石单轴饱和抗压强度、岩体完整性系数以及地下水等因素的修正关系,在工程中能有效的进行围岩分级。

围岩分级计算:

$$BQ = 90 + 3R_c + 250K_v \tag{8-7}$$

式中:BQ——围岩基本质量指标;

R_c——岩石单轴饱和抗压强度(表 8-19);

K_v——岩体完整性系数。

R_c 一般采用实测值,若无实测值时,可采用实测的岩石点荷载强度指数 $I_s(50)$ 来换算:

$$R_c = 22.82I_s(50) \tag{8-8}$$

$I_s(50)$——直径为 50mm 标准试件的点荷载强度。

常见岩石的强度指标值 表 8-19

岩石名称	花岗岩	流纹岩	玄武岩	石英岩	片麻岩	板岩
抗压强度 R_c/(MPa)	100 ~ 250	180 ~ 300	150 ~ 300	150 ~ 350	50 ~ 200	60 ~ 200
岩石名称	页岩	砂岩	砾岩	石灰岩	白云岩	大理岩
抗压强度 R_c/(MPa)	10 ~ 100	20 ~ 200	10 ~ 150	50 ~ 200	80 ~ 250	100 ~ 250

$$K_v = (v_{pm}/v_{pr})^2$$

v_{pm}——岩体弹性纵波速度,km/s;

v_{pr}——岩石弹性纵波速度,km/s。

K_v 一般用弹性波探测值,若无探测值时,可用岩体体积节理数 J_v 对应的 K_v 值(表 8-20)。

岩体完整程度划分表 表 8-20

名称	K_v	J_v(条/m^3)	结构面发育程度 组数	结构面发育程度 平均间距(m)	主要结构面的结合程度	主要结构面类型	相应结构类型
完整	>0.75	<3	1 ~ 2	>1.0	好或一般	节理、裂隙、层面	整体状或巨厚层结构
较完整	0.75 ~ 0.55	3 ~ 10	1 ~ 2	>1.0	差	节理、裂隙、层面	块状或巨厚层状结构
			2 ~ 3	1.0 ~ 0.4	好或一般		块状结构
较破碎	0.55 ~ 0.35	10 ~ 20	2 ~ 3	1.0 ~ 0.4	差	节理、裂隙、层面、小断层	裂隙块状或中厚层结构
			>3	0.4 ~ 0.2			
					好		镶嵌碎裂结构
					一般		中、薄层状结构
破碎	0.35 ~ 0.15	20 ~ 35	>3	0.4 ~ 0.2	差	各种类型结构面	裂隙块状结构
				<0.2	一般或差		碎裂状结构
极破碎	<0.15	>35	无序		很差		散体状结构

当 $R_c > 90K_v + 30$ 时,以 $R_c = 90K_v + 30$ 和 K_v 代入式(8-7)计算 BQ 值;

当 $K_v > 0.04R_c + 0.4$ 时,以 $K_v = 0.04R_c + 0.4$ 和 R_c 代入式(8-7)计算 BQ 值。

当隧道围岩处于高地应力区或围岩稳定性受软弱结构面影响,且由一组起控制作用或有地下水作用时,应对岩体基本质量指标 BQ 进行修正,修正值[BQ]按下式计算

$$[BQ] = BQ - 100(K_1 + K_2 + K_3) \tag{8-9}$$

式中:K_1——地下水影响修正系数;

K_2——主要软弱结构面产状影响修正系数;

K_3——初始应力状态影响修正系数。

K_1、K_2、K_3 值可分别按表 8-21 ~ 8-23 确定,无表中所列情况时,修正系数取 0。

地下水影响修正系数 K_1 表 8-21

地下水出水状态 \ BQ	>450	450～351	350～251	≤250
潮湿或点滴状出水	0	0.1	0.2～0.3	0.4～0.6
淋雨状或涌流状出水,水压<0.1MPa 或单位出水量<10L/(min·m)	0.1	0.2～0.3	0.4～0.6	0.7～0.9
淋雨状或涌流状出水,水压>0.1MPa 或单位出水量>10L/(min·m)	0.2	0.4～0.6	0.7～0.9	10

主要软弱结构面产状影响修正系数 K_2 表 8-22

结构面产状及其与洞轴线的组合关系	结构面走向与洞轴线夹角<30°,结构面倾角30°～75°	结构面走向与洞轴线夹角>60°,结构面倾角>75°	其他组合
K_2	0.4～0.6	0～0.2	0.2～0.4

初始应力状态影响修正系数 K_3 表 8-23

初始应力状态 \ BQ	>550	550～451	450～351	350～251	<250
极高应力区	1.0	1.0	1.0～1.5	1.0～1.5	1.0～1.5
高应力区	0.5	0.5	0.5	0.5～1.0	0.5～1.0

8.3 大岭隧道围岩分级实施

2016年9月4日,课题组通过地质调查、掌子面地质素描、点荷载试验及施工情况调查对大岭隧道出口右线(YK7+205)进行了围岩分级与质量评价工作。目的是通过围岩分级与质量评价,为正确选择开挖方法、支护措施,优化工程设计及施工方案提供参考,降低地质灾害发生的机率和危害程度。

1)执行规范

《公路隧道设计规范》(JTG D70—2004)(以下简称《规范》);

《工程岩体分级标准》(GB 50218—94);

《公路隧道设计细则》(JTG/T D70—2010)。

2)BQ法围岩等级综合评判

2016年9月4日,“济南绕城高速济南连接线工程隧道工程围岩分级与质量评价”课题组对大岭隧道出口(YK7+205)进行了现场工程地质调查、掌子面地质素描、节理裂隙统计、点荷载试验。完成了掌子面围岩分级工作。各种方法分析成果如下:

(1)掌子面岩石的坚硬程度

①定性划分

当前掌子面围岩主要为白云质灰岩,强风化状态,灰色夹杂黄褐色充填物,层理结合差,产状缓倾。掌子面层理、节理及随机节理发育,掌子面整体完整性差,岩体破碎,岩石强度较低;掌子面围岩整体强度差,岩石敲击声清脆,有回弹,稍震手,不易击碎。综合上述因素,经鉴定,该掌子面围岩为较坚硬岩。

②定量指标

根据现场点荷载试验确定岩石的单轴饱和抗压强度 R_c。

本次共进行了10块试样的点荷载试验;试验数据见附件2中。由试验获得为岩石点荷载强度指数为:

$$I_S = 3.22 \tag{8-10}$$

$$I_{S(50)} = 2.71 \tag{8-11}$$

本次试验的离散系数 $\mu = 18\%$,符合试验规程要求。

根据岩石点荷载强度指数换算获得掌子面岩石的单轴抗压强度为

$$S_c = 48.24\text{MPa} \tag{8-12}$$

掌子面岩石的单轴饱和抗压强度为

$$R_c = 48.24\text{MPa} \tag{8-13}$$

由《规范》中表3.6.2-2所给的 R_c 与岩石坚硬程度定性划分的关系可知,该掌子面岩石属较坚硬岩。

岩石的定性特征和定量指标均表明该掌子面岩石属较坚硬岩。

(2)岩体的完整程度

①定性划分

根据岩体结构面类型、组数、间距与结合程度,定性鉴定岩体的结构类型及其完整程度。掌子面整体成中层状结构,掌子面主要发育为层理、节理、随机节理;产状缓倾,层间结合差,岩体破碎,节理裂隙发育,掌子面围岩整体差;经鉴定该掌子面属破碎岩体。

②定量指标

该掌子面围岩主要发育有层理、节理及随机节理。对掌子面结构面进行现场统计的结果为:在测窗范围内,层理每米测线上的条数为 $S_1 = 12$,节理每米测线上的条数为 $S_2 = 7$;随机节理在每米测线上的节理条数 $S_K = 5$。根据《规范》中式(A.0.1-2)计算岩体体积节理数 J_v

$$J_v = S_1 + S_2 + S_K = 12 + 7 + 5 = 24$$

根据《规范》中表3.6.2-4所列的 J_v 与 K_v 的对应关系获得岩体完整性系数 K_v 为0.28。

由 K_v 值按照《规范》中表3.6.2-5所列的 K_v 与岩体完整程度的对应关系,可以确定围岩属破碎岩体。

岩体的定性特征和定量指标均表明该掌子面属破碎岩体。

(3)隧道围岩分级

①确定岩体基本质量指标 BQ 值

据《规范》中式(3.6.3),计算岩体基本质量指标

如果 $R_c > 90K_v + 30$ 时,应以 $R_c = 90K_v + 30$ 和 K_v 代入计算 BQ;

如果 $K_v > 0.04R_c + 0.4$ 时,应以 $K_v = 0.04R_c + 0.4$ 和 R_c 代入计算 BQ;

所以 $R_c = 48.24\text{MPa}, K_v = 0.28$ 带入计算得

$$\begin{aligned} BQ &= 90 + 3R_c + 250K_v \\ &= 90 + 3 \times 48.24 + 250 \times 0.28 \\ &= 304.7 \end{aligned} \tag{8-14}$$

②确定修正的岩体基本质量指标$[BQ]$值

考虑隧道的地下水、结构面产状与地应力状态对岩体质量的影响,对 BQ 值进行修正。

根据《规范》中式(3.6.4),有

$$[BQ] = BQ - 100(K_1 + K_2 + K_3) \tag{8-15}$$

式中:K_1——地下水影响修正系数;

K_2——主要软弱结构面产状影响修正系数;

K_3——初始应力状态影响修正系数。

掌子面整体干燥,根据《规范》中表 A.0.2-1,取 $K_1 = 0$;

隧道工程区非高应力地区,根据《规范》中表 A.0.2-3,取 $K_3 = 0$;

主要结构面的走向与隧道洞轴线走向与隧道轴线走向夹角小于30°,结构面近水平发育,根据《规范》中表 A.0.2-2,确定 $K_2 = 0.3$。

由《规范》中式(3.6.4),有

$$\begin{aligned} [BQ] &= BQ - 100(K_1 + K_2 + K_3) \\ &= 304.7 - 100(0 + 0.3 + 0) \\ &= 274.7 \end{aligned}$$

根据$[BQ] = 274.7$ 按《公路隧道设计细则》中表 6.3.1 查得掌子面围岩属 IV_3 级;当前掌子面主要为强风化灰岩,岩石强度差,岩体破碎,层间结合较差,整体稳定性差;按照设计文件,该掌子面设计围岩级别为Ⅴ级。综合考虑以上因素,将大岭隧道出口右线(YK7+205)处的围岩确定为 IV_3 级。

本次掌子面里程为 YK7+205,通过施工单位山东省路桥集团有限公司提供的地质素描资料(见附件1),掌子面主要为强风化灰岩,岩质较坚硬,节理裂隙发育,岩体破碎,自稳能力和整体稳定性差,围岩级别为 IV 级。

3)综合分析结论

综合隧道 YK7 +205 地质调查法、BQ 法结果，并结合相关地质勘探资料，综合地质分析结论推断如下：

掌子面处为强风化灰岩，岩质较坚硬，层理、节理发育，岩体破碎，自稳能力和整体稳定性差，设计围岩级别为 IV 级，综合各分级结论，建议 YK7 +205 处围岩级别确定为 IV_3 级。

4）建议

施工中易产生局部塌方、掉块等地质灾害，施工过程中应短进尺、多循环、加强支护，并做好防排水措施，防止局部坍方、掉块等工程地质问题发生，确保工程及施工安全。

附件 1　掌子面地质调查表

工程名称：大岭隧道　　　　施工里程：YK7 +205　　　日期：9 月 4 日

编号	项目名称	状态描述				
1	掌子面状态	稳定√	正面掉块	正面挤出	正面不能自稳	其他
2	毛开挖面状态	自稳	随时间松弛、掉块√	自稳困难、要及时支护	要超前支护	其他
3	风化程度	微风化	弱风化	强风化√	全风化	其他
4	裂隙宽度	>5	3 ~ 5√	1 ~ 3	<1	其他
5	裂隙形态	密集	部分张开√	开口	夹有黏土	其他
6	涌水状态	无水√	渗水	整体湿润	涌出或喷出	特别大
7	围岩级别划分	IV 级				
	附图					

附件2 岩石点荷载试验表

岩性：灰岩 抗压强度：R_c = 48.24MPa 离散系数：δ = 18% 试验日期：2016-9-4 试验人：XX

编号	压轴距 D(cm)	最短边长 b(cm)	厚宽比 D/b	形状修正系数 $Kf_{(D/d)}$	破坏荷载 P(kN)	I_S(MPa)	$I_s(50)$(MPa)(国内标准)	R_c(MPa)(国家标准规范)
1	6.97	7.83	0.89	0.83	15.67	3.22	2.68	47.80
2	7.67	6.21	1.24	1.46	16.81	2.86	4.16	66.47
3	6.85	6.09	1.13	1.23	11.77	2.51	3.08	53.00
4	5.84	6.63	0.89	0.83	13.33	3.91	3.24	55.16
5	7.52	7.52	0.88	0.81	15.37	2.72	2.20	41.22
6	5.58	9.38	0.82	0.74	11.07	3.55	2.63	47.14
7	6.82	10.24	0.68	0.57	16.09	3.46	1.97	38.01
8	8.08	8.70	0.82	0.73	11.50	1.76	1.28	27.54
9	6.51	9.30	0.79	0.70	17.42	4.12	2.88	50.47
10	6.19	10.15	0.82	0.73	15.77	4.11	3.00	52.02
平均值						3.22	2.71	48.24

附件3 施工阶段围岩级别判定卡

工程名称	大岭隧道		里程桩号：YK7+210	判定
岩石坚硬程度	定性指标	岩性	白云质灰岩	坚硬岩○ 较坚硬岩● 较软岩○ 软岩○ 极软岩○
		风化程度	强风化	
	定量指标	点荷载强度指数	2.6	
		单轴饱和抗压强度 R_c	46.51	
岩石完整程度	定性指标	结构面发育程度	发育	完整○ 较完整○ 较破碎○ 破碎● 极破碎○
		结构面结合程度	差	
	定量指标	岩体完整性指数 K_v	0.28	
		岩体体积节理数 J_v	25	
		结构面组数 J_n	6	
BQ 值	299			
主要软弱结构面产状	313°∠22°	结构面走向与洞轴线夹角>60°，结构面倾角>75°		○
		其他组合		●
		结构面走向与洞轴线夹角<30°，结构面倾角30°~75°		○
	主要软弱结构面产状影响修正系数 K_2			0.3

续上表

<table>
<tr><td colspan="2" rowspan="4">地下水状态</td><td colspan="7">潮湿或点滴状出水</td><td colspan="2">●</td></tr>
<tr><td colspan="7">淋雨状或涌流状出水(水压＜0.1MPa 或单位出水量＜10L/min·m)</td><td colspan="2">○</td></tr>
<tr><td colspan="7">淋雨状或涌流状出水(水压＞0.1MPa 或单位出水量＞10L/min·m)</td><td colspan="2">○</td></tr>
<tr><td colspan="7">地下水状态影响修正系数 K_1</td><td colspan="2">0</td></tr>
<tr><td colspan="2" rowspan="4">岩体初始应力场</td><td colspan="7">极高应力区</td><td colspan="2">○</td></tr>
<tr><td colspan="7">高应力区</td><td colspan="2">○</td></tr>
<tr><td colspan="7">一般应力区</td><td colspan="2">●</td></tr>
<tr><td colspan="7">初始地应力状态影响修正系数 K_3</td><td colspan="2">0</td></tr>
<tr><td colspan="2">BQ 值</td><td colspan="9">269</td></tr>
<tr><td rowspan="3">围岩级别</td><td>基本级别</td><td>Ⅰ</td><td>Ⅱ</td><td colspan="2">Ⅲ</td><td colspan="3">Ⅳ</td><td colspan="2">Ⅴ</td></tr>
<tr><td>亚级</td><td>—</td><td>—</td><td>$Ⅲ_1$</td><td>$Ⅲ_2$</td><td>$Ⅳ_1$</td><td>$Ⅳ_2$</td><td>$Ⅳ_3$</td><td>$Ⅴ_1$</td><td>$Ⅴ_2$</td></tr>
<tr><td>定级</td><td>○</td><td>○</td><td>○</td><td>○</td><td>○</td><td>○</td><td>●</td><td>○</td><td>○</td></tr>
</table>

9 冬、雨季施工保障措施

9.1 冬期施工安排及保障措施

1)冬期施工安排

济南地处中纬度地带,属北温带湿润大区鲁淮区,为温暖半湿润季风性气候区,夏季炎热多雨,冬季寒冷干燥。年平均气温14.3℃,累年极高气温为42.5℃;累年极低气温为-19.7℃。年平均积雪天数为13.7天,标准冻结深度为0.5m。

济南绕城高速济南连接线隧道工程施工需要跨越2个冬季。按照《公路隧道施工技术规范》(JTG F60—2009)的相关规定,当出现昼夜平均气温连续低于5℃或最低气温低于-3℃时,必须采取相应的冬季施工措施,确保施工质量。

2)冬季施工一般保障措施

(1)冬季施工测温与保温措施

①施工现场在入冬前建立测温机构,每日对大气温度、混凝土温度、砂浆温度进行观测。项目技术负责人负责本工程的测温工作,并派专人测温。专职测温人员要认真负责,测试数据真实可靠。

②试验人员每天至少测量3次环境气温,棚罩内温度每2小时测一次。

③测温时间和所测温度值详细记录,整理归档。每天、每施工段停止测温后,由技术人员审阅测温记录签字后交技术负责人审查。技术员定期将测温记录归入档案,以备存查。

④测温人员保持与供热、保温人员联系,如发现供热故障或保温措施不当使温度急剧变化或降温过快等情况,立即向技术负责人报告进行处理。

⑤水源及消火栓提前做好保温工作,防止受冻;暂设工程的水管、供热管在入冬前做好保温维持工作,保证冬季施工时能正常供水供热。

⑥搅拌机棚、水泵房、操作棚搭设好暖棚,准备好必要的取暖设备。

(2)冬季施工外加剂的试验与管理措施

①外加剂掺入的数量,每天至少检查一次。

②冬期施工的外加剂,其技术指标必须符合相应的质量标准,并有产品合格证。同时补做试验,确认合格后方准使用。

③新品种外加剂,应做掺外加剂混凝土和空白混凝土强度对比试验及其他有关外加剂性

能的对比试验。

④冬期搅拌混凝土和砂浆使用的外加剂配制与掺加设专人负责,认真做好记录。

(3)冬季混凝土质量保证措施

①混凝土的材料

a. 水泥:选用强度等级 42.5 级以上的硅酸盐水泥,其技术质量符合现行规范的有关规定;

b. 细骨料:采用级配良好的硬质、洁净的中砂,不含有冰块、雪团,储备场地选择地势较高、不积水的地方;

c. 粗骨料:采用级配良好,硬质、洁净、强度较高、抗冻融的粗骨料,并存放在地势较高处;

d. 外加剂:采用具有防冻效果的低温早强多功能复合外加剂,外加剂必须经试验室检验并适配验证质量合格、性能稳定的产品。

②冬季混凝土的拌和和运输及保温措施

a. 拌和用水的加热及保温措施:利用蒸汽低压锅炉直接向水箱内通蒸汽加热,水的加热温度一般为 50 ~ 80℃(以能保证混凝土拌和物温度在 10 ~ 30℃范围内),水箱四面及顶口用岩棉被保温;

b. 对砂石料进行加热:首先将砂、石置于暖棚中,用地热管对其进行加热,砂、石温度控制在 10℃左右;

c. 砂、石料的上料及保温措施:砂、石料的上料均采用装载机分别从砂、石料暖棚内运输到拌和站的砂石料斗内。砂、石料暖棚设置在离拌和站最近的地方,以减少热量损失及保温材料的用量;

d. 混凝土的拌和:混凝土的拌和以尽可能减小热量损失为原则,避免水泥发生“聚凝”,砂、石料的上料做到随上随用,中间不积压。其投料顺序为:砂石料→水→外加剂和水泥。混凝土的拌和在不低于 10℃的暖棚内进行,拌制混凝土前用热水冲洗拌和机,搅拌时间较常温时间延长 50%;

e. 混凝土运输的保温措施:混凝土输送车采取包裹保温措施。混凝土输送泵固定设置在暖棚内,混凝土输送管敷设一根蒸汽管,并用 5cm 厚岩棉被包裹保温,以确保混凝土温度在 5℃以上(但不大于 30℃)。

③混凝土养生

济南绕城高速公路济南连接线隧道工程冬季施工的混凝土工程基本为洞内部分,受低温影响不大,主要采用在混凝土浇筑后覆盖保温被养护。

④混凝土冬季施工质量检查

a. 冬季施工的混凝土,除按有关规定进行质量检查与控制外,还对混凝土用水和集料的温度、硬化过程中的混凝土温度、环境温度、养生期限等进行控制、检查和测量。

b. 试件组数,除按规定外,再增加 2 ~ 4 组补充试件,进行同条件养护,检查混凝土不同时期的强度,以指导施工。

(4)钢筋质量保证措施

①钢筋冷拉时,用冷拉率控制。

②钢筋闪光对焊在钢筋加工车间进行,钢筋加工车间做好防风、防雪措施。雪天不得在现场进行施焊,必须焊接时,采取有效遮蔽措施。

③绑扎好的钢筋用枕木垫起,并进行遮盖。

④雪天不得在现场施焊,必须焊接时采用在室内或棚内进行,焊接时的环境气温不低于0℃。室外风力超过4级,焊接时采取挡风措施;钢筋绑扎前,要先将钢筋表面的冰霜、锈蚀等清理干净,且将施工作业面的冰霜清理干净。

⑤每批钢筋焊接前,必须进行同条件下的焊接试验。焊接接头分批按规范进行外观检查和力学性能试验。每100个同类接头为一批,外观检查每批抽查10%的接头,力学性能试验切取6个试件(3个进行拉伸试验,3个进行弯曲试验)。

⑥根据钢筋级别、直径、接头形式、焊接位置和施焊环境,选择适宜的焊接工艺和焊接参数。

⑦冬期电弧焊接时,有防雪、防风及保温措施,并选择韧性较好的焊条;钢筋提前运入加工棚内,焊接完毕后的钢筋待完全冷却后才能搬运室外。焊后未冷却的接头应避免碰到冰雪。

(5)施工设备保护措施

在冬季施工前,对现场水管必须全部做好保温工作,水平管埋入地下1.0m,立管用保温材料包裹。冬季施工使用的各种机械应全面检查,更换各种润滑系统用油及燃料,对有问题的机械设备及时修理,不得带故障运转。机械在使用前应首先检查传动系统,无冻结情况后可启动,非专职机电人员严禁动用机械设备。

汽车、翻斗车、吊机使用完毕后将水箱内的水全部放掉。

3)冬季隧道施工专项保障措施

(1)洞口保温暖棚准备

进入冬季施工前,在各隧道暗挖洞口用型钢和毯布搭设保温大棚,四周密闭,留门挂棉门帘。

在棚内及洞内设置煤炉进行加温,在洞口段设置两座煤炉,以满足洞口段与棚外低温过渡阶段的提温需要,进洞后每30m设置一座煤炉,所有煤炉外接排风管,保证洞内无一氧化碳安全隐患,隧道爆破后定期排风,隧道从洞口段开始每20m设置温度计,每日每2h检查一次洞内温度情况,保证棚内及洞内温度达到5℃以上。保温暖棚见图9-1。

暖棚保温及洞内取暖安排6~8人24小时轮班作业,保证棚内及洞内温度,尤其在初期支护喷射混凝土施工结束后,保证混凝土施工面温度达到10℃以上,以便混凝土强度尽快发展,确保初期支护的有效和开挖面的稳定性,提高施工安全系数。

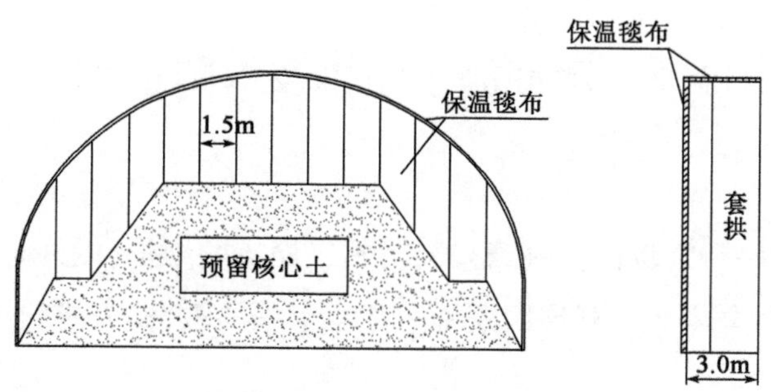

图 9-1 隧道洞口保温暖棚示意图

(2)高压风管保温

高压风站在满足相关要求的前提下尽量靠近洞口设置,缩短风管的洞外长度,便于保温。洞外风管及进洞后 100m 以内范围包裹保温材料。洞外风管架空,离开地面,减少低温环境对其的影响。

施工中,做好管内积水的及时排放工作,洞口 300m 范围内,每 100m 设置积水罐,安装排水阀门,供风前及供风后分别打开阀门以排出冷凝水,避免冻结堵塞。

(3)供水系统保温

为保证隧道开挖施工用水温度,在高位水池外搭设保温棚,保温棚设置煤炉并采取加温措施。煤炉外接排风管,保证洞内无一氧化碳的安全隐患,水管外包裹保温材料。

(4)其他保障措施

①洞外高位水池采用埋置式,并采用草袋覆盖保温;

②外露供水管和输水管采用聚苯乙烯泡沫塑料管保温。施工机械车辆停放在暖棚车库内,并采取防冻保温和防滑措施;

③为防止通风机将大量冷空气送入洞内,在通风机的集风口增设加热器,加热器功率大小根据通风量、温差等进行热工计算确定,保持洞内温度在 10℃以上,为喷混凝土和浇筑混凝土及养护创造良好施工环境。

4)冰雪封路时的施工保障措施

隧道工程为全线控制性工程,按照建设单位施工要求,必须经过冬季施工才能够按期完成。施工现场根据封路具体情况,安排若干道路保通工人每天对运输道路进行清理、维护,使用融雪剂等化学药剂清除路面积雪,必要时安排装载机等大型机械设备进行除雪作业,保证道路通畅。

冬期到来之前在施工区依照各工点具体情况选择备料场,可以在弃渣场整平后搭建,加大水泥、钢材、砂石材料储备,应储备能够供应 1 个月左右时间的施工材料,保证冬期施工极端天气情况下的正常施工。在冬期到来之前上报具体施工方案,经有关部门批准后实施。

9.2 雨期施工安排及保障措施

1)雨期施工安排

在雨期来临前,做好对现场的清理、整治,对施工便道的维护,做好防排水设施的建设和防汛物资、器材的准备,对全体职工开展雨期施工注意事项的教育,安排防汛值班人员,制定值班制度。

2)雨期施工组织措施

(1)项目经理部成立防汛抗洪领导小组,在雨期、汛期,各施工队在项目经理部统一领导下,组成应急突击队,明确责任,落实到人。

(2)加强组织领导,有针对性地进行抗洪防汛安全教育,提高广大职工的抗洪防汛意识和警觉性。

(3)在雨期、汛期到来之前,开展抗洪防汛大检查,重点检查抗洪防汛方案是否可行,职工住房环境、设备停放地点、材料储存场所等是否安全可靠,排水、防水设施是否齐备等。并认真执行雨期、雨后两检查制度。

(4)积极与当地气象局联系,及时收集气象信息,并向各施工队发布信息。

(5)坚持值班制度,遇有险情及时组织力量抢修,并及时与当地政府取得联系。

(6)汛期加强与其它兄弟单位的联系,互相配合,相互支持。

3)雨期施工技术保障措施

(1)加强对隧道左、右侧峡谷的排水处治,保证其排水畅通,同时对项目经理部及驻地背后山坡进行检查,预防泥石流发生。

(2)场地排水:施工现场根据地形对场地排水系统进行合理布置,以保证水流畅通,不积水,并防止四周水倒流进入场内。

(3)道路:施工现场主要运输道路路基碾压坚实,做好硬化处理并满足排水要求,保证雨后正常交通。

(4)防汛器材、工程防雨材料、防护用品及抽排水设备准备齐全。

(5)机电设备的电闸箱采取防雨、防潮等措施,并安装好接地保护装置。

(6)对大型机械设备进行全面检查,使其符合规程要求。

(7)对不宜遭受雨淋的原材料、半成品采取保护措施。

(8)混凝土拌制时,测定砂、石料含水量,并保证拌制过程中不受雨淋。

(9)专人负责已施工段及现场设施的防护,发现问题及时解决,减少对施工的影响。

9.3　工期管理控制措施

1)缩短施工准备期

(1)人员调入施工现场后进行详细的施工调查、测量、复测、征地拆迁、三通一平等临时工程的规划和设计,人员、材料、机具设备迅速进场,尽早安排开工,尽量缩短施工准备期;

(2)施工人员进入工地后施工用电未能及时接通,可用临时发电和内燃机械投入施工;

(3)组织好施工机械、设备和材料的调运,急用机械设备可在一周内进入施工现场,以满足施工的需要。

2)保证工期的组织措施

(1)抽调富有实践经验,又年富力强的技术、管理干部,建立精干、务实、高效的项目领导班子,配备数量多、技术强、经验丰富的技术人员,按照经理部的统一部署组建施工队伍,配备充足、结构合理的施工人员和机械设备,承担本隧道工程施工。

(2)加强施工现场组织管理,做到指挥正确,控制得力,效率高、应变能力强。建立以项目经理部经理、总工程师为首的管理体系,决策重大施工问题,确定重大施工方案,分析施工进度。当实际进度落后施工组织设计要求时,提出加快施工进度措施。

(3)全力以赴做好施工前的各项工作,使全体施工人员熟悉工程特点、业主要求和投标书内容,以便认真落实合同要求。

(4)建立健全岗位责任制,施工人员定岗定责,严格技术标准、工艺措施,严明施工纪律,按设计要求施工。

(5)深化改革,完善项目管理模式,完善竞争机制和激励机制,实行全员风险承包,任务层层落实。把工期效率和职工个人的经济利益挂钩,兑现奖罚,充分调动全体职工的积极性。

(6)积极主动与地方政府、交通、公安、环保等单位联系,加速各种协议签订,为顺利开展施工创造良好的外部环境。

(7)各施工班组严格工序质量管理,杜绝返工现象。

3)保证工期的技术措施

(1)编制好实施性施工组织设计

加强施工计划的科学性,运用网络技术、系统工程等新技术原理,根据合同工程的技术特点、现场实际情况等编制详细、切实可行的实施性施工组织设计,选择最优施工方案,使工程施工做到点线明确、轻重分明、计划可靠、资源配置合理。

施工过程中采用超前预报系统进行地质超前勘探。充分利用车行横洞作为辅助导坑,增加工作面,实现长隧短打,加快施工进度,提前贯通分界里程。主体工程采用“左洞半断面超前,右洞全断面稳进,分部开挖作业,平行交错跟进,衬砌完善配套”多工作面推进的施工方案,确保工程按期完工。

(2)组织措施

组织强有力的指挥领导班子,科学组织合理安排,超前考虑。以“干一项工程,树一块牌子,留一方美誉,添一处美景”为指导思想,深入现场,了解情况,解决主要矛盾,坚持用一流的思想,一流的管理,一流的质量,一流的速度安全按期完成工程。

快速进场,迅速展开。中标后,迅速组建项目经理部,主要施工队伍、施工机械设备做到“三快”,即“进场快、施工准备快、开工快”,本着先施工后生活、先通后善的原则,保证主体工程顺利开工。

(3)管理保障措施

①加强施工管理,向管理要工期,要效益。要强化施工调度,做好施工协调工作,解决问题要快。做到重、难点早下手,重点抓,争分夺秒,尽快突破,以确保工期。

②合理增加投入。在人员上,要选派具有丰富施工经验的专业化施工队伍;在设备上要选用新型、施工能力强的机械投入施工。确保工程优质、快速的竣工。

(4)资金保证措施

为保证资金合理、有效地用于本工程建设,确保本项目资金不外流,采取在业主指定的银行开设工程项目资金专户,与业主、银行签订资金管理协议,自觉接受业主及银行对工程建设资金的管理、监督和检查。

(5)对施工进度进行监控

施工进度采用如下监控方法:投资指标监控法、形象进度监控法、单项进度指标监控法、关键线路网络监控法。根据施工组织设计或业主、监理及其他有关要求,适时根据工程进展,调整资源配置,实现工期目标。对关键工序、关键项目强化跟踪指导,跟踪监测。

①投资指标监控法

根据合同工程总的投资计划,编制与施工进度相对应的逐月投资计划,并比较施工中实际每月完成与计划完成的投资差距,分析差距原因,分析差距产生的单位、分部和分项工程,采取相应的对策,从宏观控制到微观控制,并绘制投资管理控制曲线。

②形象进度监控法

对分项、分部工程编制每旬、每月、每季、每年的施工形象进度计划,在施工中及时掌握实际每旬、每月、每季、每年所达到的形象进度,看实际完成与计划完成工程量的差距,分析差距产生的原因,采取相应对策,同时建立工程管理曲线。

③单项进度指标监控法

及时统计施工中各项实际进度指标,掌握情况,并与施工组织设计确定的各项进度指标进行比较。发现实际指标低于计划指标时,采取调整工序、增加投入等相应措施,确保单项进度指标的实现,实现日保旬,旬保月、月保季、季保年,从微观控制到宏观控制。

④关键线路网络监控法

根据施工组织设计确定的施工进度网络图,明确关键线路,在施工组织上狠抓关键工序,并根据工程进展的变化,实施动态管理,适时调整网络图,明确不同阶段的关键工序,采取相应的有效对策。关键线路分层次,关键工序保关键点,关键点保关键线路,关键线路保总工期。

(6)积极推广先进经验和先进技术,提高劳动生产率

积极推广先进经验和先进技术,提高劳动生产率,向"四新"要质量、要进度。

4)保证工期的经济措施

项目部要对资金使用情况进行科学管理,确保每笔款项都用在工程管理、施工设备、材料购买,以及工人工资发放上,确保不因为资金匮乏而影响工程进度。

项目部进场后更多地利用经济手段控制施工进度,对施工班组按照多劳多得的原则,实行效益工资。

对管理人员,同样要根据个人工作与工程进度的关联程度,制订针对工作进度的考核办法,将管理人员的奖金收入与工作进度挂钩。

10 施工安全生产与风险管控

10.1 施工安全生产保障措施

10.1.1 施工安全保障措施

1)钻孔作业安全保障措施

(1)钻眼前,首先检查工作面是否处于安全状态,灯光照明是否良好,支护、顶板及两帮是否牢固,有无松动的岩石,如有松动的岩石及时支护或清除;检查加固操作平台,确保钻眼平台不变形、不垮塌。

(2)凿岩机钻眼时,采用湿式或带有捕尘器的凿岩机。

(3)风钻钻眼前,对设备工具做下列检查,不合格的立即修理或更换:机身、螺栓、卡套、弹簧、支架是否完好;管路是否良好,连接是否牢固;钻杆有无不直、带伤以及钎孔是否有堵塞孔现象。

(4)使用支架的风钻钻眼时,确保将支架安置稳妥。站在渣堆上钻眼时,注意石渣的稳定,防止操作中滑塌伤人。

(5)严禁在残眼中继续钻眼;严禁在工作面拆卸修理钻孔工具。

(6)进洞施工人员必须戴安全帽、防护手套,穿工作服;电工和电钻工穿绝缘鞋、戴绝缘手套。

2)爆破施工安全保障措施

(1)洞内爆破作业做到统一指挥信号,人员撤离到安全距离外,不受有害气体冲击。其安全距离为:掘进坑道内不少于200m;相邻的平行坑道内不少于100m。

(2)隧道施工放炮,由取得"安全技术合格证"的爆破工担任,严格防护距离和爆破警戒。放炮后10min才准许人员进入工作面,经找顶清除危石、锚喷支护后方能继续施工。

(3)每日放炮时间及次数根据施工条件明确规定,装药离放炮时间不应过久。爆破前爆破人员严格检查爆破网络,确保一次起爆。

(4)遇到下列情况严禁装药爆破:照明不足;工作面岩石破碎尚未支护;发现可能有大量岩溶、岩爆及高压水涌出地段。

(5)爆破后必须经过通风排烟,且时间不少于15min,并经过以下各项检查和妥善处理后,其他工作人员才准进入工作面:有无瞎炮及可疑现象,有瞎炮必须由原爆破人员按规定处理;有无残余炸药或雷管;顶板两帮有无松动石块;支护有无损坏与变形。

(6)装炮时严禁火种,严禁明火点炮,严禁装药与打眼同时进行。

(7)两端工作面接近贯通时,加强两端的联系与统一指挥。当两端工作面距离约为八倍循环进尺时,停止一端作业,并将人员机具撤走,在安全距离处设立警告标志。

(8)抓好现场管理,做搞好文明施工,经常保持现场管线整齐。灯明、路平、无积水,对易燃、易爆等危险品按规定保存和堆放,并悬挂标志,严格发放制度。切实做好防洪、防火、防中毒、防淹亡等工作。杜绝重大伤亡事故,减少一般性事故。

3)装渣与运输安全保障措施

(1)运输车辆严禁人、料混装。

(2)机械装渣时,坑道断面尺寸必须满足装渣机械安全运转,并符合下列要求:装渣不准高于车厢;装渣机与运渣车之间不准有人;为确保运渣车就位良好和安全进出,派专人指挥。

(3)运输车辆限速行驶。限制速度的规定见表10-1。

隧道洞内运输车辆限速规定　　表10-1

项　目	作业地段	非作业地段	成洞地段
正常行车	10km/h	20km/h	20km/h
会车	5km/h	10km/h	10km/h

(4)洞口、平交道口和狭窄的施工场地,设置“缓行”标志,必要时安排人员指挥交通。

(5)车辆行驶遵守下列规定:严禁超车;同向行驶车辆保持20m的距离,洞内能见度较差时,加大距离;车辆起动前必须瞭望与鸣笛;驾驶室不得搭载其他人员;车辆不得带故障运行。

(6)车辆在洞内行驶时,施工人员必须遵守下列规定:不准与车辆机械抢道;不准扒车、追车和强行搭车。

(7)洞内倒车与转向,必须开灯、鸣笛并派专人指挥。

4)临时支护施工安全保障措施

遵照公路隧道施工安全规则及相应的规范,为确保安全,还应采取以下措施:

(1)施工期间现场负责人会同有关人员对各部位支护定期检查。在不良地质地段,每班指定专人检查,当发现支护变形或损坏时,立即修整加固。

(2)严禁将支撑放在虚渣或软弱的岩石上,软弱围岩地段底面加设垫板或垫梁,并加木楔塞紧。

(3)洞内水平坑道与辅助坑道连接处,加强支护或及早进行永久衬砌。

(4)对开挖后自稳程度很差的围岩或喷射混凝土尚未达到一定强度即趋失稳的围岩或喷锚后变形量超过设计允许值以及发生突变的围岩,采取及时加强临时支护措施。

(5)对洞内拱顶和地表布置的测点定期观测,发现洞内和地表位移值等于或大于允许位移值,以及地面或洞内出现裂缝时,必须立即通知作业人员撤离现场,待制订处理措施后再施工。

(6)对喷锚地段的危石及时处理完毕,脚手架、防护栏杆、照明设施确保符合安全要求。

(7)喷射机械定机、定人、定岗,认真执行安全操作规程,坚持交接班制,并做好记录。

(8)针对长大管棚施工特点和要求,参照有关安全规则制定安全规章制度。

(9)加强对围岩的动态监控量测,实行信息化管理,科学组织施工。

(10)拆卸钻杆时要统一指挥,明确联络信号,扳钳卡钻方向应正确,防止管钳及扳手打伤人。

(11)钢管内注浆时,操作人员应戴口罩、眼镜和胶皮手套。

(12)要有良好的照明条件。

5)二次衬砌施工安全保障措施

(1)衬砌台车下的净空确保运输车辆正常通行,并悬挂明显的缓行标志。

(2)使用衬砌台车必须注意下列问题:

台车走行轨中心线必须与隧道中心线重合,两侧轨面在同一水平面;台车上不准堆放料具;工作台上底板必须满铺;两端挡头板安装牢固、可靠,不漏浆,灌注时两侧对称进行,不得使台车受到偏压;台车前后轮的相反方向固定牢靠,防止位移。

6)洞内通风与防尘安全保障措施

(1)隧道施工的通风设施设专人管理。

(2)通风机运转时,严禁人员在风管的进出口附近停留。

(3)通风机停止运转时,任何人不准靠近通风软管行走和在软管旁边停留,不准将任何物品放在通风管或管口上。

(4)风管与掌子面距离不得大于50m。

(5)喷射混凝土采用湿喷,严禁在隧道中使用干式凿岩机。

7)洞内防火与防水安全保障措施

(1)施工区域设置有效而足够的消防器材,放在易取的位置并且设立明显标志。各种器材做到定期检查、补充和更换,不得挪用。

(2)洞内严禁明火作业与取暖。

(3)在雨期前进行防洪及洞顶地表水检查,防止洪水灌入洞内。

(4)对地表水丰富和地质条件复杂的地层,在施工时制定妥善的防排水措施,备足排水设备。

8)洞内电气设备安全保障措施

(1)洞内电气设备的操作必须符合下列规定:非专职电工不得操作电气设备;手持式电气设备的操作手柄和工作中接触的部位要有良好的绝缘,使用前进行绝缘检查。

(2)电器(气)设备外露和传动部分,必须加装遮栏或防护罩。

(3)36V 以上的供电设备和由于绝缘损坏可能带有危险电压的设备的金属外壳、构架等,必须有接地保护。

(4)直接向洞内供电的馈线上,严禁设自动重合闸,手动合闸时必须与洞内值班人员联系。

10.1.2　施工质量保证措施

1)开挖质量保证措施

(1)在软弱地层中,开挖循环进尺恪守“短进尺、弱爆破、快封闭”的原则。

(2)最大限度地利用围岩本身具有的支承能力,采取对围岩扰动少的开挖方法和方式。

(3)开挖过程中严格按设计控制开挖断面,不得欠挖,最大允许超挖量拱部为 15cm,边墙 10cm。当出现超挖时,严格按照设计、规范规定的材料回填密实,并做好回填注浆。

2)爆破质量保证措施

(1)根据地质条件、开挖断面、开挖方法、掘进循环进尺、钻眼机具和爆破器材等进行钻爆设计,经审核批准后,严格按设计施工。并根据爆破效果,及时修整有关参数。

(2)采用湿式钻孔法钻孔,钻孔前将作业面清出实底。

(3)钻眼深度、角度按设计施工,掏槽眼眼口间距误差和眼底间距误差不得大于 5cm;辅助眼深度、角度按设计施工,眼口排距、行距误差不得大于 10cm;周边眼间距误差为 5cm,外斜率不大于孔深的 3% ~5%,眼底不超出开挖断面轮廓线 10cm;周边眼至内圈眼的排距误差不得大于 5cm;除掏槽眼外所有炮眼底确保在同一垂直面上。

(4)装药前将炮眼内泥浆、石粉吹洗干净,经检查合格后装药,严格控制装药量。

3)超前支护质量保证措施

(1)超前管棚

①钻孔前,按设计精确画出钻孔位置。

②钻孔台车应在技术人员和测量工的指导下摆正大臂,按设计调整好钻孔角度。开钻时速度要慢,待钻杆进入岩体 20cm 左右后,常速钻进。

③钻孔平面误差≤15cm,钻孔角度误差≤0.5°。

④控制钻孔角度,尤其接长钻杆后钻进角度应严格控制。成孔要孔壁圆、角度准、孔身直、深度够。

⑤台车大臂送管时,要检查管节两端联结丝扣,有脱扣和裂纹的管节不得使用。

⑥棚管四周钻 $\phi10$ 出浆孔眼(靠掌子面一端 2m 不钻),孔间距 50 ~60cm。管内放置钢筋前,应掏孔清除管内残物。

⑦注浆时应正确掌握浆液配比,并使浆液在管内充填密实。

⑧大管棚接头处要错开,以利整体受力。

(2)超前小导管

在未扰动而破碎的岩层、结构面裂隙发育的块状岩层或松散渗水的岩层中,需采用注浆超前小导管支护。

①钢管间距根据围岩状况确定,地质条件变化时,锚杆参数也随之变化。

②钢管与毛洞轴线的夹角根据地质条件确定,并严格控制夹角范围。

③钻孔前,根据设计要求和围岩情况,定出孔位,做好标记。

④钻孔确保圆直,孔位位置、深度、孔径符合设计要求。

⑤钢管型号、规格、品种、各部件质量及技术性能符合设计要求,注浆及锚固剂材料质量确保合格。

⑥钢管安装前除去油污锈蚀,安装时孔内砂浆饱满。

4)初期支护质量保证措施

(1)锚杆网喷混凝土支护

①锚杆的类型和布置,必须符合设计要求,锚杆钻孔保持直线,并与所在部位的岩层主要结构面垂直。

②锚杆安装前,除去油污锈蚀并将钻孔吹洗干净。

③每根锚杆的锚固力不得低于设计要求,每100根抽样一组进行抗拔试验,每组不少于3根。

④钢筋网随受喷面起伏铺设,与受喷面的间隙为3cm。钢筋网的喷混凝土保护层厚度不得小于2cm。

⑤钢筋网与锚杆或其他固定装置连接牢固,网片之间搭接长度不小于200mm,在喷射混凝土时钢筋不得晃动。

⑥锚杆、钢筋网安装经检验合格后,及时喷射混凝土,并确保在4h内不得进行爆破作业。

(2)喷射混凝土

①喷射混凝土作业分片依次进行,喷射作业自下而上,先喷钢架支撑与拱墙壁间混凝土,后喷两拱架之间混凝土。

②混凝土采取分层喷射,后一层喷射在前一次喷射混凝土终凝后进行。

③喷射混凝土时,喷头垂直于受喷面,喷头离受喷面的距离保持在0.6~1.2m之间。

④喷射混凝土的表面确保密实、平整,无裂缝、脱落、漏喷、露筋、空鼓、渗漏水等现象。

5)二次衬砌质量保证措施

混凝土衬砌必须做到内实外美,光洁明快,直线段平直,曲线段圆顺,无蜂窝、麻面、跑模、烂根。模板缝横平竖直,环节缝、施工缝处理达标。

(1)采用电力自动走行、液压升降、大块整体模板衬砌台车进行衬砌,衬砌时对于施工缝等薄弱环节的处理要制定特殊措施，衬砌混凝土掺加外加剂，提高混凝土的密实度及各项性能，模板采用先进的脱模剂，保证混凝土的外观质量。

(2)混凝土灌注时，采取分层、水平、对称灌注，振捣器不得触及防水层、钢筋和模板。

(3)挡头板按设计衬砌断面用木板正规制作，支立规范牢固，与混凝土壁间缝隙嵌堵紧密。每两组衬砌间的环节缝错台不得大于3mm。

(4)混凝土衬砌施工中途因故中断时，及时将混凝土扒平且外高内低，成辐射状。续灌前凿除表面浮浆及松动石子，先铺一层高于原混凝土强度等级的砂浆。

(5)混凝土灌注至墙拱交接处，间歇1～1.5h，混凝土必须振捣密实，确保质量。

(6)混凝土灌注时，采取分层、水平、对称灌注，振捣器不得触及防水层、钢筋和模板。

6)保证混凝土与钢筋混凝土工程质量的措施

混凝土拌和前，对水泥做碱—集料反应试验，合格后再用于施工。

(1)原材料质量保证措施

混凝土是由各组成材料合成的人工复合材料，各组成材料的质量情况将影响混凝土的质量。因此，建立主要原材料综合检验网络，以确保对混凝土质量的控制。

(2)钢筋工程质量保证措施

为确保对钢筋工程的加工制作质量控制、焊接质量控制、绑扎质量控制，建立钢筋工程质量控制程序。

(3)混凝土工程质量保证措施

为确保混凝土的配合比、拌制、运输、灌注、养护、拆模满足设计和规范要求，建立混凝土工程质量控制程序。

7)保证模板工程质量的措施

为保证混凝土结构、构件的位置、形状、尺寸符合要求，保证工程结构和构件各部分形状尺寸和相互位置的正确，满足混凝土具有设计要求的强度和密实度，模板接缝不漏浆，建立模板工程质量控制图。

8)保证隐蔽工程质量的措施

隐蔽工程施工完毕后，由工班长在隐蔽验收记录中填写工程的基本情况，由施工队技术负责人签字，并邀请项目工程技术负责人、质量检查员和建设、监理单位现场代表，重要或特殊部位还邀请设计单位和质量监督单位派员参加，共同对隐蔽工程进行检查验收。对于隐检中提出的质量问题进行认真处理，经复验符合要求后，方可办理签证手续，进行下道工序施工。

9)质量通病的针对性措施

提高工艺质量是保证工程质量的重要途径。为了提高工艺质量，通过以往同类工程的总结，对隧道工程各类质量通病进行了认真细致的分析，制定了相应的预防措施，详见表10-2。

隧道工程质量通病原因分析及预防措施　　表 10-2

通病现象	原因分析	预防措施
1. 围岩和复合式衬砌之间贴合不密贴、不整合	1. 喷层背后有空洞或异物； 2. 开挖轮廓控制差； 3. 防水板的吊挂工艺缺损； 4. 拱顶混凝土未灌注饱满	1. 喷层背后严禁回填； 2. 采用光面爆破技术，控制开挖轮廓； 3. 防水板铺设采用无钉铺设技术，保证防水板铺设质量
2. 隧道边墙施工缝接触面处混凝土不密实	1. 挡头板没有按设计加工成整块模板，缝隙大，支撑不牢； 2. 捣固不密实，漏浆，跑模变形，施工缝不顺直	1. 按设计断面预制端头模板，立模要牢固并充分湿润模板； 2. 加强捣固，边角处一定要振捣密实； 3. 木工现场值班，发现跑模，立即纠正
3. 隧道在掘进开挖过程中，发生上、下、左、右轮廓超、欠挖	1. 测量不准，放线偏差较大； 2. 炮孔钻眼过程中孔眼不直，发生斜孔超限； 3. 爆破参数选择有误，装药量不合理	1. 保证测量工作的换手复核制； 2. 精确计算爆破参数，正式进洞前进行工艺试验，地质条件变化时及时调整有关参数； 3. 钻孔过程中控制孔眼位置及其方向
4. 喷混凝土脱层隆起，混凝土喷射层与岩面不黏结，混凝土喷层之间黏结不好	1. 受喷面松动岩石未清除； 2. 岩面浮渣杂物未用压力风、压力水冲洗或冲洗不彻底； 3. 受喷面滴水、淋水、集中出水点未处理； 4. 间隔喷混凝土前，前一层喷面未用风、水清洗浮渣	1. 清除松动岩石，清除受喷面浮渣杂物； 2. 对喷水、淋水、集中出水点的受喷面采用凿槽、埋管进行引导疏干处理； 3. 喷射混凝土前进行试喷，确定风压与喷射距离之间的协调关系
5. 锚杆砂浆灌注不饱满	1. 注浆工艺不正确； 2. 砂浆配合比不适当； 3. 没有排气措施； 4. 孔眼内杂物没有处理干净	1. 严格按设计孔深钻孔；压浆前用压力风、水冲净孔眼； 2. 严格按工艺注浆，控制好砂浆的配合比； 3. 孔内注浆从孔底开始，均匀连续进行，中途不得中断； 4. 采用带排气装置的锚杆
6. 整体台车衬砌接茬处发生错台	1. 台车刚度小，混凝土浇筑时发生变形； 2. 模板使用时间过长发生变形； 3. 相邻节段接茬处未处理	1. 台车设计时加大刚度、挠度检算，可采用稍大的安全系数； 2. 模板发生变形时一律进行更换； 3. 相邻节段接茬处采用加强措施，如使用横向液压千斤顶、丝杠顶撑等使相接处密贴
7. 隧道渗漏水	1. 防水层破坏，混凝土有裂纹； 2. 混凝土施工缝、沉降缝未处理好； 3. 混凝土振捣不密实； 4. 没有严格按工艺组织施工	1. 按设计要求施工防排水设施，灌注混凝土时保证防排水设施位置正确、牢固、不破损； 2. 洞身施工防水层前先进行支护表面修整处理，防止防水层被戳破； 3. 严格按照设计要求的防排水原则施工； 4. 衬砌混凝土要捣固密实，加强结构自身防水； 5. 按规范安装止水条、止水带，按设计埋设盲管

续上表

通病现象	原 因 分 析	预 防 措 施
8. 隧道水沟、电缆槽不平直	1. 模板支撑不牢固,造成跑模现象; 2. 顶面抹平控制不好	1. 采用成熟的型钢模板体系施工方法,每倒用一次都要进行整修; 2. 放样点宜5m一个,模板纵向接缝处要重点检查高程,加强支撑,防止跑模; 3. 捣固密实,顶面抹面要设专人负责; 4. 不得提前拆模,以防拆模造成棱角破损
9. 混凝土表面缺浆、粗糙、凸凹不平	1. 模板表面在混凝土浇筑前未清理干净,拆模时混凝土表面被黏损; 2. 模板表面脱模剂涂刷不均匀,造成混凝土拆模时发生黏模; 3. 模板拼缝处不够严密,混凝土浇筑时模板缝处砂浆流走; 4. 振捣不够,混凝土中空气未排净	1. 认真清理模板表面,不得沾有干硬性水泥砂浆等杂物; 2. 全部使用钢模板; 3. 混凝土脱模剂涂刷均匀,不得漏刷; 4. 振捣必须按操作规程分层均匀振捣密实,严防漏捣,在振捣时掌握好止振标准:混凝土表面不再有气泡冒出
10. 混凝土局部酥松,石子间几乎没有砂浆,出现空隙,形成蜂窝状的孔洞	1. 混凝土配比不准,原材料计量错误; 2. 混凝土未能充分搅拌,和易性差,无法振捣密实; 3. 未按操作规程浇筑混凝土,下料不当,石子与砂浆分离造成离析; 4. 漏振造成蜂窝; 5. 模板上有大孔洞,混凝土浇筑时发生严重漏浆造成蜂窝	1. 采用电子自动计量搅拌站拌料,每盘出料均检查混凝土和易性;混凝土拌和时间应满足其最小拌和时间的规定; 2. 混凝土下料高度超过2m时,使用串筒或滑槽;混凝土分层厚度控制在30cm之内; 3. 振捣时振捣器移动半径不大于规定范围;振捣时进行搭接式分段,避免漏振; 4. 仔细检查模板,并在混凝土浇筑时加强现场检查
11. 浆砌石通缝	1. 石块不规则,砌筑时又忽视左右、上下、前后的砌块搭接,砌缝未错开; 2. 施工间歇留斜槎不正确,未按规定留有斜槎,而留马牙形直槎	1. 加强石料挑选工作,注意石块左右、上下、前后的交搭,必须将砌缝错开,特别注意相邻的上下层错开; 2. 转角处及沉降缝处把丁顺叠砌改为丁顺组砌;施工间歇必须留斜槎,留槎的槎口大小要根据所使用的材料和组砌方法而定

以建设“平安工地”与“零事故”为目标,项目部从“点”“线”“面”三个维度入手,全面构建安全生产“大网格”,争创“平安工地”创建示范单位。

一是“点”上抓班组安全管理。在施工过程中率先推行多媒体安全教育培训箱、安全体验馆等组合教育模式,做实做细施工现场一线人员的安全教育培训工作,提高参建人员的安全意识及安全技能。坚持“请进来”的办法,适时邀请安全专家走进施工现场,传授安全生产及救护知识。采取“走出去”的形式,组织安全管理人员及班组负责人到同行业单位进行观摩,学习同行业单位先进的安全管理经验,取长补短,取得“真经”,真正“学进来”。在应急演练方面,根据不同的季节、不同的施工工序等开展了防汛、消防等专项应急预案演练,使班组作业人员能够及时、有效地应对突发事件。

二是“线”上深化安全隐患排查治理长效机制,实施安全隐患清单化、动态化管理。在隐患排查方面,项目部根据现场实际情况制定了安全风险管控和隐患排查治理双重预防机制工作方案,从排查风险点、制定风险分级四色图、风险公告警示、消除隐患、应急管理、防控职业病等几个方面着手,突出预防为主、关口前移,把握安全生产工作的主动权。加大巡查力度,及时消除隐患。项目部每月组织各分部开展月度安全综合大检查,且邀请监理参加,提高了各分部及劳务队伍的重视程度。月度综合大检查与周四安全检查日、日常自检相结合,加大了安全检查频次,及时消除安全隐患,切实做到横到边、纵到底、无缝隙、全覆盖,不留“盲区”和“死角”。尤其是借助微信平台,推广轮值安全员制度,实施安全隐患“随手拍、立即改”,安全隐患无处藏身。在动态管理方面,主要针对本项目隧道地质条件差、安全风险高的特点,开展了动态施工安全风险评估,定量与定性相结合,动态识别过程风险,确保隧道施工安全。

三是“面”上搭建安全生产“大网格”。根据安全生产责任制中,横向到边,纵向到底的总体要求,项目搭建了纵向由总承包部、施工分部、协作队伍组成,横向由预防预控、隐患排查治理、应急救援、综合管理四个工作内容组成的“平面大网格”,进一步明确各级安全管理责任和工作内容,全面落实安全生产主体责任,形成各司其职、相互联动、综合监管的工作机制,使安全生产工作进一步规范化、科学化。

四是多措并举,加强现场管控。利用科技手段,确保安全“无死角”。利用微信群、摄影、摄像、监控视频等方式,对隧道现场作业进行实时监控和过程把控,对违章行为进行分析纠正。实行领导带班制度。随时掌握安全生产情况,及时发现和组织消除事故隐患和险情,及时制止违章行为。设置安全曝光台,针对施工过程中检查出的安全隐患进行曝光,让参建人员随时掌握施工过程中存在的安全隐患,加大隐患整改力度。针对隧道施工特点,加强门禁管理、掌子面高空作业、人车分离、车辆超速、交叉作业、安全防护等重点部位的安全管控,成效显著。在施工建设期间,全年未发生一起安全责任事故,受到业主及监理的高度赞扬。

10.2 隧道总体风险评估

10.2.1 评估方法与思路

根据工程的地质环境条件、建设规模、结构特点等孕险环境与致险因子,采用风险指标体系法进行评估。

1)总体风险评估思路

(1)现场踏勘,收集与总体风险评估相关的基础资料。

(2)分析《山东省公路桥梁和隧道工程施工安全风险评估实施细则》中风险评估指标体系是否能较好地反映本工程的特点与难点,如有不妥,做适当修改。

(3)根据工程具体情况,对照风险评估指标体系,依次对各评估指标进行风险赋值,并求和得出总体风险值。

(4)根据总体风险分级标准,确定桥梁工程施工安全总体风险等级。

2)建立风险评估体系

根据《山东省公路桥梁和隧道工程施工安全风险评估实施细则》相关规定。隧道工程施工安全总体风险评估主要考虑隧道地质条件、建设规模、气候与地形条件等评估指标,总体风险评估指示体系。

3)专项风险评估

根据总体风险评估结果,以总体风险评估等级为Ⅲ级(高度风险)及以上隧道工程、桥梁工程的施工作业活动为评估对象,根据其作业风险特点以及类似工程事故情况,对具有潜在危险性作业环境中的危险源采用半定量的安全评价方法(LEC 法)进行评估。

专项风险评估思路:

(1)将施工工序分解;

(2)结合分解工序,进行危险源普查,列出风险源普查清单;

(3)用系统安全方法对辨识出的危险源进行定性评估;

(4)选用合适的评估方法,对辨识出的危险源进行定量评估。

4)重大风险评估

根据专项评估结果,结合专家讨论结果确定重大风险源,通过采用定量风险估测(风险矩阵法和指标体系法),进行评估。

重大风险源评估思路:

(1)按照《山东省公路桥梁和隧道工程施工安全风险评估实施细则》的要求,建立评估风险矩阵;

(2)评估事故发生的可能性,预测事故后果,进行评估。

(3)参照风险矩阵,确定风险等级。

5)评估步骤

风险评估流程见图 10-1。

10.2.2 评估内容

1)收集资料

评估小组先进行现场踏勘,收集风险评估相关的基础资料,主要有:

(1)隧道工程、桥梁工程施工事故资料;

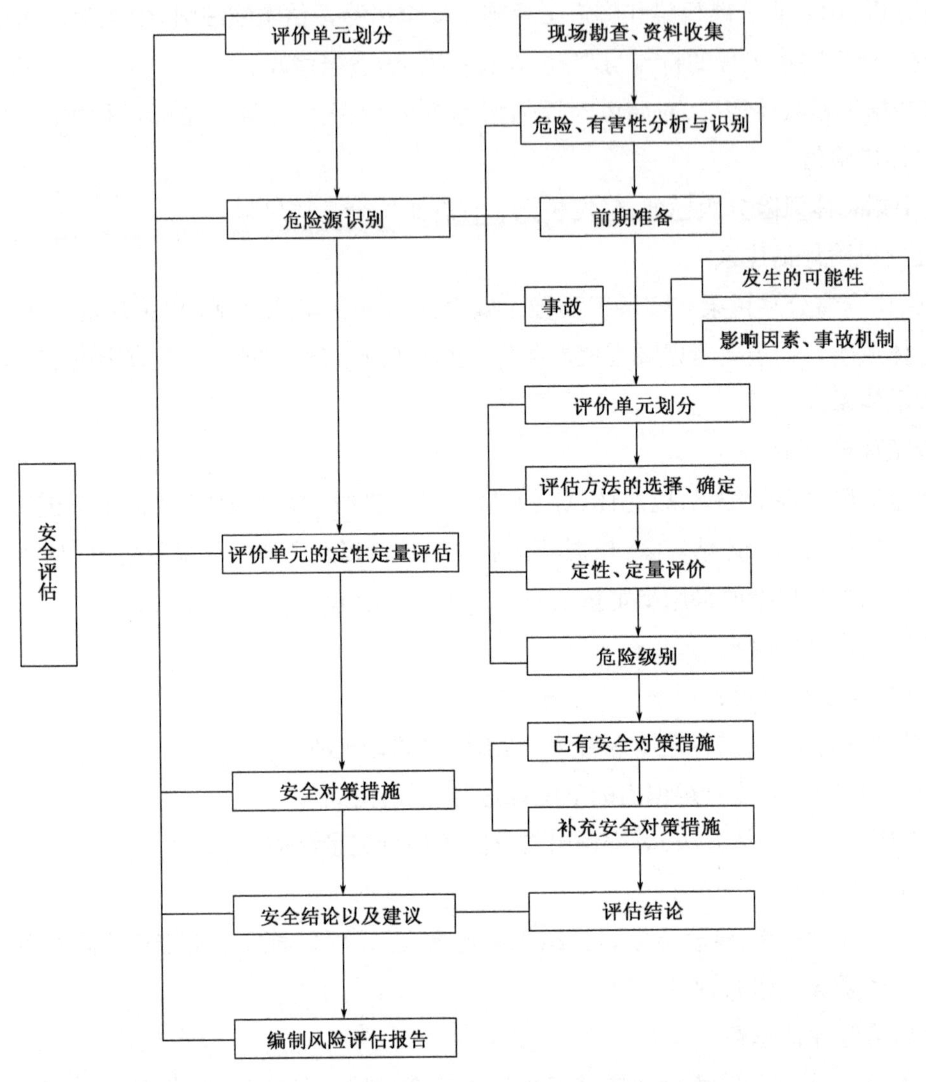

图 10-1　风险评估流程图

(2)本工程相关的设计及施工文件资料;

(3)本工程区域内水文、地质资料;

(4)本工程地质勘察文件、施工图设计文件及施工组织设计文件;

(5)本工程区域内的建筑物、管线资料。

2)确定风险评估单元

评估小组通过收集的资料,结合济南绕城高速济南连接线项目隧道、桥梁施工的特点及所处的工程环境,通过讨论确定风险评估单元。

3)安全事故辨识

通过调查、评估小组讨论,分析评估单元中可能发生的典型事故类型,找出风险源。

10.2.3 总体风险评估

1)大岭隧道总体风险评估

(1)大岭隧道围岩分级统计

大岭隧道围岩分级统计见表10-3。

大岭隧道围岩分级统计 表10-3

围岩级别	Ⅲ		Ⅳ		Ⅴ	
	长度(m)	比例(%)	长度(m)	比例(%)	长度(m)	比例(%)
大岭隧道左线	90	9.36	540	56.15	209	21.73
大岭隧道右线	155	16.06	435	45.08	310	32.12

(2)大岭隧道总体风险评估结果

大岭隧道总体风险评估见表10-4。

大岭隧道工程总体风险评估结果 表10-4

评估指标	分类		分值	说明
大岭左线				
地质 $G=a+b+c$	围岩情况 a	Ⅴ、Ⅵ围岩长度占全隧道长度20%以上、40%以下	1	
	瓦斯含量 b	隧道施工区域不会出现瓦斯	0	
	富水情况 c	有部分可能发生涌水突泥的地质	1	
开挖断面 A	特大断面(单洞四车道)隧道		4	
隧道全长 L	中		2	
洞口形式 S	水平洞		1	
洞口特征 C	隧道进口施工较容易		1	
大岭右线				
地质 $G=a+b+c$	围岩情况 a	Ⅴ、Ⅵ围岩长度占全隧道长度20%以上、40%以下	1	
	瓦斯含量 b	隧道施工区域不会出现瓦斯	0	
	富水情况 c	有部分可能发生涌水突泥的地质	1	
开挖断面 A	特大断面(单洞四车道)隧道		4	
隧道全长 L	中		2	
洞口形式 S	水平洞		1	
洞口特征 C	隧道进口施工较容易		1	

大岭隧道施工安全总体风险大小计算公式为:

$$R=G(A+L+S+C)$$

大岭隧道(左线)$R=G(A+L+S+C)=2\times(4+2+1+1)=16$

其中,依据隧道工程施工安全总体风险分级标准,$14<R<21$,大岭隧道(左线)总体风险等级为Ⅲ级(高度风险)。

大岭隧道(右线)$R=G(A+L+S+C)=2\times(4+2+1+1)=16$

其中,依据隧道工程施工安全总体风险分级标准,$14<R<21$,大岭隧道(右线)总体风险等级为Ⅲ级(高度风险)。

2)小岭隧道总体评估

(1)小岭隧道围岩分级统计

小岭隧道围岩分级统计见表10-5。

小岭隧道围岩分级统计　　表10-5

围岩级别	Ⅲ		Ⅳ		Ⅴ	
	长度(m)	比例(%)	长度(m)	比例(%)	长度(m)	比例(%)
小岭隧道左线	120	24	251	50.2	70	14
小岭隧道右线	120	24	260	52	50	10

(2)小岭隧道总体风险评估结果

小岭隧道总体风险评估见表10-6。

小岭隧道工程总体风险评估结果　　表10-6

小岭左线和小岭右线				
评估指标	分类		分值	说明
地质 $G=a+b+c$	围岩情况 a	Ⅴ、Ⅵ围岩长度占全隧道长度20%以下	0	
	瓦斯含量 b	隧道施工区域不会出现瓦斯	0	
	富水情况 c	有部分可能发生涌水突泥的地质	1	
开挖断面 A	特大断面(单洞四车道)隧道		4	
隧道全长 L	中		2	
洞口形式 S	水平洞		1	
洞口特征 C	隧道进口施工较容易		1	

小岭隧道(左线)施工安全总体风险大小计算公式为:

$$R=G(A=1\times L(4+S+1+C))$$

小岭隧道(左线)$R=G(A+L+S+C)=1\times(4+2+1+1)=8$

其中,依据隧道工程施工安全总体风险分级标准,$7<R<13$,小岭隧道(左线)总体风险等级为Ⅱ级(中度风险)。

小岭隧道(右线)$R=G(A+L+S+C)=1\times(4+2+1+1)=8$

其中:依据隧道工程施工安全总体风险分级标准,$7<R<13$,小岭隧道(右线)总体风险等级为Ⅱ级(中度风险)。

10.2.4　专项风险评估

根据《山东省公路桥梁和隧道工程施工安全风险评估实施细则》相关规定,总体风险在Ⅲ级(高度风险)及以上的隧道工程,应纳入专项风险评估范围。总体风险评估结果见表10-7。

总体评估汇总表 表 10-7

隧道名称	计算值 R	风险等级	是否专项评估
大岭隧道	16	等级Ⅲ(高度风险)	是
小岭隧道	8	等级Ⅱ(中度风险)	否

1)施工作业程序分解

对大岭隧道的施工工序进行分解,分解内容见表 10-8。

2)风险辨识(风险源普查)

(1)大岭隧道围岩现状

根据设计说明中钻探、野外观察、孔内原位测试、室内岩石试验资料及地质测绘和物探结果,大岭隧道围岩现状,见表 10-9。

施工作业分解表 表 10-8

<table>
<tr><th>分部工程</th><th>分项工程</th><th>作业过程</th></tr>
<tr><td rowspan="11">洞口工程</td><td rowspan="3">洞口开挖</td><td>清表作业</td></tr>
<tr><td>挖掘作业</td></tr>
<tr><td>爆破作业</td></tr>
<tr><td rowspan="8">洞口边、仰坡防护</td><td>超前管棚</td></tr>
<tr><td>喷射混凝土</td></tr>
<tr><td>地锚布设</td></tr>
<tr><td>混凝土方格梁</td></tr>
<tr><td>危石清除</td></tr>
<tr><td>截水沟施工</td></tr>
<tr><td>植被防护</td></tr>
<tr><td rowspan="8">洞身开挖</td><td rowspan="4">钻爆作业</td><td>钻孔作业</td></tr>
<tr><td>装药与起爆</td></tr>
<tr><td>通风</td></tr>
<tr><td>危石清除</td></tr>
<tr><td rowspan="4">洞内运输</td><td>装渣</td></tr>
<tr><td>有轨、无轨运输</td></tr>
<tr><td>卸渣</td></tr>
<tr><td>爆破器材运输</td></tr>
<tr><td rowspan="6">洞身衬砌</td><td rowspan="4">初期支护</td><td>超前小导管</td></tr>
<tr><td>钢拱架</td></tr>
<tr><td>锚杆支护</td></tr>
<tr><td>喷射混凝土</td></tr>
<tr><td rowspan="2">二次衬砌</td><td>铺设防水层</td></tr>
<tr><td>绑扎二次衬砌钢筋</td></tr>
</table>

续上表

分部工程	分项工程	作业过程
洞身衬砌	二次衬砌	浇筑二次衬砌混凝土
		仰拱作业
隧道路面	基层、面层	水泥混凝土路面
		沥青路面
交通工程	安全设施	高处作业
	机电工程	机电安装

岭隧道围岩现状 表 10-9

围岩分布里程	长度(m)	围岩级别	围岩特性	主要工程地质特征及围岩结构特征和完整状态
YK6+535~YK6+603	68	Ⅴ1	碎石土、强风化灰岩	层间结合差,岩体很破碎,岩芯多呈块状、碎块状及少量短柱状,节理、裂隙很发育,构造裂隙发育,裂隙面见泥质充填,钻进过程中漏水严重,围岩自稳能力差
YK6+603~YK6+682	79	Ⅳ3	中风化灰岩(破碎)	结构面发育,层间结合较好,为镶嵌碎裂结构,岩芯多呈块状、短柱状及柱状,节理、裂隙及溶蚀裂隙较发育,钻进过程中易沿裂隙面漏水,岩体较破碎,围岩自稳能力较差
YK6+682~YK6+800	118	Ⅳ2	中风化灰岩	结构面发育,层间结合较好,大部分为镶嵌碎裂结构,局部为整体状结构,岩芯多呈块状、短柱状及柱状,节理、裂隙及溶蚀裂隙较发育,岩体较破碎,易沿裂隙面漏水,围岩自稳能力一般
YK6+800~YK6+975	175	Ⅲ2	中风化灰岩	结构面发育,层间结合较好,大部分为镶嵌碎裂结构,局部为整体状结构,岩芯多呈块状、短柱状及柱状,节理、裂隙及溶蚀裂隙较发育,岩体较破碎,易沿裂隙面漏水,围岩自稳能力一般
YK6+975~YK7+100	125	Ⅳ2	中风化灰岩	结构面发育,层间结合较好,为镶嵌碎裂结构,局部为整体状结构,岩芯多呈块状、短柱状及柱状,节理、裂隙及溶蚀裂隙较发育,围岩自稳能力一般
YK7+100~YK7+208	108	Ⅳ3	中风化灰岩(破碎)	结构面发育,层间结合较好,为镶嵌碎裂结构,岩芯多呈块状、短柱状及柱状,节理、裂隙及溶蚀裂隙较发育,钻进过程中易沿裂隙面漏水岩体较破碎,围岩自稳能力较差

续上表

围岩分布里程	长度(m)	围岩级别	围岩特性	主要工程地质特征及围岩结构特征和完整状态
YK7 +208 ~ YK7 +500	292	Ⅴ2	碎石土、强风化灰岩	层间结合差,岩体很破碎,岩芯多呈块状、碎块状及少量短柱状,节理、裂隙很发育,构造裂隙发育,裂隙面见泥质充填,钻进过程中漏水严重,围岩自稳能力差
ZK6 +511.3 ~ ZK6 +586	74.7	Ⅴ1	碎石土、强风化灰岩	层间结合差,岩体很破碎,岩芯多呈块状、碎块状及少量短柱状,节理、裂隙很发育,构造裂隙发育,裂隙面见泥质充填,钻进过程中漏水严重,围岩自稳能力差
ZK6 +586 ~ ZK6 +702	116	Ⅳ2	中风化灰岩	结构面发育,层间结合较好,大部分为镶嵌碎裂结构,局部为整体状结构,岩芯多呈块状、短柱状及柱状,岩体较破碎,易沿裂隙面漏水,围岩自稳能力一般
ZK6 +702 ~ ZK6 +778	76	Ⅳ3	中风化灰岩(破碎)	结构面发育,层间结合较好,为镶嵌碎裂结构,岩芯多呈块状、短柱状及柱状,节理、裂隙及溶蚀裂隙较发育,钻进过程中易沿裂隙面漏水,岩体较破碎,围岩自稳能力较差
ZK6 +778 ~ ZK6 +852	74	Ⅳ2	中风化灰岩	结构面发育,层间结合较好,大部分为镶嵌碎裂结构,局部为整体状结构,岩芯多呈块状、短柱状及柱状,节理、裂隙及溶蚀裂隙较发育,岩体较破碎,易沿裂隙面漏水,围岩自稳能力一般
ZK6 +852 ~ ZK6 +961	109	Ⅲ2	中风化灰岩	结构面发育,层间结合较好,大部分为镶嵌碎裂结构,局部为整体状结构,岩芯多呈块状、短柱状及柱状,节理、裂隙及溶蚀裂隙较发育,岩体较破碎,易沿裂隙面漏水,围岩自稳能力一般
ZK6 +961 ~ ZK7 +113	152	Ⅳ2	中风化灰岩	结构面发育,层间结合较好,大部分为镶嵌碎裂结构,局部为整体状结构,岩芯多呈块状、短柱状及柱状,节理、裂隙及溶蚀裂隙较发育,岩体较破碎,钻进过程中易沿裂隙面漏水,围岩自稳能力一般
ZK7 +113 ~ ZK7 +236	123	Ⅳ3	中风化灰岩(破碎)	结构面发育,层间结合较好,大部分为镶嵌碎裂结构,局部为整体状结构,岩芯多呈块状、短柱状及柱状,节理、裂隙及溶蚀裂隙较发育,岩体较破碎,易沿裂隙面漏水,围岩自稳能力一般
ZK7 +236 ~ ZK7 +473	237	Ⅴ2	碎石土、强风化灰岩	层间结合差,岩体很破碎,岩芯多呈块状、碎块状及少量短柱状,节理、裂隙很发育,构造裂隙发育,裂隙面见泥质充填,钻进过程中漏水严重,围岩自稳能力差

(2)专家分析

通过与现场施工人员座谈、评估小组讨论、专家咨询等方式,结合《山东省公路桥梁和隧道工程施工安全风险评估实施细则》附件3,分析得出风险源普查清单,见表10-10。

风险源普查清单　　表10-10

序号	风险源	判断依据
1	坍塌	洞口边仰坡防护、初期支护、二次衬砌可能导致坍塌
2	机械伤害	洞口开挖、洞口边仰坡防护、初期支护、二次衬砌可能导致机械伤害
3	物体打击	洞口开挖、钻爆作业、洞内运输、初期支护可能导致物体打击、高处坠落
4	高处坠落	洞口开挖、洞口边仰坡防护、钻爆作业、初期支护、二次衬砌可能导致物体打击、高处坠落
5	触电	初期支护、二次衬砌可能导致触电
6	爆炸	钻爆作业可能导致爆炸

(3)风险分析

采用系统安全工程的方法,从人、机、料、法、环五个方面分析导致事故的致险因子,分析结果如表10-11所示。

风险源风险分析表　　表10-11

单元作业内容	潜在事故类型	致险因子	受伤害人员类型	伤害程度	不安全状态	不安全行为
洞口工程	坍塌	围岩	作业人员	严重	防护不当等	忽视安全、警告等
	物体打击	危石	作业人员	轻伤	无防护等	操作错误等
	高处坠落	操作不当	作业人员	轻伤	无防护、警告标志	忽视警告标志等
洞身开挖	坍塌	松散围岩	作业人员	重伤	防护不当等	忽视安全、警告等
	物体打击	危石	作业人员	轻伤	无防护等	操作错误等
	高处坠落	操作不当	作业人员	轻伤	无防护、警告标志	忽视警告标志等
	机械伤害	操作不当	作业人员	重伤	使用不安全设备等	设备带病运转等
初期支护	坍塌	松散围岩	作业人员	重伤	防护不当等	忽视安全、警告等
	物体打击	操作不当	作业人员	轻伤	无防护等	操作错误等
	高处坠落	操作不当	作业人员	重伤	无防护、警告标志	忽视警告标志等
	触电	操作不当	作业人员	重伤	设备未接地接零	违章操作电器设备
二次衬砌	触电	操作不当	作业人员	重伤	设备未接地接零	违章操作电器设备
	机械伤害	操作不当	作业人员	重伤	使用不安全设备等	设备带病运转等
	高处坠落	操作不当	作业人员	轻伤	无防护、警告标志	忽视警告标志等

(4)风险估测

按照LEC法将计算结果填入表10-12中。

表中以部分计算表格展示操作过程。

LEC 法风险估测计算表 表 10-12

危险源				危险源辨识					
分析工程	作业内容		潜在的事故类型	不安全行为(状态)	*L*	*E*	*C*	*D* = *LEC*	危险程度
	2. 洞口开挖	a. 洞口测量	高处坠落	危险区域作业	3	6	7	126	显著危险
		b. 架设钢拱架	触电	电缆线绝缘强度不够	1	3	7	21	一般危险
				电线线破损或断裂	1	3	7	21	一般危险
				电路保护装置失效	1	3	7	21	一般危险
				物料随意压盖电缆	1	3	7	21	一般危险
				随意拖拽电缆	1	3	7	21	一般危险
				未按要求敷设电缆	1	3	7	21	一般危险
			物体打击	工作平台工具材料随意堆放	1	6	3	18	稍有危险
				起吊钢丝绳、吊篮等防护不全	1	6	3	18	稍有危险
				未正确穿戴劳保用品	1	6	3	18	稍有危险
				在起吊物下行走、停留	1	6	3	18	稍有危险
				违规抛按工具	1	6	3	18	稍有危险
			高处坠落	安全防护不到位	1	6	3	18	稍有危险
			机械伤害	未按工艺流程作业	1	6	3	18	稍有危险
			坍塌	未按工艺流程作业	1	6	3	18	稍有危险
		c. 洞口管棚或小导管施工	高处坠落	台车护栏不符安全规范	1	6	3	18	稍有危险
				台车机械故障	1	6	3	18	稍有危险
				台车强度不够	0.1	6	3	1.8	稍有危险
				台车违规起升降落	1	6	3	18	稍有危险
				未正确穿戴劳保用品	1	6	3	18	稍有危险
				台车司机与工作人员配合不当	1	6	3	18	稍有危险
				电缆线绝缘强度不够	1	3	7	21	一般危险
			触电	电线线破损或断裂	1	3	7	21	一般危险
				电路保护装置失效	1	3	7	21	一般危险
				物料随意压盖电缆	1	3	7	21	一般危险
				随意拖拽电缆	1	3	7	21	一般危险
				未按要求敷设电缆	1	3	7	21	一般危险
				违规检修电路	1	3	7	21	一般危险
			涌水突泥	地质探查不明，未做好地质超前预报工作	0.1	0.5	1	0.05	稍有危险

续上表

危险源				危险源辨识					
分析工程	作业内容		潜在的事故类型	不安全行为(状态)	L	E	C	$D=LEC$	危险程度
	2. 洞口开挖	d. 注浆	机械伤害	注浆机管道支护不扎实	1	6	3	18	稍有危险
				机械故障	1	6	3	18	稍有危险
				人员在危险区域停留	1	6	3	18	稍有危险
				非操作人员违规操作	1	6	3	18	稍有危险
		e. 洞口开挖(爆破或机械开挖)	冒顶片帮	围岩内部压力失衡	1	6	7	42	一般危险
				开挖进尺过大	1	6	7	42	一般危险
				进入危险区域	3	6	7	126	显著危险
			放炮	装炮时炮眼温度过高	1	6	7	42	一般危险
				放炮区域内车辆机械材料未清场	1	6	7	42	一般危险
				炸药填放不符合要求	1	3	40	120	显著危险
				电雷管引爆器或线路故障	1	3	40	120	显著危险

从计算结果可以看出,在隧道洞口开挖阶段,最容易因地质原因造成塌方,造成施工区域作业人员的伤亡。同时,在钻孔和找顶作业中,也应采取必要的监控措施加强防护。

10.2.5 重大风险源风险估测

1)安全管理评估指标

根据《山东省公路桥梁和隧道工程施工安全风险评估实施细则》要求,按照表10-13建立安全管理评估指标体系,计算指标分值 M。

建立安全管理评估指标体系 表10-13

评估指标	分类	分值
总承包资质 A	三级	3
	二级	2
	一级	1
	特级	0
专业及劳务分包企业资质 B	无资质	1
	有资质	0
历史事故情况 C	发生过重大事故	3
	发生过较大事故	2
	发生过一般事故	1
	未发生过事故	0

续上表

评估指标	分　类	分　值
作业人员经验 D	无经验	2
	经验不足	1
	经验丰富	0
安全管理人员配备 E	不足	2
	基本符合规定	1
	符合规定	0
安全投入 F	不足	2
	基本符合规定	1
	符合规定	0
机械设备配置及管理 G	不符合合同要求	2
	基本符合合同要求	1
	符合合同要求	0
专项施工方案 H	可操作性较差	2
	可操作性一般	1
	可操作性强	0

济南绕城高速公路济南连接线总承包企业山东省路桥集团有限公司为隧道工程总承包二级，总承包资质 A 为 2 分。专业及劳务分包企业为山东省路桥集团有限公司，有资质，B 为 0 分。历史未发生过事故，C 为 0 分。作业人员经验较为丰富，D 为 0 分。安全管理人员配备符合规定，E 为 0 分。安全投入符合规定，F 为 0 分。机械设备配置及管理符合合同要求，G 为 0 分。专项施工方案可操作性强，H 为 0 分。

经过计算：$M = A + B + C + D + E + F + G + H = 2$，根据表 10-14，可得：折减系数 $\gamma = 0.8$。

安全管理评估指标分值与折减系数对照表　　表 10-14

计算分值 M	折减系数 γ
$M > 12$	1.2
$9 \leqslant M \leqslant 12$	1.1
$6 \leqslant M \leqslant 8$	1
$3 \leqslant M \leqslant 5$	0.9
$0 \leqslant M \leqslant 2$	0.8

2）坍塌事故危险性评估

（1）坍塌事故可能性评估

根据项目实际情况，结合《山东省公路桥梁和隧道工程施工安全风险评估实施细则》中关于坍塌指标体系建立要求，建立表 10-15。

坍塌事故可能性评估指标　　表 10-15

评估指标		分类	分值	说明
围岩级别 A		Ⅴ、Ⅵ级	4～5	
		Ⅳ级	3	
		Ⅲ级	2	
		Ⅰ、Ⅱ级	0～1	
断层破损情况 B		存在宽度 50m 以上的大规模断层破碎带	3～4	
		存在宽度 20m 以上、50m 以下的中等规模断层破碎带	2	
		存在宽度 20m 以下小规模断层破碎带	1	
		不存在断层破碎带	0	
渗水状态 C		岩熔管道式涌水	1.5	
		线状—股状	1.2	
		线状	1	
		干—滴渗	0.9	
地质符合性 D		工程地质条件与设计文件相比较差	2～3	
		工程地质条件与设计文件基本一致	1	
		施工控制与设计	0	
施工方法 E		施工方法不适合水文地质条件的要求	2～3	
		施工方法基本适合水文地质的要求	1	
		施工方法完全适合水文地质的要求	0	
施工步距 $F=a+b$	a	Ⅴ、Ⅵ级围岩衬砌到掌子面距离在 200m 以上或全断面开挖衬砌到掌子面距离在 250m 以上	4～5	
		Ⅴ、Ⅵ级围岩衬砌到掌子面距离在 120m 以上、200m 以下或全断面开挖衬砌到掌子面距离在 160m 以上，250m 以下	3	
		Ⅴ、Ⅵ级围岩衬砌到掌子面距离在 70m 以上、120m 以下或全断面开挖衬砌到掌子面距离在 120m 以上，160m 以下	2	
		Ⅴ、Ⅵ级围岩衬砌到掌子面距离在 70m 以下或全断面开挖衬砌到掌子面距离在 120m 以下	0～1	
	b	一次性仰拱开挖长度在 8m 以上	2～3	
		一次性仰拱开挖长度在 8m 以下	0～1	

大岭隧道围岩级别为Ⅳ、Ⅴ级，围岩级别 A 定为 4 分。根据地区地质资料，隧址区域无活动断裂带，围岩整体稳定性较好，围岩破碎 B 为 0 分。本隧道地质主要为石灰岩地质，可能存在溶洞，但通过探测发现地下水赋存量较小，渗水状态 C 为 1 分。工程地质条件与设计文件基本一致，D 为 1 分。施工方法基本适合水文地质的要求，E 为 1 分。根据施工要求，二次衬砌距掌子面为 70m 以下，仰拱开挖一般在 8m 以下，施工步距 $F=a+b=1+1=2$ 分。

隧道坍塌事故可能性分值 $P=\gamma(C\times A+B+D+E+F)=0.8(1\times4+0+1+1+2)=3.2$

建立表10-16隧道施工坍塌事故可能性等级标准。

隧道施工坍塌事故可能性等级标准　　表10-16

计算分值 P	事故可能性描述	等　级
$P \geqslant 15$	很可能	4
$8 \leqslant P < 15$	可能	3
$3 \leqslant P < 8$	偶然	2
$0 \leqslant P < 3$	不太可能	1

从表10-16中可以看出,大岭隧道发生坍塌的可能性为偶然。

(2)坍塌事故严重性评估

经过计算,大岭隧道发生坍塌事故的可能性为偶然。隧道如果发生坍塌,会造成暴露在施工作业环境中的3~10名作业人员发生死亡事故,造成直接经济损失达50~500万元,后果重大。

(3)坍塌事故危险性评估

坍塌事故为高度(Ⅲ级)风险,需制定风险消减措施。

3)洞口失稳危险性评估

(1)洞口失稳可能性评估

根据项目实际情况,参考《公路桥梁和隧道工程施工安全风险评估制度及指南解析》中关于洞口失稳指标体系,建立表10-17。

坍塌事故可能性评估指标　　表10-17

评 估 指 标	分　　类	分值	说明
围岩级别 A	Ⅴ、Ⅵ级	4~5	
	Ⅳ级	3	
	Ⅲ级	2	
	Ⅰ、Ⅱ级	0~1	
施工方法 B	施工方法不适合水文地质条件的要求	2~3	
	施工方法基本适合水文地质条件的要求	1	
	施工方法完全适合水文地质条件的要求	0	
洞口偏压 C	洞口存在较严重偏压	3	
	洞口存在可矫正偏压	2	
	洞口无偏压	0~1	

大岭隧道围岩级别为Ⅳ、Ⅴ级,围岩级别 A 定为4分。施工方法基本适合水文地质的要求,B 为1分。大岭隧道洞口无偏压,C 为1分。大岭隧道施工区段洞口失稳事故可能性分值 $P = \gamma(A + B + C) = 0.8(4 + 1 + 1) = 4.8$。

建立表10-18隧道施工坍塌事故可能性等级标准。

从表10-18中可以看出，本隧道发生坍塌的可能性为偶然。

隧道施工坍塌事故可能性等级标准 表10-18

计算分值 P	事故可能性描述	等级
$P \geqslant 8$	很可能	4
$5 \leqslant P < 8$	可能	3
$2 \leqslant P < 5$	偶然	2
$0 \leqslant P < 2$	不太可能	1

(2)洞口失稳严重性评估

经过计算，大岭隧道发生洞口失稳事故的可能性为偶然。隧道如果发生洞口失稳，会造成暴露在施工作业环境中的3～10名作业人员发生重伤事故，造成直接经济损失达10～50万元，后果较大。

(3)洞口失稳危险性评估

洞口失稳为中度(Ⅱ级)，需加强管理不断改进。

(4)绘制风险分布表

根据大岭隧道纵断面图，绘制大岭隧道施工安全风险分布表(表10-19)。

大岭隧道施工安全风险分布表 表10-19

序号	施工区段	坍塌			洞口失稳		
		可能性等级	严重程度等级	风险等级	可能性等级	严重程度等级	风险等级
1	ZK6+511.3～ZK6+542	偶然	较大	中度Ⅱ级	可能	一般	中度Ⅱ级
2	ZK6+542～ZK7+381	偶然	重大	高度Ⅲ级	—	—	—
3	ZK7+381～ZK7+473	偶然	较大	中度Ⅱ级	可能	一般	中度Ⅱ级
4	YK6+535～YK6+565	偶然	较大	中度Ⅱ级	可能	一般	中度Ⅱ级
5	YK6+565～YK7+500	偶然	重大	高度Ⅲ级	—	—	—
6	YK7+500～YK7+465	偶然	较大	中度Ⅱ级	可能	一般	中度Ⅱ级

10.3 隧道施工动态风险评价

10.3.1 动态风险评价与施工许可原则

隧道施工风险评估工作按照《关于开展公路桥梁和隧道工程施工安全风险评估试行工作的通知》(交质监发[2011]217号)要求执行；风险等级界定标准参照《公路桥梁和隧道工程施工安全风险评估指南(试行)》。

隧道施工风险评价主要依据：地质勘探与设计资料、超前地质预报资料、监控量测资料、围岩判定资料、地质素描资料、影像资料等。

施工许可机制是一个基于施工信息动态修正、施工方案动态调整、施工风险动态评估与控制的隧道施工期风险控制机制，实施主要依据：地质勘探与设计资料、超前地质预报资料、监控量测资料、围岩判定资料、地质素描资料、影像资料、隧道施工风险评价报告。

隧道施工风险评价与施工许可遵循“电子资料先行，纸质资料后行，据施工动态，三阶段评估相结合”的原则实施，可最大限度达到业主、监理、施工方及其他专项研究方数据共享，远程动态控制施工。

“电子资料先行，纸质资料后行”是指为提高风险控制与应对效率，超前预报单位、监控量测单位及施工单位向业主、监理和专家报送资料时，均采用先行在线报送电子资料，后定期报送纸质资料的方式进行。

“据施工动态，三阶段评估相结合”是指在施工组织设计前，根据勘察资料，对水文地质与工程地质条件进行初步评估，为制定有针对性的施工组织设计提供理论依据；施工前，综合孕险环境与致险因子，对包含开挖支护方案、超前地质预报措施、监控量测大纲等方案的施工组织设计进行二次评估；施工中，依据隧道开挖动态、超前地质预报、监控量测等资料对二次评估结论进行动态修正，即对掌子面前方一定距离范围内施工风险进行动态评估；最后由相关单位依据新的风险评估结论决定继续或暂停施工。

10.3.2 动态风险评价与施工许可流程

实施的主要流程是各分项报告责任部门定期提供最新成果，风险管控小组依据各方资料及时提出隧道施工风险分级与评价报告，并提交给业主与监理单位，监理单位综合分析后决定是否许可施工（图10-2）。

（1）初步、二次评估

风险管控小组依据勘察设计与工程地质、水文地质资料进行施工风险初步评估，提交隧道施工风险评估报告；施工单位进行施工组织设计，制定预报、监测与施工方案；并上传电子版资料报审，风险管控小组进行施工风险二次评估，业主、监理、风险管控小组审核方案是否满足施工许可条件；若不满足施工许可条件则继续修正方案直至满足要求为止，若方案审核通过则可按计划开始施工。

（2）资料审核与报送

依据施工动态信息、超前地质预报、监控量测、岩溶水文地质专题研究成果进行施工风险动态评估。

①超前地质预报资料

超前地质预报资料的审核遵循谁施作谁复核，保证资料的真实性，然后由现场监理确认，并由施工单位上传电子版给风险管控小组进行存档。

②监控量测资料地质素描资料

由监控量测工作技术负责人复核,保证资料的真实性,由现场监理确认,再提交给风险管控小组进行存档。监控量测资料由监控量测技术负责人复核,保证资料的真实性,由现场监理确认,再提交给风险管控小组和驻地办进行存档。

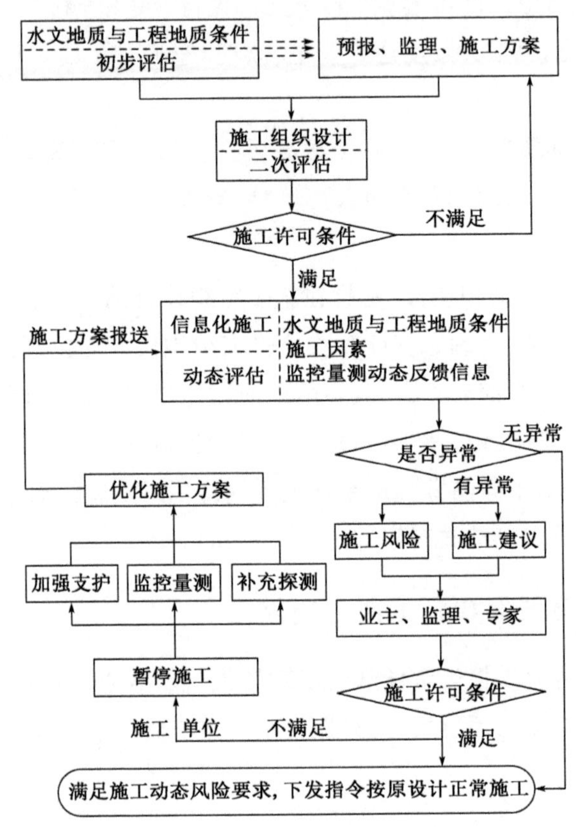

图 10-2　风险评价与施工许可流程

③施工方案与施工动态信息

施工单位结合现场实际情况,及时反馈施工动态信息,提出施工方案,由现场监理确认,保证隧道施工的顺利进行。

(3)施工风险动态评估

风险管控小组依据施工动态信息、超前地质预报、监控量测等资料成果进行施工风险动态评估,并上传风险评估报告与施工建议。若修正后的短期风险与长期风险一致,则施工单位可按原计划正常施工;若不一致,则施工单位暂停施工,等待业主与监理指令。

(4)信息反馈与施工许可

在施工风险发生变化的情况下,业主、监理与专家商讨决定原施工组织设计中施工方案是否仍然满足施工许可条件。

若满足，则分两种情况：①原施工组织设计中施工方案基本满足（或略高于）施工动态风险要求，则向施工单位下发指令按原计划正常施工；②原施工组织设计中施工方案显著高于施工动态风险要求，则向施工单位下发指令改变工法，或降低支护强度与支护参数。

若不满足，则下发指令采取加强支护措施后，加强监控量测工作、补充有针对性的超前地质预报，优化施工方案，直至优化的施工方案满足施工许可条件后方可恢复施工。

10.3.3　大岭隧道动态风险评价报告

（1）现场巡视情况

大岭隧道出口左、右线采用上下台阶法施工，现场巡视情况如下（3月1日）：

现场巡视发现洞身段初期支护局部任存在湿渍，湿渍有继续扩大、有水流渗出等情况，局部存在活跃的导水通道（泉眼等），若湿渍继续扩大，应考虑采取注浆等措施，同时应尽快施作防水层及二衬（图10-3）。

a)洞身段左右侧壁局部存在湿渍

b)仰拱开挖情况

图10-3　现场巡视照片

掌子面围岩由中风化灰岩组成，自稳能力一般，结构面发育，层间结合一般，节理、裂隙较发育，含有碎石夹泥，夹泥带宽度较大，包含碎石岩快，开挖时易掉块。开挖后应及时支护，加强监测。

现场中部分保证施工安全的设施，如逃生管、灭火器等，应正确放置，避免堆放杂物，保证逃生管通道的顺畅。

（2）围岩分级情况

在3月14日～3月28日，左线进行了3次围岩分级与岩体质量评价，右线进行了2次围岩分级与岩体质量评价，本管控周期内大岭隧道出口右线围岩整体评价为Ⅲ级围岩，左线围岩整体评价为Ⅳ级围岩，以中风化灰岩为主，岩质较硬，节理裂隙较发育，自稳能力和整体稳定性一般。具体评价时间、评价结果见表10-20。部分围岩判定成果见表10-21～10-25。

大岭隧道出口段围岩分级汇总 表10-20

序　号	评价时间	评价结果	
		里程桩号	围岩等级
1	2017.03.18	YK6 +825	III级
2	2017.03.25	YK6 +805	III级
3	2017.03.13	ZK6 +701	IV级
4	2017.03.18	ZK6 +681	Ⅲ级
5	2017.03.23	ZK6 +661	Ⅳ级

大岭隧道出口 YK6 +825 岩体质量评价 表10-21

编号	项目名称	状态描述				
1	掌子面状态	稳定√	正面掉块	正面挤出	正面不能自稳	其他
2	毛开挖面状态	自稳	随时间松弛、掉块√	自稳困难，要及时支护	要超前支护	其他
3	风化程度	微风化	弱风化	中风化	强风化√	其他
4	裂隙宽度	>5	3～5	1～3√	<1	其他
5	裂隙形态	密集	部分张开√	开口	夹有黏土	其他
6	涌水状态	无水√	渗水	整体湿润	涌出或喷出	特别大
7	围岩级别划分	III级				

大岭隧道出口 YK6 +805 岩体质量评价 表10-22

编号	项目名称	状态描述				
1	掌子面状态	稳定√	正面掉块	正面挤出	正面不能自稳	其他
2	毛开挖面状态	自稳	随时间松弛、掉块√	自稳困难，要及时支护	要超前支护	其他
3	风化程度	微风化	弱风化	中风化	强风化√	其他
4	裂隙宽度	>5	3～5	1～3√	<1	其他
5	裂隙形态	密集	部分张开√	开口	夹有黏土	其他
6	涌水状态	无水√	渗水	整体湿润	涌出或喷出	特别大
7	围岩级别划分	Ⅲ级				

大岭隧道出口 ZK6 +701 岩体质量评价 表10-23

编号	项目名称	状态描述				
1	掌子面状态	稳定√	正面掉块	正面挤出	正面不能自稳	其他
2	毛开挖面状态	自稳√	随时间松弛、掉块	自稳困难，要及时支护	要超前支护	其他
3	风化程度	微风化	弱风化	中风化√	强风化	其他
4	裂隙宽度	>5	3～5	1～3√	<1	其他
5	裂隙形态	密集	部分张开√	开口	夹有黏土	其他
6	涌水状态	无水√	渗水	整体湿润	涌出或喷出	特别大
7	围岩级别划分	Ⅳ级				

大岭隧道出口 ZK6 +681 岩体质量评价 表 10-24

编号	项目名称	状态描述				
1	掌子面状态	稳定√	正面掉块	正面挤出	正面不能自稳	其他
2	毛开挖面状态	自稳√	随时间松弛、掉块	自稳困难，要及时支护	要超前支护	其他
3	风化程度	微风化	弱风化	中风化√	全风化	其他
4	裂隙宽度	>5	3~5	1~3√	<1	其他
5	裂隙形态	密集	部分张开√	开口	夹有黏土	其他
6	涌水状态	无水√	渗水	整体湿润	涌出或喷出	特别大
7	围岩级别划分	Ⅲ级				

大岭隧道出口 ZK6 +661 岩体质量评价 表 10-25

编号	项目名称	状态描述				
1	掌子面状态	稳定√	正面掉块	正面挤出	正面不能自稳	其他
2	毛开挖面状态	自稳√	随时间松弛、掉块	自稳困难，要及时支护	要超前支护	其他
3	风化程度	微风化	弱风化	中风化√	全风化	其他
4	裂隙宽度	>5	3~5	1~3√	<1	其他
5	裂隙形态	密集	部分张开√	开口	夹有黏土	其他
6	涌水状态	无水√	渗水	整体湿润	涌出或喷出	特别大
7	围岩级别划分	Ⅳ级				

(3)超前地质预报分析

超前地质预报采用 TRT 和地质雷达对掌子面前方围岩情况进行了探测，本管控周期内左线进行了 1 次探测，右线进行了 1 次探测。具体探测时间、探测里程见表 10-26，部分探测解译成果见图 10-4 和图 10-5。

大岭隧道进口段地质预报探测汇总 表 10-26

序号	探测时间	探测里程
1	2017.03.21	ZK6 +680 ~ ZK6 +640
2	2017.03.26	YK6 +800 ~ YK6 +775

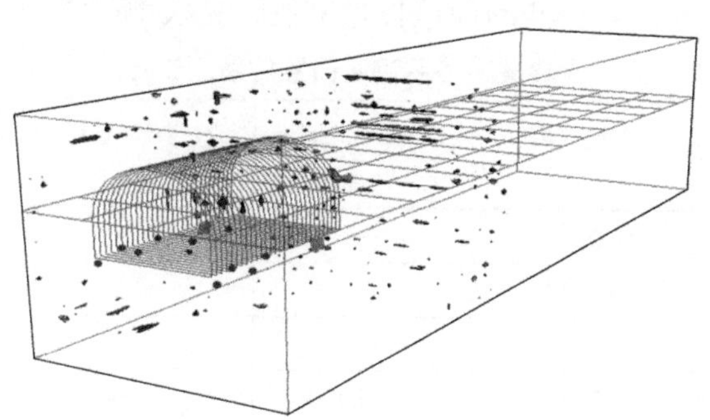

图 10-4 ZK6 +882 ~ ZK6 +800 段

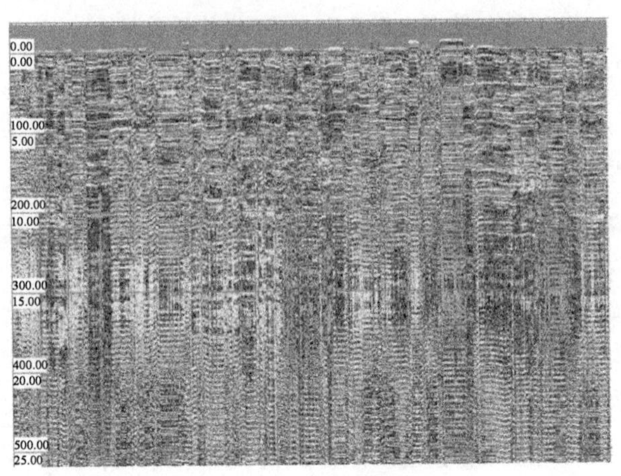

图 10-5　YK7 +038 ~ YK6 +888

(4)监控量测数据分析

大岭隧道出口段左线在本管控周期内共有 9 条监测断面进行监测,进行收敛监测共有 9 个断面,Z0 累计沉降共有 9 个断面,Z1 累计沉降共有 9 个断面,Z4 累计沉降共有 9 个断面,拱顶沉降速率最大值点为 3 月 26 号 ZK6 +690 断面 Z4 点为沉降速率为 4.2mm/天。3 月 26 号累计沉降值最大的点为 ZK6 +740 断面 Z4 点,沉降累计值为 7.2mm。周边收敛速率最大值点为 3 月 20 日 ZK6 +720 断面 Z5 - Z3,收敛速率为 -2.7mm/天,周边收敛累计值最大点为 3 月 27 号 ZK6 +710、Z5 - Z3 点,累计收敛值为 2.9mm。监测点存在被混凝土喷住无法监测情况,还有部分测点被破坏。

右线在本管控周期内共有 59 条监测断面进行监测,进行收敛监测共有 22 个断面,Z0 累计沉降共有 23 个断面,Z1 累计沉降共有 42 个断面,Z4 累计沉降共有 37 个断面。拱顶沉降速率最大值为 3 月 08 日 YK6 +890 断面 Z1 点,沉降速率为 -4.8mm/天。3 月 1 日累计沉降值最大的点为 YK6 +920 断面 Z0 点,沉降累计值为 -6.0mm。随着掌子面的推进,周边收敛速率最大值点为 2 月 28 日 YK6 +950 断面 Z3 - Z5 点,收敛速率为 3.7mm/天,周边收敛累计值最大的点为 3 月 06 日到 3 月 08 日 YK6 +920 断面 Z3 - Z5 点,累计收敛值为 -7.7mm。有监测点被破坏,建议立即修复。各监测断面监控量测统计见表 10-27。

大岭隧道各监测断面监控量测统计　　表 10-27

隧道	监测断面桩号	累计收敛(mm)	Z0 累计沉降(mm)	Z1 累计沉降(mm)	Z4 累计沉降(mm)	备　注
左线	ZK6 +760	测点破坏	—	—	—	
	ZK6 +750	测点破坏	—	—	—	
	ZK6 +740	0.0	7.2	-2.1	-3.1	
	ZK6 +730	0.0	-5.0	-4.0	0.0	
	ZK6 +720	0.6	-1.9	-2.2	0.0	

续上表

隧道	监测断面桩号	累计收敛（mm）	Z0 累计沉降（mm）	Z1 累计沉降（mm）	Z4 累计沉降（mm）	备注
左线	ZK6 +710	2.9	6.0	2.9	2.4	
	ZK6 +700	2.0	1.3	2.6	-2.9	
	ZK6 +690	0.0	2.4	1.7	2.6	
	ZK6 +680	0.7	1.2	2.2	3.2	
右线	YK6 +920	—	—	1.4	1.2	
	YK6 +890	0.0	—	1.2	—	
	YK6 +860	0.0	1.2	3.5	2.2	
	YK6 +830	-1.8	0.5	0.2	1.4	

(5)风险管控建议

①根据现场巡检大岭隧道出口段初期支护渗水、湿渍处较多。围岩夹泥裂隙较发育，受水软化作用影响，黏聚力下降，可能导致渗水通道扩张演化，渗水情况加重。施工过程中应密切注意初支渗水、湿渍等扩散情况，做好防水措施，同时加快二衬进度，必要时考虑局部注浆等手段。

②大岭隧道出口段围岩较破碎、自稳能力一般，发育含碎石岩块裂隙，施工中易发生掉块及塌方事故，建议开挖后及时施作初期支护，必要时加强支护，并做好监控量测工作。

③根据监控量测单位提供监测数据分析，本管控周期内监测数据波动正常。存在部分监测点被破坏、喷涂覆盖等现象，现场应加强巡查，及时修复，保证监测数据的连续性。对波动变化大的监测点，应加强监测，提高监测频率。

④隧道中保证施工安全的设施，如逃生管、灭火器等，应正确放置，避免堆放杂物，保证逃生管通道的顺畅。

(6)下月工作安排

督促施工单位按照规范要求开展监控量测工作(表10-28和表10-29)。

净空收敛与拱顶下沉的测量频率(据位移速度)　　表10-28

位移速度(mm/d)	量测频率	位移速度(mm/d)	量测频率
≥5	2~3次/d	0.2~0.5	1次/3d
1~5	1次/d	<0.2	1次/3~7d
0.5~1	1次/2~3d		

净空收敛与拱顶下沉的测量频率(据开挖面距离)　　表10-29

量测断面距开挖面距离(m)	量测频率	量测断面距开挖面距离(m)	量测频率
(0~1)b	2/d	(2~5)b	1次/2~3d
(1~2)b	1次/d	>5b	1次/3~7d

注：b为隧道开挖宽度。

接下来施工中应继续对老虎山隧道、大岭隧道塌方等风险进行密切监控，保证隧道施工安全。施工单位应根据《济南绕城高速、京沪高速济南连接线隧道施工安全风险管理与控制项目建议书》要求及时报送超前地质预报、监控量测资料，以便于施工安全风险评估工作的开展。在隧道施工过程中，通过对各监控隧道施工进行定期或不定期的巡查，分析监控量测、超前地质预报以及其他施工动态信息，跟踪监控管理，目前各隧道施工风险等级见表10-30。

隧道施工风险等级表 表10-30

隧道		施工风险等级				重点风险关注
		Ⅳ	Ⅰ	Ⅱ	Ⅲ	
大岭隧道	左线			•		
	右线			•		

注：风险等级越小，发生风险的可能性越大；Ⅰ级风险最大，Ⅳ风险最小。

10.4 风险控制措施

10.4.1 风险接受准则

按照《山东省公路桥梁和隧道工程施工安全风险评估实施细则》要求，一般风险源按照常规定制防控措施。重大危险源应按照预案、预警、预防三阶段来制定控制措施。表10-31为风险接受准则。

风险接受准则 表10-31

风险等级	接受准则	处理措施
低度	可忽略	不需采取风险处置措施和监测
中度	可接受	一般不需采取风险处理措施，但需予以监测
高度	不期望	必须采取风险处理措施降低风险并加强监测，且满足降低风险的成本不高于风险发生后的损失
极高	不可接受	必须高度重视，采取切实可行的规避措施并加强监测，否则要不惜代价将风险至少降低到不期望的程度

通过表10-31可以看出，大岭隧道洞口失稳属“可接受”风险，需采取一定的监测措施。大岭隧道坍塌属“不期望”风险，需采取处理措施并加强监测，防止事故发生。

10.4.2 一般风险源控制措施

10.4.2.1 不良地质风险控制措施

针对不良地质风险，拟采取如下对策：

(1)做好超前地质预报。

(2)加强围岩观测工作。

初期观测:每天进行观测点测量,若发现围岩局部有变形,加密测量。

后期观测:若初期观测围岩无变形现象,每周观测一次。

通过对测量数据分析处理,按照时间—位移曲线规律,及时调整和加强初期支护,同时重视管片背后砾石回填及注浆及时施作。

(3)隧道洞口浅埋段加强地表沉降与信息反馈。

(4)隧道掘进至破碎带及软弱围岩时,严格按照"管超前、预注浆、短进尺、弱爆破、强支护、早封闭、勤量测、速反馈、早衬砌"原则组织施工,确保安全稳妥通过不良地质地段。

(5)备足排水设备,通过富水地段时,加强施工排水。

(6)遇有岩溶突水、涌泥、渗水增大和整体性变差等现象,及时改变施工方案。

(7)保障安全通道随时畅通,做到标识明显,加强逃生知识的培训和学习。

(8)对于浅埋单压地段,施工过程中(包括竣工初期)对围岩及支护结构、地面建(构)筑物进行必需的监控量测,以便及时获取信息,及时采取措施控制地表下沉。

10.4.2.2 隧道设备风险控制措施

1)用电设备风险控制措施

(1)施工现场用电须采用三相五线制供电系统,且工作接地电阻值不得大于4Ω;供电系统始端、末端必须作重复接地;但线路较长时,线路中间应增设重复接地,其电阻值不应大于10Ω。

(2)用电设备应实行一机一闸一漏(漏电保护器)一箱(配电箱);漏电保护装置与设备相匹配。不得用一个开关直接控制二台及以上的用电设备。

(3)熔断器的规格应满足被保护线路和设备的要求;熔体不得削小或合股使用,严禁用金属丝代替,熔体应有保护罩,管型熔断器不得无管使用,有填充材料的熔断器不得改装使用;熔体熔断后必须查明原因并排出故障后方可更换,装好保护罩后方可送电;插销和插座必须配套使用。

(4)电焊机的外壳应可靠接地,不得多台串联接地,电焊机的裸露导电部分和转动部分应装安全保护罩;电焊机的电源线必须绝缘良好。

(5)有人触电,立即切断电源,进行急救;电气着火,应立即将有关电源切断,使用泡沫灭火器或干砂灭火。

2)机械、车辆风险控制措施

(1)运输车辆严禁人、料混装。

(2)机械装渣时,断面尺寸满足装渣机械安全运转,并符合下列要求:装渣不准高于车厢,装载机与运渣车之间不准有人:为确保运渣车就位良好和安全进出,派专人指挥。

(3)运输车辆限制速度执行表10-32所示的规定。

隧道洞内运输车辆限速规定表　　表 10-32

项　目	作业地段	非作业地段	成洞地段
正常行车	10km/h	20km/h	20km/h
会车	5km/h	10km/h	10km/h

(4)洞口和狭窄的施工场地,设置“缓行”标志,必要时安排人员指挥交通。

(5)车辆行驶遵守下列规定:严禁超车,同向行驶的车辆保持 20m 车距,洞内能见度较差时,增大距离。车辆启动前看望和鸣笛。驾驶室不得搭载其他人员,车辆不得带故障运行。

(6)车辆在洞内行驶时,施工人员遵守下列规定:不准与车辆机械抢道,不准扒车、追车、强行搭车。

(7)洞外卸渣时,在渣堆边缘 80cm 处设置挡木和标志。

(8)洞内倒车和转向,要开灯、鸣笛并派专人指挥。

3)其他设备故障控制措施

(1)经常进行维护保养工作,严格按照操作规程操作,不得使设备带病作业。

(2)准备充足的备品备件,一旦发现问题及时更换新件并对旧件进行维修。

10.4.2.3　隧道施工风险控制措施

1)小净距及浅埋段、破碎带施工风险控制措施

(1)严格坚持“管超前、严注浆、短进尺、弱爆破、强支护、快闭合、勤量测、速反馈、早衬砌”的施工原则。隧道小净距及浅埋段左、右洞错开施工,施工步距至少错开 2 倍洞径。

(2)加强超前地质预报工作。对开挖面前方地层采取 TRT6000、超前地质钻孔进行中长距离预报;采用地质素描法和钻爆施工时用长炮眼孔进行短距离预报,判明地层和含水情况,为超前支护和止水提供依据,及时修改或加强超前支护和支护参数。尤其是施工开挖接近探明的软弱带及节理、裂隙密集带时,要认真及时地分析和观察开挖工作面岩性变化,遇有探孔突水、突泥和整体性变差等现象,及时调整施工方法。

(3)加强施工监控量测,实行信息化施工。对地表沉降、拱顶下沉、围岩收敛进行量测,及时对数据进行整理分析,及时反馈于设计和施工,根据相关程序及时优化设计参数和施工方法。当量测数据表明围岩收敛变形接近控制标准的警戒值时,根据相关程序尽快采取措施进行加固,抑制变形,防止因变形突变引起塌方。

(4)开挖后及时封闭成环,必要时快速封闭掌子面、增设临时仰拱、大拱脚等临时对撑加固初期支护。

(5)严格控制仰拱和二衬与掌子面的步距,施工步距按设计、施工规范要求执行,软弱围岩地段等应提前进行二衬施工,密切注意隧道施工稳定性的影响。

(6)根据围岩的实际情况,优化支护参数。

(7)严格控制开挖工序,尤其是一次开挖进尺。台阶法开挖时,Ⅳ级围岩上台阶一次开挖进尺不能超过2榀拱架间距,下台阶一次开挖进尺不能超过3榀拱架间距,仰拱一次开挖进尺不能超过3m;Ⅴ级围岩各分部开挖一次开挖进尺不能超过1榀拱架间距,仰拱一次开挖进尺不能超过3m,杜绝各种违章施工。控制爆破装药量,减小对软弱破碎围岩的扰动。

(8)施工期间,洞口应常备一定数量的抢险材料,如方木、型钢钢架等,以备急用。

(9)对于引起中型塌方的节理、局部破碎等地质情况,在施工过程中根据地质情况在现场对小范围的支护参数及时进行调整。

2)岩溶富水段施工风险控制措施

隧道施工中涌水的处理方法,首先应根据设计文件中关于隧道防、排水构造设计资料对隧道可能出现涌水地段的涌水量大小、补给方式、变化规律及水质成分等进行详细调查、钻深及预报,结合工程实际情况因地制宜,选择既经济合理,又能确保围岩稳定,并保护环境的治水方案,亦应便于初期支护的施工。

处理隧道施工中涌水辅助施工方法主要采取超前钻孔或采用辅助坑道排水;超前小导管预注浆法堵水、止水;超前固岩预注浆堵水;采用井点降水及深井降水施工等方法。

(1)采用辅助坑道排水施工要求

①辅助坑道应和正洞平行或接近平行;

②辅助坑道底标高应低于正洞底标高;

③辅助坑道应超前正洞10~20m,至少应超前1~2个循环进尺。

(2)采用超前钻孔排水技术要求

①应使用轻型探水钻机或凿岩机钻孔;

②钻孔孔位(孔底)应在水流的上方,钻孔时孔口应有保护装置,以防人身及机械事故;

③采取排水措施保证钻孔排出的水迅速排出洞外;

④超前钻孔底应超前开挖面1~2个循环进尺。

3)超前围岩预注浆堵水施工

(1)注浆段的长度应根据地质条件、涌水量、机具设备能力等因素确定,一般宜在30~50m之间。隧道深在50m以内可用地面预注浆;

(2)钻孔及注浆顺序,应由外圈向内圈进行,在同一圈钻孔应间隔施工;

(3)浆液宜采用水泥浆或水泥—水玻璃浆液。隧道埋深大于50m时,应采用开挖面预注浆堵水。

4)承压水排放和高压水处理

(1)当预计隧道开挖工作面前方有承压水,且排水不会影响围岩稳定,或进行注浆前排水降压,可采用超前钻孔或辅助坑道排水。超前钻孔及辅助坑道应保持10~20m的超前距离,最短亦应超前1~2倍掘进循环进尺长度;

(2)当隧道施工中,遇有高压涌水危及施工安全时,宜先采用排水的方法降低地下水的压力,然后用注浆法进行封堵涌水。封堵涌水注浆应先在周围注浆,特别是向水源方向注浆,切断水源,然后顶水注浆,将涌水堵住。

5)隧道施工火灾风险控制措施

(1)办公区域的消防通道要保持畅通;与当地消防、救援及医疗机构建立可靠的联络渠道,以便得到及时救助;对员工进行灭火和疏散逃生能力培训和教育;

(2)各分部的仓库、堆场和临时建筑物应当符合下列要求:

①高压架空线下禁止搭建仓库和临时建筑物,禁止堆放易燃、可燃物品;

②临时办公区、生活区所使用建筑材料的耐火等级不得低于三级,禁止搭建木板房;

③临时建筑物之间的防火间距不得小于 5m。成组布置的临时建筑物,每组不应超过 10 幢,组与组之间的防火间距不应小于 10m;

④临时建筑物不宜超过 2 层,临时宿舍的房间建筑面积大于 $50m^2$ 的,应当设置两个安全出入口。临时宿舍的窗不得用硬质材料封堵。每个房门至疏散楼梯的距离不得超过 25m。

(3)各分部配备的灭火器具应当设置在醒目和便于取用的地方。手提式灭火器宜设置在挂钩、托架或灭火器箱内,其顶部离地面高度应小于 1.5m,底部离地面高度不宜小于 0.08m。具体配置类型和数量应符合下列要求:

①各分部的办公区、住宿场所等永久性建筑物应当严格按照《建筑灭火器配置设计规范》(GB 50140—2005)的有关要求配置相应类型和数量的灭火器;

②临时搭建的办公、住宿场所每 $100m^2$ 配备两具灭火级别不小于 3A 的灭火器,临时油漆加工区、易燃易爆危险物品仓库等每 $30m^2$ 应配备两具灭火级别不小于 4B 的灭火器。

(4)进行电、气焊(割)作业时,作业点周边 10m 范围内,不得有易燃易爆物品。对确实无法移动的可燃物品要采取可靠的防护措施,如用阻燃材料覆盖遮严,在允许的情况下,还可将可燃物喷水淋湿,增强耐火性能。

(5)使用有机溶剂等材料或有可燃气体产生的作业区域,应当通风良好。自然通风不畅时,应当安装机械通风设备后方能施工。

(6)各分部施工现场的平面布局必须综合考虑防火要求、建筑物的性质、周围环境等因素,要明确划分用火作业区(锅炉房、厨房及其他固定用火作业区)、禁火作业区(易燃、可燃材料的堆放场地),仓库区(易燃、可燃材料的存放区)、易燃废品集中区及临时生活办公区等区域,各区域之间要按规定保持如下防火安全距离:

①用火作业区与在建工程和其他区域的距离应不小于 25m;

②禁火作业区距离生活区不小于 15m,距离其他区域不小于 25m;

③仓库区与在建工程和其他区域的距离应不小于 20m;

④易燃废品集中区与在建工程和其他区域的距离应不小于 30m;

⑤防火间距内,不应堆放易燃和可燃材料。

(7)现场气焊作业时等焊接工人不得把焊嘴对着其他工人或管线;

(8)隧道内防排水铺设作业区禁止明火作业,并配备足量的消防器材、设施以及现场人员抢救紧急药箱;做好日常维修保养和按期检测工作。

(9)施工现场工作人员严禁吸烟,将危险源减少到最低。

6)隧道爆破施工风险控制措施

(1)爆破器材加工房设在洞口200m以外的安全地点。严禁在加工房以外的地点改制和加工爆破器材。

(2)爆破作业和爆破器材加工人员必须穿棉质工作服,严禁穿化纤衣物。

(3)装药前检查爆破工作面附近的初期支护是否牢固;炮眼内的砂浆、石粉吹洗干净;刚打好的炮眼热度过高,不能立即装药。如遇有照明不足,发现流沙、流泥未经妥善处理,或可能有大量溶洞涌水时,严禁装药爆破。

(4)洞内爆破作业做到统一指挥信号,人员车流里到安全距离外,不受有害气体冲击。其安全距离为:半断面开挖不少于400m;全断面开挖不少于500m。

(5)隧道施工放炮,由取得安全技术合格证的爆破工担任,严格防护距离和爆破警戒。放炮后10分钟才准放人员进入工作面,经找顶清除危石、锚喷支护后方能继续施工。

(6)每日放炮时间及次数应根据施工条件明确规定,装药离放炮时间不应过久。爆破前爆破人员严格检查爆破网络,确保一次起爆。

(7)遇到下列情况严禁装药爆破:照明不足;工作面岩石破碎尚未支护,发现可能有岩爆及高压水涌出地段。

(8)爆破后必须经过至少15分钟通风排烟后,并经过以下各项检查和妥善处理后,其他工作人员才准进入工作面:有无瞎炮及可疑现象,有瞎炮由原爆破人员按规定处理;有无残余炸药或雷管;顶板两帮有无松动石块;支护有无损坏与变形。

(9)装炮时严禁火种,严禁明火点炮,严禁装药与打眼同时进行。

(10)抓好现场管理,搞好文明施工,保持现场管线整齐。灯明、路平、无积水,对易燃、易爆等危险品按规定保存和堆放,并进行显著标识。

10.4.3 重大风险源控制措施

10.4.3.1 坍塌控制措施

1)塌方应急预案

(1)危险源识别

隧道开挖工作面初期支护未及时施做,工作面松动围岩、浮石未撬净,存在隧道坍塌重大危险源。

隧道欠挖处理以及初期支护锚杆施作时,存在隧道坍塌重大危险源。

不良地质初期支护质量差导致初期支护结构破坏,存在隧道坍塌重大危险源等。

(2)预防措施

①按照地质勘察报告和设计文件,制定预防措施,为隧道、桥涵基坑的支护参数的选择提供依据;

②建立完善质量管理制度,严惩违章行为;

③严格按照设计图纸和施工技术规范进行施工;

④优化爆破设计,按照爆破设计进行钻爆施工,尽量减少对围岩的扰动,爆破通风后立即清除松动的围岩,并及时施作初期支护,要加强初期支护施工的过程控制,确保初期支护质量满足设计要求;

⑤当遇到与设计地质不相符,极易坍塌时,现场必须立即采取果断支护措施,确保施工人员生命安全;

⑥支护相对稳定后,及时向监理部、设计院上报,根据现场实际地质情况采取相应的变更施工支护措施,以防止坍塌,确保施工人员安全及施工生产顺利进行;

⑦制定《施工监控量测计划》,加强量测管理,及时反馈信息。

对付可能发生的坍塌事件,要事先准备一定量的抢险物资材料、机具。设专人进行管理,确保抢险物资设备能随时投入使用。应急抢险设备物资详见表10-33。

应急抢险设备物资表

表10-33

<table>
<tr><th>序号</th><th>名　称</th><th>规格型号</th><th>数　量</th><th>性能状态</th><th>备　注</th></tr>
<tr><td>1</td><td>格栅拱架</td><td></td><td>若干</td><td>合格</td><td rowspan="3">按照设计数量加工</td></tr>
<tr><td>2</td><td>管棚导管</td><td></td><td>若干</td><td>合格</td></tr>
<tr><td>3</td><td>锚杆</td><td></td><td>若干</td><td>合格</td></tr>
<tr><td>4</td><td>喷浆机</td><td></td><td>3台</td><td></td><td></td></tr>
<tr><td>5</td><td>水泥</td><td></td><td>30吨</td><td rowspan="2" colspan="2">定期更换批次,并保持在有效期内</td></tr>
<tr><td>6</td><td>速凝剂</td><td></td><td>5吨</td></tr>
<tr><td>7</td><td>砂石料</td><td></td><td>若干</td><td></td><td></td></tr>
<tr><td>8</td><td>钻机</td><td></td><td>1台</td><td></td><td></td></tr>
<tr><td>9</td><td>注浆机</td><td></td><td>2台</td><td></td><td></td></tr>
<tr><td>10</td><td>装载机</td><td></td><td>3台</td><td></td><td></td></tr>
</table>

(3)应急处理措施

①当发现坍塌预兆时,发现人应及时发出警告信号,在危险区域的人员立即撤离,同时禁止其他工作人员接近或进入危险区域。工作人员撤离至安全位置后,及时清点现场施工人员数量,查看有无人员伤亡情况。现场负责人或值班安全员、工班长等立即报告项目经理部领

导,项目部立即报告给业主指挥部,并立即启动应急抢险程序;

②当发生人员伤亡时,立即采取紧急救援工作,救援时必须2人以上进行防护,在确保救援人员无生命安全威胁的情况下进行抢救工作;若坍塌继续无法救援时,则在安全位置守候待命;抢救过程中一定要保证抢救人员的生命安全,防止坍塌损害进一步扩大;

③塌方可能对受害者造成两种严重的后果:一是土埋窒息,迅速造成死亡;二是土方石块压埋肢体,引起挤压综合症。石块土方压埋肢体时间较长,大腿等肌肉丰满处细胞易坏死,产生有毒物质,人一旦被救出,肢体重压解除,毒素就进入血液循环,会引起急性肾功能衰竭。其表现为伤部边缘出现红斑,肢体肿胀,伤员口干舌燥,恶心呕吐,厌食、烦躁乱动;

④抢救全身被土埋者,应根据伤员所处的方向,确定部位,先挖去其头部的土物,使被埋者尽量露出头部,迅速清洁其口、鼻周围的泥土,保持呼吸畅通,进行口对口呼气,然后再挖出身体的其他部位;

(a)对呼吸、心脏停止者,应立即进行口对口人工呼吸和胸部按压;对各种外伤进行现场处理;

(b)如果局部肢体受挤压,在局部解除压力后,应立即用夹板将伤肢牢牢地固定住,严禁不必要的肢体活动,伤部应暴露在凉爽空气中;

(c)当抢救出伤员时,根据伤员人数、受伤程度,由医务人员在现场采取相应的救治措施,采取"先重后轻"的原则及时将伤员送到医院进行抢救、治疗;

(d)若坍塌特别严重,自身救援能力有限时,应立即上报地方政府或相关救助部门,请求紧急救援,同时做好相关配合救援工作;

(e)现场采取与坍塌程度及范围相对应的施工技术措施,控制坍塌的进一步发展。确保施工人员安全的环境下,进行坍塌处理,尽快恢复正常施工生产。

2)坍塌预警

(1)隧道洞内、洞外监测

隧道内外观察分开挖工作面监测和已施工区段监测两部分,开挖工作面监测在每次开挖后进行,内容包括节理裂隙发育情况、工作面稳定状态、涌水情况及底板是否隆起等,当地质情况基本无变化时,可每天进行一次。监测后绘制开挖工作面地质素描图。

洞内观测预埋件在隧道施工时由专人负责安放,确保位置、规格、尺寸正确无误。对已施工区段的观察每天至少一次,观察的内容包括喷射混凝土、锚杆、钢架的状况,以及施工质量是否符合规定的要求。

在监测过程中如发现地质条件恶化,初期支护发生异常现象,立即通知施工负责人采取应急措施,并派专人进行不间断观察。

洞外监测包括洞口地表情况、地表沉陷、边坡及仰拱的稳定、地表水渗透的监测。

(2)净空水平收敛量测及拱顶下沉量测

①测点布设

净空水平收敛量测及拱顶下沉量测在同一断面进行，拱顶下沉及周边收敛量测测点布置见图 10-6。

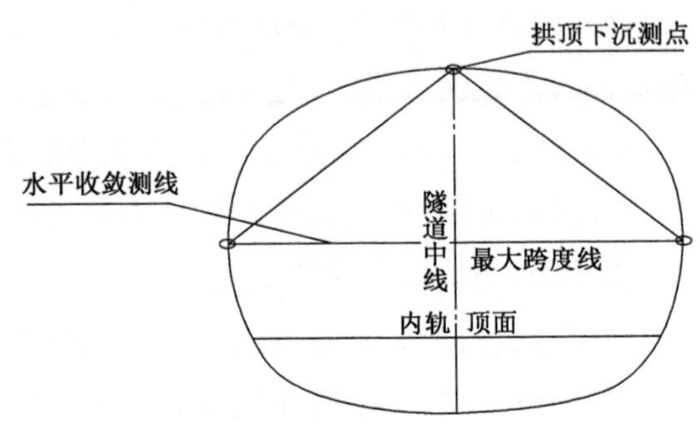

图 10-6　拱顶下沉及周边收敛测点布置示意图

②量测断面间距及量测频率

根据相关规范要求，拱顶下沉测点和净空变化测点应布置在同一断面上。监控量测断面按表 10-34 的要求布置。

监控量测断面间距　表 10-34

围岩级别	量测断面间距(m)	围岩级别	量测断面间距(m)
Ⅴ～Ⅳ	5～10	Ⅲ	30～50
Ⅳ	10～30		

在各级围岩起始地段增设量测断面，用来掌握各级围岩位移变化规律。

净空水平收敛量测与拱顶下沉量测采用相同的量测频率。如位移出现异常情况，则加大量测频率。拱顶下沉及周边收敛量测频率见表 10-35。

围岩量测频率表　表 10-35

变形速度(mm/天)	测点距开挖面的距离	量测频率
≥5	(0～1)B	2 次/天
1～5	(1～2)B	1 次/天
0.2～1	(2～5)B	1 次/2 天
<0.2	>5B	1 次/周

注：B 表示隧道开挖宽度。

(3)地表下沉量测

地表下沉量测在隧道浅埋地段进行，其测点的布置与拱顶下沉及周边收敛测量的测点在同一断面内，地表下沉量测在开挖面前方 H＋隧道开挖高度(m)处开始(H 为隧道埋深)，直到衬砌结构封闭，下沉基本停止时为止。其量测频率同拱顶下沉和水平净空变化的量测频率。地表下沉量测断面间距见表 10-36。

口段及浅埋段地表下沉量测断面间距表　　　　表 10-36

隧道埋深 H(m)	量测断面间距(m)	隧道埋深 H(m)	量测断面间距(m)
$H>2B$	20～50	$H<B$	10
$B<H<2B$	10～20		

坍塌事故应对措施如表 10-37 所示。

坍塌事故应对措施　　　　表 10-37

序号	作 业 内 容	预 防 措 施
1	开挖方式	严格按照设计要求,禁止超挖、欠挖
2	清除危石	应分段仔细检查爆破段并清除危石
3		钻孔作业前后、爆破后、废渣处理时及处理后,仔细检查去除
4	钢拱架支护	CD 法开挖时加强临时支撑与保证初期支护的施工质量;围岩为Ⅴ级围岩的变质泥岩时,建议由钢格栅改为 20b 钢拱架。采用台阶法开挖时,保证锁脚锚管的施工质量以及钢拱架的搭接施工及时封闭
5		使用适合围岩条件的底板、垫板
6	初喷	开挖后迅速喷射混凝土
7	监控测量	根据地质条件和施工情况选择监控测量
8		增加监控测量频度
9		根据监控测量、观察的结果,变形超过允许值时,应采取有效的加固措施
10	二次衬砌	二次衬砌在浇筑过程中,振捣密实,拱部预留注浆孔及时补浆,养护要到位。保证二次衬砌的施工质量、强度与厚度
11	防坍塌培训	坍塌事故的危险性
12		防止事故发生的对策及注意事项
13		坍塌来临时的预兆及发生险情时的应急措施

10.4.3.2　洞口失稳控制措施

1)洞口失稳应急预案

(1)洞口工程应与洞口相邻工程统筹安排、及早完成,施工宜避开雨季及严寒季节。

(2)洞口施工前,应先检查边、仰坡以上的山坡稳定情况,及时清除悬石、处理危石,并应进行不间断监测。

(3)结合现场地形,洞口边、仰坡应及早做好坡面防护,确保洞口稳定。洞顶边、仰坡周围的排水系统宜在雨季前及边、仰坡开挖前完成。

(4)隧道开挖应力求早进洞,避免出现深路堑或高边坡,尽量减少对山体的破坏,防止水土流失。

(5)洞口土石方工程施工应自上而下分层开挖、分层防护,当地质条件不良时,应采取稳定边坡和仰坡的措施。

(6)洞口石方严禁采用洞室爆破开挖,宜采用浅孔小台阶爆破,边、仰坡开挖应采用预留光爆层法或预裂爆破法。

(7)洞口段开挖到隧底标高后,应及时施作中心水沟、排水侧沟及出水口。

2)洞口失稳预警

地表下沉量测在隧道浅埋地段进行,其测点的布置与拱顶下沉及周边收敛测量的测点在同一断面内,地表下沉量测在开挖面前方 H + 隧道开挖高度(m)处开始(H 为隧道埋深),直到衬砌结构封闭,下沉基本停止时为止。其量测频率同拱顶下沉和水平净空变化的量测频率。地表下沉量测断面间距见表 10-38。

洞口段及浅埋段地表下沉量测断面间距表 表 10-38

隧道埋深 H(m)	量测断面间距(m)	隧道埋深 H(m)	量测断面间距(m)
$H>2B$	20~50	$H<B$	10
$B<H<2B$	10~20		

3)洞口失稳应对措施

洞口失稳应对措施如表 10-39 所示。

洞口失稳应对措施 表 10-39

序号	作业内容	预防措施
1	监控量测	增加地表下沉监控量测频率,分析洞口变形发展趋势
2	开挖	控制开挖量等,减少围岩扰动。超前支护应及时到位,严格按照设计施工,中间围岩开挖后及时封闭初期支护;临时支撑拆除后,及时施做二次衬砌;同时,在施工过程中,加强第三方监控量测,做到及时预测预警。采用合理的开挖高度,特别是用台阶法开挖时,第一步开挖的台阶高度不宜超过 1/3 的开挖高度
3	支护	加强超前支护,提高支护结构整体性;拱脚设置锁脚锚杆,并控制锁脚锚杆的施工质量,二次衬砌紧跟。支护结构脚步处理,提高基底承载力
4	排水	洞口顶部做好排水处理

11 环境保护及水土保持措施

在本工程施工中,我项目部将严格遵守《环境保护法》以及相关的法律、法规、规章制度,严格执行“三同时”,即:同时设计、同时施工、同时竣工,不留尾巴、不留后患,采取一切合理措施保护现场内外的环境,确保环保目标圆满实现。本工程主要污染源为粉尘、废水、废气和固体废弃物。环境方针为遵纪守法,建环保工程;节能降耗,创绿色企业。

(1)各种污染物的排放水平满足国家和地方环境标准的要求,主要污染物排放水平较体系建立前有明显改善;

(2)改革施工工艺和材料,减少生产过程中对环境的污染;

(3)废弃物实现分类管理,并实现废弃物的减量化、无害化和资源化;

(4)加强对能源使用的管理,合理利用能源,减少能源浪费;

(5)加强工程质量,控制各工序的废品率,减少废品损失。

11.1 水环境保护措施

施工过程中对水的污染主要是施工产生的污水,污水中含悬浮物、油类物质、石屑及石粉,溶蚀性废水,混凝土的生产、运输、浇筑产生的污染,施工机械设备产生的污染,劳动力高度集中产生的污染,以及其他相关配套设施产生的污染将对水源产生较大影响,在施工中要采取有效措施,保护水源不受污染。

(1)施工及生活废水的排放遵循清污分流、雨污分流的原则,各种施工废油、废液集中储积,集中处理,严禁乱流乱淌,防止污染水源,破坏环境;

(2)现场存放油料的地面进行防渗处理,如采用防渗混凝土地面、铺防油毡等措施。在使用过程中,要采取防止油料跑、冒、滴、漏的措施,防止土壤受到污染;

(3)施工现场100人以上的临时食堂,污水排放设置有效的隔油池,定期清理,防止污染;

(4)工地临时厕所的化粪池采取防渗措施,并尽可能利用既有建筑物内的水冲式厕所,同时做好防蝇、灭蛆工作;

(5)化学用品、外加剂等应库内存放,妥善保管,防止污染环境;

(6)施工物料堆放应严格管理,防止在雨期或暴雨将物料随雨水径流排入地表及附近水域造成污染;

(7)加强对地表水和地下水水质的监测,配合当地环境监测部门做好舆论宣传和监督工作,加强对沿线施工废水的控制,发现新的污染问题及时进行处理,防止水质恶化。

11.2　固体废弃物污染防治

(1)施工营地和施工现场的生活垃圾,分类收集,按环保要求运至指定地点(垃圾场)或集中堆放掩埋。营地、场地、便道在使用完毕后立即恢复;

(2)工地厕所派专人清理打扫,并定期对周围喷药消毒,以防蚊蝇滋生、病毒传播;

(3)对于施工中废弃的零碎配件、边角料、水泥袋、包装箱等,及时收集清理并搞好现场卫生,保护自然环境与景观不受破坏;

(4)施工中的外弃物,按设计和环保要求进行外运处理。

11.3　大气污染的防治

施工期间的运输车辆及施工机械是大功率的设备,且施工场地又是一个相对封闭而狭长的空间,车辆设备在行驶和作业过程中在场内会扬起尘土,在场内会产生大量有害气体,以及放炮产生的炮烟与灰尘,这些均会破坏施工环境,影响空气质量,对洞内施工人员产生危害。为避免对当地人员和房屋、树木、农作物等造成损害,必须采取切实有效的措施对施工现场的空气污染进行防治。

(1)施工过程中采用先进设备,使用清洁能源,在设备选型时选择低污染设备,并安装空气污染控制系统;

(2)对施工机械车辆加强维护,以减少废气排量;对汽油等易挥发物品要密闭存放,并尽量缩短开启时间;

(3)在运输、储存水泥和粉煤灰等易飞扬物时,采取覆盖、密封、洒水等措施防止和减少扬尘;

(4)车辆进出工地不得超限运输,防止沿途撒、漏;

(5)在混凝土拌和站、水泥库等对环境有重要影响的设施布置时,要充分考虑本地区的季节风向,采取远离居民区并在拌和站的进料仓上安装除尘装置,控制粉尘污染;

(6)严禁在现场焚烧任何废弃物及有毒废料(废机油、废塑料等)。生活营地使用清洁能源,保证炉灶烟尘符合标准;

(7)配备专用洒水车,对施工现场和运输道路经常进行清扫和洒水湿润,减少扬尘;

(8)采用乳化炸药或水胶炸药,以降低放炮产生的有害气体及烟尘。

11.4 噪声污染防治

施工噪声主要包括施工现场、机械作业时和车辆运输时产生的噪声。为减少噪声影响,机械设备选型配套时优先考虑低噪声设备,尽可能采取液压设备和摩擦设备代替振动式设备,并采取消声、隔音、安装防震底座等措施。加强机械设备的维修保养,保证机械设备的完好率,确保施工噪声达到环境保护标准要求。

为减少施工造成的噪声污染,施工过程中应做到以下几点:

(1)合理布置施工和生活区域。进入施工现场的机械车辆少鸣笛、不急刹、不带故障运行,减少噪声。机械车辆途经居住区域时减速慢行,禁鸣喇叭;

(2)在固定机械设备附近修建临时隔音屏障,减少噪声传播;

(3)合理安排施工作业时间,尽量降低夜间车辆出入频率,夜间施工避免安排噪声很大的机械;

(4)适当控制机械布置密度,条件允许时拉开一定距离,避免机械过于集中形成噪声叠加;

(5)钢筋加工场、混凝土拌和站等场地,尽量远离居民区;

(6)合理安排施工人员在高噪声区和低噪声区的作业时间,并配备劳保用品;

(7)制定噪声管理规章制度,对随意造成噪声损害和影响的单位、个人进行经济处罚。

11.5 植被保护措施

(1)对林木、植被及地下水资源的保护,是施工中环境保护和水土保持的重点;

(2)对合同规定施工区域内的植被、树木等尽量维持原状。需砍除树木和其他经济作物时,事先征得环境保护和水土保持部门、所有者和甲方的批示或同意,严禁超范围砍伐;

(3)对施工区域外的树木、植被制定防护措施,严禁损害;

(4)爆破作业时采取控制爆破措施,防止飞起物对附近林木、植物造成损害;

(5)对有害物质(如燃料、废料、垃圾等),按规定进行处理,防止对动、植物造成损害。

11.6 弃碴的处理

施工弃碴场,若处理不当,发生侵占耕地、占用或堵塞河道阻碍其正常的防洪排涝功能、引发新的水土流失现象等,都会对环境造成严重的不良影响。因此在施工中要采取以下措施进行处理:

(1)路堑、隧道开挖后的岩石,在弃碴中挑选块石用于弃碴场的挡墙挡护工程的砌料,在隧道洞口附近设置级配碎石拌和站,利用隧道弃方做为圬工用料及路基填料;

(2)按批准的规划设置弃碴场,有序堆放,弃碴场填平后进行复垦,为确保弃碴稳定,弃碴坡脚增设挡墙,防止水土流失。

11.7 临时工程的环保

(1)认真规划施工道路,做好临时道路的管理、使用工作,并做好道路的排水和边坡防护,避免雨水冲刷,引起水土流失;

(2)临时道路使用时没有扬尘、积水,避免破坏植被;

(3)弃碴场按照设计做好防护,防止雨水冲刷,污染环境。

11.8 隧道内施工环境保护措施

(1)加强工作面的通风,降低有害气体浓度;

(2)掌子面放炮后由专人喷洒水雾除尘以减少空气中的悬浮颗粒;

(3)提高油料燃烧率,减少尾气有害成分的含量;

(4)用湿喷混凝土技术进行初期支护,减少空气悬浮物,减轻对空气的污染,改善作业环境。

11.9 小　　结

(1)开展人人争当“啄木鸟”活动,设置环保举报电话,确保环保措施落实到位。

(2)配备专人和专用设备,时时监测现场扬尘、噪声等环保指标,做到环保管理专业化、常规化。

(3)隧道照明中采用LED照明灯具代替高压钠灯,不仅延长了使用寿命,节省了电费开支,而且降低了光衰,减少了光污染,环保优势明显。

(4)积极协调市政府特批隧道开挖弃渣就地加工破碎,用于路基填筑以及混凝土生产,最大限度地保护环境。

(5)加大环保投入,按照扬尘治理六个“百分之百”要求,项目部各施工区配备雾炮、洒水车,施工点安装洗车平台,扬尘治理工作扎实有效,环保文明施工工作得到上级充分肯定。

参考文献

[1] 李波,吴立,左清军,等. 复杂地质条件下特大断面隧道施工工法及其循环进尺参数的优化研究[J]. 安全与环境工程,2014,21(4):159-164.

[2] 吴占瑞,漆泰岳,唐进才. 浅埋大断面隧道施工工法优化分析[J]. 工业建筑,2012,42(8):102-107.

[3] 师金锋,张应龙. 超大断面隧道围岩的稳定性分析[J]. 地下空间与工程学报,2005,1(2):227-230.

[4] 万姜林,唐果良. 复杂周边环境下浅埋超大断面隧道施工技术[J]. 地下空间与工程学报,2004,24(2):185-189.

[5] 李利平,李术才,赵勇,等. 超大断面隧道软弱破碎围岩空间变形机制与荷载释放演化规律[J]. 岩石力学与工程学报,2012,31(10):2109-2118.

[6] 王国欣,肖龙鸽,王玉岭. 城市浅埋超大断面隧道的开挖方法探讨[J]. 隧道建设,2009,29(6):658-663.

[7] 何帝北,朱作荣. 超大断面隧道的设计与施工[J]. 地下空间与工程学报,1991(4):335-339.

[8] 王忠勋. 隧道围岩变形监控量测的实践[J]. 铁道建筑,2000(2):7-10.

[9] 叶飞,丁文其,朱合华,等. 公路隧道现场监控量测及信息反馈[J]. 长安大学学报(自然科学版),2007,27(5):79-83.

[10] 曾昭璜. 隧道地震反射法超前预报[J]. 地球物理学报,1994,37(2):268-271.

[11] 陈建峰. 隧道施工地质超前预报技术比较[J]. 地下空间与工程学报,2003,23(1):5-8.

[12] 赵永贵. 国内外隧道超前预报技术评析与推介[J]. 地球物理学进展,2007,22(4):1344-1352.

[13] 何发亮,李苍松. 隧道施工期地质超前预报技术的发展[J]. 现代隧道技术,2001,38(3):12-15.

[14] 何泽民,徐林生. 公路隧道围岩分级问题探讨[J]. 西部探矿工程,2007,19(3):138-141.

[15] 吴忠仕. 按 Q 值进行围岩分级的工程实践[J]. 现代隧道技术,2001,38(4):44-47.

[16] 师伟,史彦文,韩常领,等. RMR 围岩分级法与中国公路隧道围岩分级方法对比[J]. 中外公路,2009,29(4):383-386.

[17] 黄艳敏,郝建新. WBS-RBS 法在城市轨道工程风险辨识中的应用[J]. 都市快轨交通,2004,17(4):9-12.

[18] 薛自力,夏远玲,陈德汉. 工作分解结构(WBS)在施工项目管理计划阶段中的应用[J]. 黑龙江大学工程学报,2005,32(3):73-76.

[19] 郗锋. 浅析公路隧道风险评估技术[J]. 中国新技术新产品,2011(15):86-87.

[20] 李伟,肖殿良. 公路桥梁和隧道工程施工安全风险评估制度及指南解析[M]. 北京:人民交通出版社,2011.

[21] 曹成勇,施成华,彭立敏,等. 浅埋大跨下穿高速公路隧道施工风险评估及控制措施研究[J]. 铁道科学与工程学报,2016,13(7):1439-1446.

[22] 邓芸芸. 公路隧道重大危险源灾害风险评估研究[D]. 中南大学,2007.

[23] 牛柏川. 公路长大山岭隧道施工安全风险评估与管理研究[D]. 西南交通大学,2011.

[24] 王丛泉. 公路隧道施工风险评估与安全管理控制[J]. 中国科技博览,2011,37(27):98-99.

[25] 温晓强.公路隧道施工风险评估与安全管理控制[J].山西建筑,2011,37(34):171-173.

[26] 邓祥辉,高书通.公路隧道洞口段施工风险评估与控制研究[J].铁道建筑,2014(7):18-22.

[27] 黄越,寇君淑,邓祥辉,等.大断面浅埋公路隧道进口段施工风险评估及控制[J].西安工业大学学报,2015(6):452-458.

[28] 刘琳琳.公路隧道工程施工阶段安全风险评估研究[J].北方交通,2013(5):100-103.

[29] 邵曼,刘馥铭,宁黎磊.公路隧道环境保护问题及其对策[J].山西建筑,2008,34(30):343-344.

[30] 孔祥金,韩常领.公路隧道建设中的环境保护问题[J].西部探矿工程,2004,16(1):169-170.